中公クラシックス W21

デカルト

省　察
情念論

井上庄七
森　　啓 訳
野田又夫

JN268431

中央公論新社

目次

0 60km
フラネーケル
オランダ連合州
神聖ローマ帝国
ゾイデル海
エグモント
サントポルト
ハルレム
アムステルダム
エンデゲスト
ハーグ
ロッテルダム
デヴェンテル
イーゼル川
ユトレヒト
レイデン
ドルトレヒト
ライン川
ブレダ
スペイン領ゲルダーランド
フランドル
ブラバン
リエージュ司教区
ムーズ川
ノルウェー
スウェーデン
ストックホルム
デンマーク
メクレンブルク
ハンブルク
ポメラニア
ポーランド
イギリス
ロンドン
オランダ
ライン川
神聖ローマ帝国
シレジア
フランクフルト
プラーハ
ボヘミア
ブルターニュ
パリ
ハイデルベルク
ラフレーシ
ツール
ドナウ川
ポアトゥ
ラ・エー
ロアール川
ウルム
ポアチエ
トゥーレーヌ
オーストリア
ハンガリー
フランス
ヴェネツィア
トルコ
フィレンツェ
ロレット
教皇領
ローマ
スペイン
0 300km
ナポリ

デカルト関係略図

デカルトの道徳論

神野慧一郎

一　はじめに

デカルトの思想の概略については、すでに『方法序説ほか』(中公クラシックスW9) の解説で述べたので、ここでは繰り返さない。ここでは本書編集の意図に沿い、彼の思想の一つの側面を述べる。しかし、まずはじめに本書の構成と意図について述べるべきであろう。

本書を構成するのは、『省察』『情念論』、そしていくつかの書簡である。所収の書簡は、デカルトとエリザベトとの間に交わされた書簡を中心に五通である。もちろんこれらは、彼の書いた夥《おびただ》しい数の書簡のごく一部でしかないばかりか、デカルトとエリザベトとの間に交わされた書簡の全体を覆うているわけですらない。五通のうち二通はデカルトからエリザベト王女へ、さらに二通はエリザベト王女からデカルトへのもの、そしてもう一通は、デカルトからスウェーデンはストックホルムにあったフランス公使シャニュに送られたかなり長い手紙である。ただこの手紙はシャニュ宛《あ》てではあるが、女王クリスチナの目に入ることを予想して書かれており、「愛についての手紙」として知られている。因《ちな》みにこの手紙がやがてデカルトを、彼客死の地スウェーデンに赴かせる遠因となる。

さて、これらの著述や手紙が本書において一纏《まと》めにされている意味は、本書全体が主としてデカルトの道徳論に向けられているということにある。もちろん『省察』は、デカルトの哲学的思索の根幹すなわち形而上学《けいじじょう》を述べたものであり、その内容は彼の思想の全体に及ぶ枠組みをなすものであるが、道徳論を直接扱っている著作ではない。しかし、デカルトの道徳論は彼の哲学の一環をなすものである。『省察』で述べられた基本的主張の一つは心身分離の説であった。心身分離の説を一方に置きつつ、心身合一の次元の事柄である道徳の問題をいかに解明するか。このことの理解の鍵《かぎ》となるものが本書に収められているのである。

本来、哲学の基本的課題は、大きく分ければ次の二つのことにある。一つは、真理とはいかなるものであり我々はいかにして真の知識を得るのか、という問題である。もう一つは、我々はこの世界においていかに生きるのか、または生きるべきなのか、という問題である。すなわち哲学の根本問題は知識と道徳とにある。それゆえ次のように言ってよい。『方法序説ほか』は、デカルトが前者について得た成果に焦点をあてたものであり、それに対し、本書は、後者についてのデカルトの思索に迫ろうとするものである、と。しかし彼の哲学において、知識と道徳とは別のことではない。哲学とは知恵の探究であり、単なる知識の探究ではない。そこには、「よく生きる」という課題、つまり正しい判断をして、正しい判断に意志を従わせるという課題が含まっている。

それではデカルトは、道徳論についていかなる議論を展開したか。彼は道徳論についての纏まった著作を残すことなくスウェーデンに客死した。しかし彼の道徳論の大体の骨組みは、所収の書簡に述べられている。しかもそこに彼が述べていることは、彼の「暫定的道徳《ざんてい》」でなく「決定的道徳」であると見てよい。それら書簡に述べられた道徳は『哲学の原理』完成後の考えであり、デカルトの形而上学と科学的知識とに基づいて展開された道徳だからである。

しかし『省察』に述べられた形而上学的次元から発して、道徳の次元ないしは人間として生きる次元のことを論ずるためには、一つの準備が必要である。その準備段階をなすものが、書かれた順序から言えば逆になるが、実はここに収録されている『情念論』なのである。以下で、この情念論と道徳論との関係を明らかにしたい。そのことにより我々は、彼の哲学の基本的立場が述べられている『省察』から発して、道徳問題に到る道を辿《たど》ることとなる。

二　なぜ『情念論』か

『情念論』は、いかなる仕方で、あるいはいかなる意味で、デカルトの形而上学と道徳論とを結ぶものであるのか。

彼の場合、形而上学的次元とは心身分離の次元であった。形而上学において彼は、精神を身体から引き離すことに努め、身体から独立な「考える我」の存在を確かなものとなしえた（コギト・エルゴ・スム）。つまり先《ま》ず我々は精神として存在することが示された。これは、心身の「実在的区別」を示した、ということでもある（『省察』第二版の副題を見よ）。これに対し、道徳の次元は日常的生の次元であり、他人との交わりと談話とを含む。というのも、自己と他人の存在が基本的な事実として認められないところには道徳は成立しないからである。つまり、それは生身の人間の生きる次元である。それゆえ道徳の次元は、心身合一の次元である。この次元での我々は、心身の一体感を直接に、また明らかに知る。

しかしデカルトにおいて、この心身合一としての人間とは、いかなる存在論的身分をもつものか。彼の存在論の構築の順序を思い出してみよう。

彼の形而上学は、先ず我々が精神として存在することを示し、しかる後、神の存在証明を経て、『省察』の第六で外界の存在を証明する。そして、それに基づいて彼の形而上学は自然学へと繋《つな》がる。彼の自然学は機械論的な力学的宇宙論の形を取っており、先ずまったく機械論的な力学的な大宇宙を論じた後、地上世界に移り、地球の構成、水や大気のこと、潮の干満が月の影響によって起こることなどを取り上げ、火や熱を論じ、また磁力の考察にも及ぶ（『哲学の原理』など）。しかしデカルトの機械論的考察は、そうした無機物の考察に留《とど》まらないのである。彼は機械論的考察を更に生命にまで及ぼす。

彼は、植物はもちろん動物をも、まったく機械的な構成物と見なす。それが有名な「動物機械」の説である。しかし人間はどうなるか。人間もまた他の動物と同じく自動機械であろうか。デカルトによれば、人間も身体に関しては機械である。しかし、人間は精神を持つことがすでに証明されている。否《いな》、むしろ彼の形而上学は、精神としての「我」の存在を議論のアルキメデス的支点として、構築されたのであった。当然デカルトは、人間を自動機械（物質ないし動物）からはっきり区別する。そして、そうした区別の根拠として彼が『方法序説』で出すものは、第一に、理性的言語の使用である。「議論を可能にする言語」の使用と言ってもよい。というのは、低次の例えば感情の表白や、信号や合図のための言語は、ある種の動物なら所有するからである。第二は、人間はロボットの行動のように、ある特定の、個別的行動において巧みさを発揮するというのでなく、無数の個別的行動を「普遍的道具」である理性によって行ないうる、ということである。人工知能は人間よりも早く計算することができるかも知れないが、刻々変わり行く状況に対応して滑らかに行動することは難しいであろう。

これら二つは、身体器官の装置の差異に帰着させることはできない、と彼は考える。理性的言語使用と理性的行動の二つは動物にはできない。しかし逆に言えば、人間のその他の振る舞いに関しては、人間は動物と同じくやはり機械なのである。そして、このことをデカルトはむしろ進んで主張している。だが全体としての人間は自然学の対象にはなりえない。

このゆえに我々は、単なるまたは純粋なる形而上学的次元でもなく、また自然学的次元でもない別個の次元を必要とする。つまり、人間、すなわち身体（物質）において確立された精神の存在を扱う次元、換言すれば、日常的次元を必要とすることになる。

実際デカルトは、エリザベトへのある手紙で、形而上学的思考と数学研究と日常的生とがそれぞれ違った次元のことであると言っている（一六四三年五月二十一日および同年六月二十八日）。すなわち彼によれば、形而上学的思考は純粋知性により精神を明晰《めいせき》に知る。数学的知性は想像力の協力を得た知性によって物体を明晰に知る。しかし、精神と身体との合一ないし働き合いは、感覚により、日常的な生活と人間間の交わりにおいて明晰に知られる。そして、それぞれの次元における基本概念がある。第一の次元では「思考」、第二の次元では「延長」、第三では「力」がそれに当たる。

けれどもここに思想史上周知の問題がある。それは心身問題についてのデカルトの矛盾と言われるものである。そして、この問題を最初にデカルトに問うたのはエリザベト王女であった（一六四三年五月十六日）。形而上学においてデカルトは、身体とは独立な「我」の存在を確かめ、心身の「実在的区別」を主張した。しかし、今度は、日常的生の次元における人間の説明原理として、精神のみならず身体をも導入し、しかも精神は松果腺《しょうかせん》において物質と一つになって働くものとして考えなければならない。心身の分離ではなく、むしろ心身の合一を認めなくてはならなくなっている。これは矛盾ではないか。「考える我」である精神は、身体を客観として意識するものであるのに、どうして身体に働きかけうるのか。デカルトが言うように、運動を生ぜしめるのが動いている事物の接触であるのなら、そうした接触をする事物の拡《ひろ》がり（延長）が必要である。しかし、デカルトは精神は延長を持たない、と定義しているのではないか。

デカルトは王女のこの質問を、自分に対してなされうる的を射た、最も理にかなった質問であると認めている（上記五月二十一日の手紙）。そしてここに問題があると認めて彼は、次のように答える。人間の精神には二つのことがあり、その一つは考えるということであるが、いま一つは精神が肉体と結びついている関係上、物体と「能動し・受動する」ということである。これまで形而上学では「考える」という精神の働きについて主として考えたが、精神が物体と「能動し・受動する」ことについては、そのことを述べるのは却《かえ》って話を混乱させると考えて問題として持ち出さずにいた。その点をここで補いたい、と。これが情念論へと導く。

彼はエリザベト王女に対しては、いつも率直で親切に答えている。しかし彼は、心身関係に問題があることは認めるが、それが矛盾とは認めない。けれども王女のみならず、その後のたいていの哲学者や哲学史家は、これを矛盾だと考えた。しかもデカルトは心身合一の次元について語る。それはいわば顧みて他を言うの感があり、我々後代の人間は、このなり行きに腑《ふ》に落ちないものを感ずる。すなわち王女の才知を認めて、王女に対しては例外的に率直に親切に答えるデカルトが、心身関係の難問については、問題がそこにあることは認めるものの、なぜ心身関係そのものをあまり問題としなかったのか。ここで我々は二つのことを考慮しなくてはならない。

三　当時の問題意識

今、二つのことと言った。その一つは、デカルトの時代背景と彼自身の哲学上の志向に関することであり、そしてもう一つは、哲学史家の哲学思想の扱いに関することである。

デカルトの後の近世哲学の流れは、確かに心身関係の問題を重要と考え、むしろエリザベトの問うた問いの解明という方向に発展した。しかし、デカルトはむしろ心身の相互作用を与えられた当然の基礎事実として認め、それに基づいていかに自己を統御するかに議論を集中した。なぜか。私のやや推測的な答えは次のことである。デカルトの時代において、「よく生きる」という問題は心身問題より重要と思われていた、と。

この推測を支持するのは、デカルト時代の情念論の流行という事実である。十六、七世紀頃、哲学者たちのみならず人々は一般に、情念というものは人間本性をどうしようもなく支配する要素である、と考えていた。情念を飼い馴《な》らさなければ我々は、社会の秩序を乱し、社会の一員としての地位を失い、社会から逸脱してしまうであろう。ルネサンスという動乱の時代には、このことは特に意味を持っていた。そして、そうした背景を負うてデカルトは生きていたということを我々は無視してはならない。

理性の時代といわれる十七世紀以後において、腰をすえて情念について論ずる哲学者は多くない。すぐ思いつく例外はヒュームやルソーであるが、ヒュームの「情念論」(『人間本性論』第二巻など)が彼の哲学に対してもつ意味は、つい最近まで思想史家によって無視されていた。啓蒙《けいもう》の世紀、十八世紀の、理性への反撃は明確なものではなかった。おそらく十八世紀以後は、人々の関心はモラリスト的問題でなく、むしろ社会制度に向かった、と言うべきかも知れない。そしてこの風潮が、私の推論を支えるために指摘したい第二の事である。これは上述の第一のことと表裏をなす事実である。

近代の哲学史家たちはこれまで、近代哲学の始祖たちが情念論を書いたという歴史的事実をなぜか無視する傾向にあった。例えば、ホッブズやスピノザの情念論は無視されてきた。この見地に立てば、デカルトの情念論が軽視されるのは不思議ではない。しかし、それは哲学者の思想の正しい理解を生むであろうか。否、デカルトが心身の相互作用の問題に積極的に向かわず、心身の相互作用を事実として認める立場での議論、すなわち『情念論』の方に向かったことを我々に不審に思わせるものは、実は現代の我々の常識としている思想史解釈の固定観念ではないのか。我々は思想史上のこれまでの常識に固執し過ぎて、デカルトを知識論の近代的伝統の基礎を築いた思想家としてのみ見ているのではないか。この常識に立てば、心身問題の方が情念論よりも重要であろう。

この常識ないし通俗説は、もっと別の結論と結びついて、デカルト説を歪《ゆが》めることもある。思想史の上で十七世紀は、近代の夜明けとして描かれてきた。それは正しいが、その見解はしばしば、次のような世間的に拡がっている文化史解釈と結びつくことが最近では多くなっている。すなわちその解釈は、近代とは人間が自然を支配し、自然はまったくの道具ないし手段的な意味しか持たなくなる文化のことである、と規定する。そこでは合理的であることとは、冷静に目的に照らして功利性を計算し、情念を排除することである。この見解に従えばデカルトなるものは、理性と情念とを区別し、情念を人間から追放した哲学者であるということになる。すなわちこの見解は、デカルト哲学の欠陥を、人間らしさの排除に見る。これはもちろん誤解である。しかし、我々がともするとデカルトの『情念論』の存在に違和感を覚え、それを情念の消去論だと解釈するのは、これらの通俗説に知らぬ間に毒されているからではなかろうか。

だが我々は、話を十七世紀前後における情念論の存在理由に戻そう。当時の情念論は、一般の人々に処世術を教えるということだけをその存在理由としたのではなかった。もちろん一般の人間にとって情念論は、社会的存在としての人間を折り目正しきものとするものであろう。また野心家や為政者にとっては、それは、「人々の心を知る方法」を与えるものとして人心統御《とうぎょ》の知恵を与えるであろう。優れた情念論は激動の時代の座右《ざゆう》の書となる。しかし情念論は、哲学者たちにとってもまた大きな関心の的であった。情念または情動は、その強い力と気紛《きまぐ》れのゆえに、哲学の試金石となる多くの問題を含んでいる、と考えられていたのである。情念は我々の心の働きをかき回すものであるから、我々はその手綱を取る必要がある。情念の統御は、哲学者にとっては、情念を巧みに裁いて理性を浄化し、正しい自然哲学を打ち立てることを可能にするものですらあった。

ここで余談までに言えば、次のような事実がある。一六〇四年に『心のもつ情念一般』(*The Passions of the Mind in General*)を書いたトーマス・ライト(Thomas Wright)は、自然哲学は情念の活動と作用を論ずるものだ、と書いているそうである。そして、このトーマス・ライトの説を確かなものと認めた(ノーリッヂの僧正)エドワード・レイノルズ(Edward Reynolds)は、『人間の心の情念と能力を論ず』(*Treatise of the Passions and Faculties of the Soul of Man*, 1640)を書き、それを以下での我々の論述の対象の一人であるエリザベト王女に献じている。その数年後に王女とデカルトとの、この主題についての交信が始まるのである。

実際この時期のフランスについて言えば、多くの人が情念について書いている。デカルトより少し以前のことになるが、例えば当時のモラリスト中の大物として有名なピエール・シャロンの大著『知恵について』(一六〇一年)もさまざまの情念についての議論をその中心に据えており、またモンテーニュも心の憂さ晴らしとして、心の転換を説いて、情念の退治法を述べている。コルネーユの悲劇のテーマは、意志による、情念の克服にあった。

デカルトが心身間の関係自体の問題に向かわず、むしろ心身合一の次元での問題である情念のあり方の問題に没頭したのはなぜかを理解して貰《もら》うべく、私はいささか悠長に『情念論』の時代背景などに触れた。けれども私の主張に対するもっと強い証拠もある。すなわち、デカルトのこの心情を裏書きする彼自身の発言がある。

一六四三年六月二十八日のエリザベト宛ての手紙がそれである。これは上述(六ページ)の同年五月二十一日の手紙にすぐ引き続いて、彼女の問に答えて書かれたものである。この手紙の最初の部分でデカルトは、精神ないし純粋知性、物質、心身合一の三つの次元があり、それぞれに基本的概念があることを述べた後、自分が真面目《まじめ》にものを言っているのではないととられはせぬかと恐れながら、「研究の上で私がいつも順守してきた主要な規則」は次のようなものであると言う。「つまり、想像力を要する思考には、一日のうちのごく僅かな時間しか用いない、また、知性しか用いない思考には、一年のうちのごく僅かな時間しか用いない、そしてそれ以外の時間のすべては、感覚をゆるめ精神に休息を与えることに充てる」と。ここで、「想像力を行使すること」の中には、真面目な会話や、注意力を必要とする一切のことが含められている。これらは純粋知性の次元のことではないが、我々普通の人間にとっては、むしろ研究的な生の存在次元である、ということに留意して欲しい。言語使用や理性的行動はこの次元での日常的生に属する。そして、感覚をゆるめるというのはもちろん日常的生の次元である。

このゆえにデカルトに従えば次のような指針がでる。すなわち形而上学的原理は、神と精神の認識を我々に齎《もたら》してくれるものであるゆえ、一生に一度はそれを十分理解しておくことは極めて必要であるが、同時に、その種の原理を省察するためにしばしば知性を用いるのは、感覚や想像力の機能をあまり休ませることにならず極めて有害である、と。彼によれば、知性によって一度到達した形而上学的な原理上の結論は、記憶や信条の中に留めておくのがよいのである。そして我々は、むしろ日常的生の中に生きるべきなのである。

このデカルトの言葉は何を意味するか。それは、もちろんエリザベト王女の境遇に合わせての父親的な慰めの発言という面もあろうが、もっと直接に次のことを意味するのではないのか。すなわち、一度、形而上学的真理を得た上は、我々は日常的次元つまり情念の次元の事柄に向かうべきだということを。実際、デカルトの哲学は、彼自ら『方法序説』で言っているように「実践的」なものであった。「行動において明らかに見、確信を持ってこの世を生きよう」と彼は言う。実践的意識が弱くむしろ観照的人生観をとるならば、その帰結はマールブランシュやスピノザの道をとることとなろう。

デカルト以後の心身問題の展開を歴史的に辿る余裕はないが、参考のために心身問題の論理的構造について、一言だけ述べておく。

デカルト以後の心身問題の展開を論理的に見れば、次の四つの命題が問題の中心にあると言えよう。

(1)人間の身体は物質的なものである。
(2)人間の心は精神的なものである。
(3)心と身体とは相互作用をする。
(4)精神と物質とは相互作用しない。

心身問題を論ずるためには、これらの命題のどれを真としどれを偽とするか決定する必要がある。なぜならこの四つの命題は、四つとも採ると矛盾になるからである。しかし、三つまでなら、どれをいかように採っても矛盾を起こさない（現実性は別として）。例えば、(1)(3)(4)を採っても、矛盾には必ずしもならない。なぜなら、心は精神的でなく物質的だと考えるなら（つまり(2)を否定するなら）、それら三つの命題は矛盾を犯さないからである。実際、一種の物理主義である中枢神経系状態説といわれるものは、そういう立場である。この立場は、心と身体との間に因果関係を認めるが、人間の行動は、脳の中枢神経系の状態によって決定されると主張し、中枢神経系は非物理的性質をもたないと仮定する。物理主義者なら、生理学的知見に依拠するか、あるいは人工知能などの考えに訴えて(2)を否定したいと思うであろう（五ページ参照）。因みに、デカルトの立場は、(1)(2)(3)を認めるものであるが、それと同時に(4)を認めることはできない。認めれば矛盾になることは明らかである。マールブランシュ（機会原因論）やスピノザ（心身平行論）の立場は、(1)(2)(4)を認めるが(3)は認めない。

問題を難しくするのは、これら四つの命題には、それぞれそれなりに相当の信憑性《しんぴょうせい》があると考えざるを得ないという事実である。日本人が最も否定してもよいと思いそうなのは(4)かも知れないが、それはルーズな考えである。心身が実在的に違うものだと言っておいて、その間に実在的な因果機構を想定することは許されないであろう。心は物理的性質をもたないなら、物理的因果性をもちようがない（心身問題の二十世紀における展開については、拙稿「心身問題」『生命の哲学』北樹出版、一九八一年などを参照されたい）。

四　道徳哲学者としてのデカルト

これまでデカルトは、特に道徳を論じた哲学者と見なされてきたわけではない。彼は、専ら認識論と近代的自然観を確立した哲学者、と見なされてきた。しかしこのイメージは一面的であり、彼の晩年の書き物の内容を一瞥《いちべつ》しただけでも、本当は保持しえないものであろう。例えば彼は、フランス語版『哲学の原理』に付した序文ともいうべきものの殆《ほとん》ど冒頭で、哲学という語は知恵の探究を意味する、と述べている。しかも、知恵とは単に実生活における分別をさすだけでなく、自分の知りうるあらゆることについての完全な知識（よく生きることをも含めて）をも指す、と言う。また、哲学全体を一本の木に喩《たと》えた彼の議論がある。そこで述べられた、幹から出ている枝をなす主要な三つの学問、すなわち「医学と機械学と道徳」の一つとしての道徳は、最も高い最も完全な道徳であって、他の諸学の全き知識を前提し、知恵の最後の段階である、とされている。このことが示唆するのは、デカルトは学問を始めるにあたって先ず、人間はよき生き方をせねばならず、これが学問の本来の目的であると思い定めていた、ということであろう。

事実、道徳への彼の関心は、晩年になって漸《よう》く生じてきたものではない。例えば『方法序説』における「暫定的道徳」の発想からも、それは明らかである。もちろん彼の発言の中には、所謂《いわゆる》「暫定的道徳」の第一格率のように、世事は彼の関心でないと思わせるものも確かにある。彼は「世間で演じられるどの芝居においても、役者であるよりも見物人であろうとつとめながら」国々をめぐり歩く。また「よく隠れたるものはよく生きたるものなり」という格言を、彼はある手紙で引いている（メルセンヌへの手紙、一六三四年四月）。そしてまた、自分の哲学が宗教や信仰を損なうものであるという非難を避けようとする。

しかしながら、これらのことは物事の一面である。彼はすでに若年の頃から、旅に出て世間という大きな本を読み、その中で自己を鍛えようとする考えを持っていた。諸国を旅する行動人デカルトは、炉部屋の思索者デカルトと対をなす。のみならず、『方法序説』の時期においても彼が道徳の内容に関し、将来自分が建設すべき体系を見据えていることを窺《うかが》わせるものがある。例えば暫定的道徳の第三格率は克己《こっき》を勧め、そして、「一般的にいって、われわれが完全に支配しうるものとしてはわれわれの思想しかなく、われわれの外なるものについては、最善の努力をつくしてなおなしとげえぬ事がらはすべて、われわれにとっては、絶対的に不可能である、と信ずる習慣をつけること」、と言う。昔、運命の支配を脱して、苦痛や貧困にも拘《かかわ》らず、神々とその幸福を競うことのできたストアの哲学者たちの秘訣《ひけつ》も主としてここにあった、と彼は見る。これは社会的秩序の変革に向かうものではないが、古来からの道徳の中心課題の一つとされてきた「個人の幸福」への指針である。これらは、幸福、すなわち「よく生きる」という問題が、彼にとって一生の課題であったことを示すものであろう。

私はここでデカルトの道徳思想はストアのものであった、と言おうとしているのではない。デカルトとストアの間には、共通点とともに、違いもある。その違いはもちろん、デカルトが完全な道徳体系は、体系的な哲学の一環として、特に新しい自然学に基づいて成立するものだとすることから出てくる。彼は、そのような体系を完成するために自己の仕事をもっぱら自らの理性を開発することに充て、全生涯をもって真理の認識に邁進《まいしん》せんとするのである。実際、デカルトは古代の異教徒たち(ストア派の哲学者など)の著作は、砂と泥の上に建てられた壮麗な宮殿に過ぎない、と言う(『方法序説』第一部)。

ストアにおいては、理性の行使が、自然に従って生きること、すなわち「よく生きること」の鍵であった。しかしデカルトにおいては、理性の正しい使用とは、真理探究において彼の方法に従うことである。それは、ストアの場合と異なり、単に宇宙の理法を観照するということに留まらず、新しい知識と技術の開発によって、より積極的にこの世と関わりうることをも意味していた。しかもデカルトの新しい方法の成果は、自然学、特に宇宙についてのものだけでなく、その自然研究は、生命にも及ぶものであった。それは人間の身体の生理学的過程の解明をも含んでいた。つまりそれらの知識は、新しい医学の発展を通じて、身体並びに精神の諸々の病気を治し、恐らくは老人の衰弱からも我々を免れさせてくれるかもしれないものであった。デカルトの道徳とストアの道徳の差異をなすものは、科学的な知識に基づいた技術の発展の取捨にあったと言えよう。このことはしかし、両者間の共通点を否定するものではない。

五　人間本性と『情念論』

人間本性の理解が道徳論に大きな関わりを有することは言うまでもない。しかし、デカルトの新しい自然学から見た人間の本性とはいかなるものか。端的に言えば、それは人間が精神だけでなく、肉体を持つということである。そしてデカルトは道徳論を構築するに際し、我々は単に精神に過ぎない存在ではないという事実を次第に重く受け止め始めたように見える。我々の精神ないし心は、単なる「機械の中の幽霊」ではない。我々は、肉体をもって存在するのであり、身体の働き、感じや感覚、情念と結びついている。本当の人間は、身体という機械あるいは牢獄《ろうごく》の中に閉じ込められた魂に過ぎないものではない。理性的精神は、水先案内人が舟にのっているようなぐあいに、人間の体に宿っているものではない（『方法序説』『省察』）。人間は身体を形成する一部ではなく、それ自身で独自な一つのものであり、感じや感覚、情念を持っている。すなわちこれら感じや感覚、情念は、延長の様態にも、精神の様態にも還元することのできない独自のものである。それらはそれゆえ、自然学に結び付けられねばならないものではあるが、自然学に還元されるものではない。

人間本性の理解について言えば、アリストテレスやスコラ哲学、またストアの思想は、人間本性を「理性的」とするいわば偏見を持っていた。デカルトの人間観も一見それに倣《なら》うように見えるし、今までは一般にそう理解されてきたかも知れない。しかし彼が日常的生の次元を独自の次元と見たとすれば、それはこうした人間観と相容《い》れない。彼の人間理解は、理性だけではなく、感じや感覚、情念をも日常的人間存在の中に取り入れ、心身の合一を認めることにより、道徳論の伝統に今までとは違う方向を与えることになる。もちろんこの方向は、エリザベトが鋭く指摘したように問題を含んでいる。しかしデカルトはそこに問題があることを認めつつ、心身合一の次元の議論を続けた。すなわち、心身の相互関係はいかにして可能かという女王の問いに答えることなく、心身の合一ないし相互作用を事実と認めて、人間臭い行動の世界に戻り、心身の相互作用がいかなるものかを論ずる『情念論』に向かった。

心身合一の次元こそ道徳の次元である。それゆえ道徳は、純粋な精神の働きにも、機械論的な自然学にも還元できない。我々は道徳的問題を論ずるためには、思惟《しい》と延長という範疇《はんちゅう》を脱して考えねばならない。ここに『情念論』の必要が生ずる。

『情念論』は、人間の情念や情動の生理学的基礎を与えることに多く充てられている。彼自身、「自分の自然学は道徳哲学を打ち立てる際に大きな助けであった」、と言い(シャニュへの手紙、一六四六年六月十五日)、また、「情念を説明する際に、自分が意図していたのは、説教師としてではなく、また道徳哲学者としてですらなく、自然学者として、情念を説明することであった」、と言うのである(恐らくピコへの手紙、一六四九年八月十四日)。しかし、彼は情念や情動に対応する身体の客観的状態や過程を述べて、それらを説明することを以《もっ》てその目的としているわけではない。単なる科学者なら、あるいはある種の哲学者なら、そうした説明でことは終わる、と考えるかも知れない。しかしデカルトの『情念論』は、人間の人間としての意識そのものをも論究する。彼は、意識、なかんずく情念が我々の道徳的生の実質をなす、と考えるのである。そしてそれを統御しようと考える。倫理学的関心から言えば、生理学的説明は、我々の身体の機能を知りそれを道徳的スタンスと結び付けるのに役立つという意味において有益ではあるとしても、究極的な目標ではない。重要なのは、そうした生理学的な状態や過程が、我々の意識に齎す情念や情動、つまり希望や絶望、喜びや悲しみといった感情、つまり心身合一に基づく事柄である。そしてデカルトが狙《ねら》うのは、細心な訓練と断固とした意志によって我々自身が、生理学的なあり方に支配される奴隷でなく、支配する主人になることである。このために心身それぞれの機能と、心身合一の機能をよく知る必要がある。しかしこのことによってデカルトが志向しているのは、無感動で冷厳な生ではない（本書巻末の年譜、一六四〇年の項参照）。つまり彼は情念を圧殺しようとしているのではない。情緒豊かにして感動に富む人生こそが彼の目標である。自分の哲学においてこそ、甘美にして至福なるこの世の生を見出すのだ、と彼は言う。

それではデカルトは、情念というものをいかなるものと見、いかなる役割を果たすと見るのか。この問題を彼の哲学の体系に即して言い直せば、心身合一の存在としての人間とそれに対応するものとしての道徳とが、心身分離に基づく彼の哲学の体系とどのように統合されうるのか、ということになろう。

彼は情念というものをどのように見るか。我々は先ずこのことを問おう。「情念」の原語は、passionであり、受動ないしは「蒙《こうむ》る」という意味のラテン語から由来したものである。これは、能動ないし働きactionと対にして用いられてきた言葉であり考えである。受動と能動はいつも同一の事柄であるが、その事が生ずる主体について言えば受動であり、その事を引き起こす主体に関しては能動である。今の場合、「なに」が能動し、「なに」が受動するのか。デカルトは心身相互作用説に立つが、心身のいずれがいずれなのかをはっきりさせなくてはならない。

デカルトの場合、最も広い意味では、情念とは、我々の受動的意識（状態）のことであり、精神の意志の働き（精神の能動）でないものすべてを指す、と言ってもよい。意識の能動的側面は意志の働きである。しかし情念をより積極的に言えば、それは精神が身体と結合することによって生ずる心的な出来事、身体と密着した意識である。それは、「精神（心）の受動」である。心の受動はしかし、身体から言えば能動である。精神の受動を引き起こす能動作用は、脳内の動物精気の、ある運動である。情念とは、「精神の知覚または感覚または感動であって、特に精神自身に関係づけられ、かつ精気の、ある運動によってひき起こされ維持され強められるところのものである」（二七）とデカルトは言う。けれども狭い意味での情念は、神経の衝動の伝達によって働きを起こす現象の中の一部である。というのも彼によれば、感覚（熱い、冷たいなど）、感じ（飢えや渇きなど）、情動émotionや情念（喜びや悲しみなど）はみな、さまざまな生理学的な状態変化によって引き起こされる「心の受動」だからである。これらの状態変化が動物精気の運動を引き起こすのであり、これら運動が今度は神経系を通って脳に伝達される。そして、脳における出来事が精神に働きかけることになる。

広い意味の情念、すなわち我々の受動的意識を、今我々は三つに分けた。つまり彼の生理学的見地から言えば、外感、内感、情念は、すべて身体の神経作用である動物精気によって引き起こされる受動的意識である。しかしいわゆる情念は、我々の外的対象に関係づけられるのではなく、精神そのものに関係づけられるのであり、精気の激しい運動によって引き起こされ維持される。それは場合によっては、血行の変化や、涙や汗の分泌をともなうような、精気の激動によって生ずる。

これら三つの意識の違いを説明しておこう。第一のものは、眼や耳を使う外部感覚である。第二は、痛みや飢えや渇きのような、我々の身体についての内部感覚である。これらはいずれも身体の働きに依存しており、精神の方から言えば受動であるが、精神でないものを対象としている。例えば、視覚の内容である物の色は「物」の色であり、腹痛は「腹」の痛みである。しかし、第三にこれらと違う受動的意識がある。それは例えば「恐れ」のような受動的意識（情念）の類である。それは、外感や内感のように外物や身体部分についての意識でなく、精神自身についての意識である。このことを理解するために、「虎は恐ろしい」と「虎は四本足である」とを比較してみよ。「四本足である」は視覚によって捉《とら》えられ、「四本足である」は虎に帰属させられる。しかし、「恐ろしい」というのは、虎そのものに帰属するのでなく、虎を見ている自己自身の状態の形容である。受動的意識のうち、受動的意識そのものについての意識が狭い意味での「情念」であり、これをデカルトは「心の受動」と呼ぶのである。もちろん精神から見ての受動である。

脳における出来事と、そこから精神（心）に生ずる意識を繋ぐ場所は、デカルトによれば、脳の中心にある松果腺である。デカルトはこれを「精神のおもな座」と呼ぶ（三二）。それは、身体の生理学的変化を精神に伝えるだけでなく、また精神が機械としての身体に働きかける場所でもある。精神はここで動物精気の運動を統御し、言語活動や理性的行動をも生む。つまり、松果腺は精神と物質が合一する点である（心身相互作用説）。

動物精気の統御の中心としての松果腺の説は、これまで悪評の的となってきた。しかし我々は、そうした特定の身体器官を彼が選んだということを問題にする必要はない。重要なのはその構想である。デカルトは、人間の情念や感覚的覚知が生理学的な過程と緊密に結びついているということを、はっきり主張したのである。

けれどもこうした知見に基づいて我々は、いかにして情念を統御できるのか。我々は情念を統御できなければ、「よき生」を生きえない。これは古代以来ルネサンスの時代でも道徳の含意するところであった。しかし我々人間は、身体を持っているゆえ（すなわち精神のみではないゆえ）

能動的な理性である意志を動かすことによるのみでは、思うように情動や情念を操作できない。生理学的な出来事と心理学的な出来事との相関関係を設定する能力は、我々が本来持っているものではない。しかしそれにも拘らず人間は心理的‐生理的反応の形態を探究し、その結果としてそういう反応の形態をかなり変容することができる。このことがデカルトのテーゼである。このことによって我々は情念と理性という古来の問題にかなり決定的な解決を見出すことができることになる。その理論的可能性をデカルトは我々に与えたのである。これは彼の情念論が、トマス・アクィナスなどの情念論と大きく異なる点である。

ただここで注意すべきことがある。我々は意識に対応しているそういう生理学的過程や状態について、日常的生においては知らないままでいる。しかし、意識そのものは当人に直接に知られるものと我々は思いこんでいる。注意すべきだという意味は、このことが我々のしばしば犯す誤りの根源となる、ということである。つまり我々は意識を直接に統制しうると思いこみがちである。しかし受動的な意識は直接に知られるが、そうした受動的な意識の働きは我々の直接的な意識の統制の下にはないのである。なぜならそれら受動的意識は生理学的な過程や状態を基礎にもつが、受動的な過程や状態が生理学的な次元でどのようなふうに因果的に生ずるのかということは、意識する当の人間には不透明なのだからである。それゆえ我々は意識を思うままに直接に統御することはできない。我々は天使ではなく、肉体を持った存在として、我々の情動的な生、感情的な生は、深刻な不透明性に包まれている。それゆえ人間に根源的なこの情念の、意識する心に対する不透明性をしっかり弁《わきま》えることが、我々が生の次元で悩みながら生きるには欠かせないのである。

しかしデカルトは、意識の背後の生理学的状態や過程の存在(そして、これらは物質的であるから精神が直接働きかけうるものではない)を明示した。この論点は、動物精気などは存在しないとか、神経系の情報伝達は電気‐化学的な過程であるという知見が今日では採られているということによって、少しも価値を損なうものではない。実際、今日の我々はデカルトの構想に従っているのである。彼は、生理学的考察へと迂回《うかい》経路を採ることによって、情念を統御し、よく生きるための知恵をえた(二二一―二二二)。

理性を持たない動物でさえ、猟犬の場合に見るように、もともと犬の持っていた行動形態を変えるように訓練を施すことができる(五〇)。いわんや人間に行動の条件づけが不可能なはずがない。この考えの源泉は、実は、アリストテレスにある。人間の徳は、感じ方と行為についての正しい習慣を持つことに基礎を持つ。徳は、知性だけで生ずるものではない。デカルトはこのアリストテレスの考えに行動論的、生理学的な基礎を与えた、ともいえる。すなわち我々は、両者に連続性を見ることもできる。

六 『情念論』の構造と意義

デカルトがエリザベトに語った道徳論はストア風である。それは名誉や富や健康のように我々の意志と独立な善ではなく、徳や知恵のように、我々自身に依存する善を求めよと言う。それの獲得にこそ本当の満足がある。この点において我々はすべて満足をうることができる。小さな器も大きな器も同じく満ちてありうるように、最も不運な人でも全き満足を持ち、人はそれぞれそれなりに満足しうると、デカルトは言う（エリザベトへの手紙、一六四五年八月四日）。この満足はもちろん精神的な快である。しかし、そういう善とはいかなる善か。我々は、そういう善を求め、そういう善の価値を吟味しなくてはならない。すなわち、「それの獲得が、ある仕方で我々の行為に依存すると思われる善の、正しい価値を吟味」しなくてはならない（一六四五年九月一日）。この任務を理性が正しく果たすなら、それ以上望むことはない。

そこで問題は次の二つのこととなる。すなわち我々自身をも含めた世界を、我々は自らの知恵によってどのように見るか、また、そういう知恵をいかに我々自身の心身において生かしうるか、の二つである。言うまでもなく後者の問題が、道徳論という立場から見た『情念論』の効用に関わる。それは、知恵に従ってことを判断した我々の意志が、正しい有効な仕方で欲望その他の情念を統御する道を、生理学的-心理学的な知識に従って考察することである。かくして『情念論』は、徳をめざして情念を工夫によって改める方法を提示すべきであることになる。その詳しい一々の議論をここで述べることはしないが、『情念論』全体についていくつかのコメントをしておきたい。

情念とは、我々の受動的状態ないし意識のことである。情念にはしかし様々なものがある。情念の一般的性質を述べるだけでは、それに対処したりそれらを統御することはできないであろう。対処し統御するためには、それらを組織的かつ具体的に把握しなければならない。そのためにデカルトは、情念の種々相をそれらの知覚対象の意義に関係させて分類しようとする（この分類原理はスコラのそれとは異なる。スコラの考えに対するデカルトの批判は、『情念論』（六八）にある）。そうして彼は、六つの基本的な情念を選び出す。基本情念は、「驚き」「愛」「憎み」「欲望」「喜び」「悲しみ」である。

彼の『情念論』は、三部からなっており、その第一部は、情念一般について、そして同時に人間本性を論じている。第二部は、「諸情念の数と順序について、ならびに六つの原始的情念の説明」という題になっており、主要な基本的情念の数は上記の六つだという論定はここでなされている。そしてその他の情念は、これに基づき整理・分類される。その仕方は、当の情念が上述の基本情念のいずれかに包含（つまり基本概念（類）の種として包含）されるものか、または、それら基本情念から複合されるものか、という見方に従っている。なお第二部の最後のところ（一四七

―一四八）で、情念に煩わされることを防ぐのに、精神によって引き起こされる内的感動による、という主意主義の考えが述べられている。自分が最善と判断したすべての事柄をなせ、つまり徳に従え、と彼は言う。

最後の第三部は特殊情念の説明である。もちろん、特殊情念を完全枚挙することはできない。彼の道徳論の中で最も重要な概念である「高邁《こうまい》（けだかさ）」についての議論もここに含まれている。高邁とは、一方では、自由意志をもつという我々の内的感情であり、「驚き」の一種であるが、他方それは、正しき判断に従うという断固とした意志をもつことである。従ってそれは「自尊」の一種であるかもしれぬが、「傲慢《ごうまん》」ということではない。それは人を咎《とが》めるよりは許す方に向かう（高邁という考えの解釈については、野田又夫『デカルト』（岩波新書、初版一九六六年）25章を参照されたい。そこには、「高邁」と「愛」との関係についての優れた解説がある）。

情念一般に対してデカルトが取る態度は、我々の意識の底にあるこのような受動性を、知性と意志の能動性によって支配しようということである。特に、「欲望」を土台とする受動的な心の動きを、理性的な意志の下におこうとすることである。それが自由で高貴な生き方に繋がる道であるということになろう。しかしながら念の為に言えば、情念を制御するというがデカルトは、情念一般が有害なものであると考えているのではない。彼はストア的無感動の生をめざしているのではない。そうしたデカルト理解は、彼の自然科学的側面の強調から来た、一面的な理解である。彼が情念を積極的に評価する側面をも持つことに我々は注目すべきである。「情念の効用は、もっぱら、われわれにとって有益であると『自然』の示してくれる事がらを、精神が意志し、かつこの意志をもちつづける、ということにある」（五二）と彼は言う。ある意味で自然の定めに従わなければ、我々の自由はありえない。我々は必然に従うことによって自由になりうる。

どのように必然に従うか。またそのことが可能であるとどのような根拠によって言えるのか。この可能性の根拠を与えるのは、精神の統一性についてのデカルトの考えである。それは、デカルトの情念論とアリストテレス－スコラの情念論との基本的相違をなす考えでもある。すなわちアリストテレス－スコラは、魂は三種あると考えた。つまり植物的ないし栄養摂取の能力をもつ魂、動物的ないし可感的魂、理性的魂である。しかしデカルトは、魂（精神）を持つものは思考するし、思考するものは魂を持つと考える。このゆえに彼によれば、動物は思考しないゆえに魂を持たない。人間の魂（精神）は統一性を持つ（四七）。

このことの意味は何か。アリストテレス説では、人間において上記三つの魂がどのように統合され触れ合うか説明するのが難しい。しかしデカルトにおいては、魂（精神）は一つであり統一性を持つゆえ、精神自身には矛盾や葛藤《かっとう》はない。心（魂）はただ一つであり統一的なものである。ただ心が身体に結び付き、身体からの受動が心にくっついている。心の中に矛盾があるのでなく、心と身体の間に能動受動がある。それゆえデカルトに従うなら、心中の矛盾と考えられるものを心と身体の働き合いとして客観的に見るべきだということになる。これを彼の生理学的な表現で言えば、心の葛藤とは心が松果腺をある方向に動かそうとしているのに、それを妨げる精気の運動に出会っているということになる。

これは確かにデカルトによるスコラ批判である。実際、デカルトの説はスコラ説の持つ難問を免れるばかりでなく、人間の魂が延長でなく純粋な精神であると論ずることによって、魂が身体のどこに配置されているかという問いを無効にし（魂は空間的でないから、どこにあるかという問いは意味がない）、魂が肉体の消滅後も残るということを可能にした点でキリスト教神学をも満足させえた。しかし心身合一という次元で、感覚や情念をデカルトが認めたということは、彼がアリストテレス的心理学をある程度保持していたことを示すのではないか、という解釈も成立するかも知れない。デカルトが、情念をまったく非合理的で人間にとって有害でしかないものと見ていなかったのではない（つまりストア思想ではない）ことは、その解釈を支持すると言えよう。

さて精神の単一性を信じて、その能動性を奮い立たせるには何が必要か。それは真実に基づいた決意、つまり真なる判断である。よく行なうにはよく判断しなくてはならない（四九）。そして意志をその判断に従わせねばならない。このためにこそデカルトは、自然の探究をした。彼の真理探究は、実践的な意志と表裏をなすものであった。然《しか》し、このように真なる判断をするだけではまだ情念の受動性を支配するには足らない。我々は、ある工夫を必要とする。

情念やそれに伴う身体運動は、我々の幼少の頃からの習慣によって形成されてきたものである。逆に言えば、そこには非必然的な要素がある。怖いものを見て逃げるのは、一つの習慣ではあるかも知れないが、怖いものを見ても逃げない勇者もいるであろう。それゆえ感覚や情念と身体行動における非必然的な条件づけを、我々は意識的に改新するという工夫が必要であることになる。もちろんこういう工夫を平生しておいても、非常に激しい情念に襲われたときは、どうしようもないこともあろう。しかしデカルトは言う。そのときには、その情念をすぐに静めることはできないまでも、その情念が行動に発動することを抑えて待つことはできるであろう（四六）、と。

七　デカルトの道徳論

我々は前節で提起したもう一つの問題を論じなくてはならない。『情念論』によってデカルトは、情念を支配しよく生きるための理論的準備を整えたと言える。では、それによって彼はいかなる生を送らんとするのか。いかなることに価値を見出すのか。このことを見るために我々は、デカルトとエリザベト王女との書簡に向かおう。それらは『情念論』よりも先に書かれたものであり、書かれた順序から言えば逆になる（『情念論』の出版は一六四九年であり、我々が言及するエリザベト王女の手紙はそれ以前に書かれた）が、内容から言えば『情念論』の議論によって支えられている。

エリザベト王女についていくらか説明が必要であろうか。悲劇的状況に生きたこの王女は、ファルツ選帝侯フリードリッヒ五世の長女である。母は、英国王ジェイムズ一世の娘である。フリードリッヒは三十年戦争の始めの頃、ボヘミア王に擁立《ようりつ》され新教徒の頭《かしら》となったが、たちまち一冬で敗北し、「冬王」というあだ名を蒙る（この時デカルトは旧教軍の軍営に属した）。その後一家は国を失い、王は母方の叔父オランダのオレンジ公のもとに亡命し、苦悩の、また波瀾《はらん》の生活が始まる。

エリザベト王女像
（ハイデルベルク美術館蔵）

王女とデカルトが始めて出会ったのは一六四二年である。王女は、デカルトに出会い、デカルトに傾倒する。王女は、ラテン語をも含めて諸国語をよくしたばかりでなく、広く深い学問的知識を備えており、学問と信仰に深く入り込む魂を持っていた。デカルトの死後、王女は、ヘルフォルト僧院長として、神秘主義的敬虔《けいけん》に生きた。クエイカーであるウイリアム・ペンとも親しかった。

デカルトは、この聡明で真率《しんそつ》な王女に対して、父と騎士の愛を傾けたように見える。父親の敗北によってもたらされた不幸な境遇にあって、一家を真剣に思い、しかも凜乎《りんこ》たる生をおくった、この聡明な女性に、彼がいかばかり敬意を払ったか、『哲学の原理』に付された「献辞」を見て頂きたい。デカルトは王女に賛嘆を禁じ得ない。そこには、私の公にした論文のすべてを完全に理解したのは、王女一人である、ともある。

彼女がデカルトに最初に手紙をおくったのは一六四三年五月であった。これはデカルト哲学の難問である心身関係をついたものである。形而上学的問題に続いて問題になったのは、数学や自然学の問題である。そのあと手紙はしばらくとだえたが、やがて今度は専ら道徳の問題に集中する。交信の再開は、デカルトから王女への病気見舞いの筆（一六四五年五月十八日）に始まる。デカルトは、王女の病の徴候を心痛の結果と判断し、徳の力によって運命の女神の不興に打ち勝って、心の満足を得るように、と見舞いの言葉を述べ、いたわりを込めて励ます。「無感動」な人間になれというのではないが、外的運命に絶えず動かされることは「大なる魂」のせぬことである、と。

王女はデカルトに感謝しつつも答えて言う。自分も自らの幸福を運命に依存しているとは思っていないし、たとえ自分の一家が恢復《かいふく》できなくても、また近親のものの不幸が救われなくても、自分が絶対的に不幸なのだとは考えてはいない、と。しかしまた次のようにも書く。もし私の人生をあなたがすべて御存知なら、これまでの私の人生を顧みるとき、私のように感じやすい心がこれほど多くの障害のさ中にあって、これほど弱い身体のうちにあって、自分の理性だけを頼りに、良心の慰めだけを唯一の慰めとして、これまでやって来たことをむしろ不思議だと思われることでしょう、と(一六四五年五月二十四日)。

しかし心の平安という話題はやがて、道徳の問題に移る(一六四五年八月四日また十八日)。デカルトはストア風に善を二分し、第一は、徳や知性のように我々自身に依存する善、第二に、富や名誉のように、我々の意志から独立な善とする。もちろん我々の選ぶべきは、第一の善である。しかし、我々の選ぶべき善を獲得するには、ものの正しい価値を判断するために持つべき知識と、情念についての正しい認識とが必要である。後者については『情念論』が答えている。前者はどうなるか(これは前節で提起した二つの問題の一方である)。

これは、デカルトの哲学全体を問うことでもある。特に、形而上学と世界観の全体を問うことである。デカルトの答えは、本書収録の一六四五年九月十五日の王女宛ての手紙(三一七ページ)に見られる。それは四つの真理として要約されている。第一は、神の存在を知ること。神は全知全能であり、無限である。神は過ちをしない、ということである。第二は、精神が、身体とは独立な、高貴な存在であることを知り、死を恐れないようになるということである。第三は、神の作品である世界の広大無辺であることを知るということである。これは天界のすべてが地球のため、また地球のすべてが人間のために作られたという考えを捨てることである。地球の人間を至上の存在と考える傲慢を捨て、目的論的な世界解釈を退けることである。このことの意味するのは、デカルトの合理主義といわれるものが、十九世紀的な目的合理主義では決してあり得ないということでもある。第四には、我々は、宇宙、地球、国、社会、家族、の一員であって、自己のみならず全体を思うべきである、ということである。これは、デカルトが独我論の立場だとする解釈を許さない主張である。あるいは、我々は他人との交わりの中にあって生きねばならない、という主張である。

デカルトのエリザベト王女への答えを見ると、彼の道徳論はやはり自己抑制的であり、反世間的であり、人間の日常的生を否定する傾向にあるとも見える言辞があるのは否定できない。しかしそれは、思うに、デカルトの手紙が書かれた状況のしからしめるものであり、いたわりの言であろう。つまり、浮き立つ喜びに浸る満足とはいわば無縁な王女に対するいたわりであろう。上述の四つの真理、特に第四の命題は、デカルトの道徳がこの世での生を否定するものではありえないことを示している。というのも、それは、そもそも我々がこの世の中に生き、したがって情念のさなかにあって生きてこそ、真の人生だ、と言っているのだからである。

事実、この解釈を裏付けるデカルトの言は一二に留まらない。例えば『方法序説』第六部や、『哲学の原理』の「著者から仏訳者にあてた手紙」を読んで頂きたい。そこには、人は世間のために尽くすべきであり、そうでない人間は価値がない、という考えが随所に見られる。

我々は、「我々の力のかぎりあらゆる人間の一般的幸福をはかる」べきなのだ、と彼は言う。

それゆえ彼の哲学は、「スコラの理論的哲学でなく、一つの実際的哲学」なのである。「人はみな、できるかぎり他人の善をはかる義務があり、だれの役にもたたぬ人間は、きびしくいえばなんの値うちもない人間なのである」。「また、われわれの配慮は現代よりも遠くにおよぶべきである」。それゆえ、現代の人にいくらかの利益をもたらすであろうことを無視するのも、もしさらに多くの利益を我々の子孫にもたらすためなら許されてよい、とも彼は言う。学問研究とはそういうものであろう。しかし、「ある人々を益すれば必ず他を害することになるような計画（軍事技術の研究など）」は、彼の好みから遠いものである。そういう研究を拒否する事によって世間から重んじられなくなっても、彼は世間の評価などは気にしない（『方法序説』第六部末尾）。彼の真理探究は彼なりの社会への貢献であり、彼が社会を回避したとすれば、このこと、すなわち真理探究を果たすための社会からの回避であった（念のために言えば、ストアの思想はたしかに禁欲主義的側面をもつと評せようが、それは隠遁《いんとん》生活をよしとするものではなく、公共的精神の涵養《かんよう》を慫慂《しょうよう》するものであった）。

そうした真理探究の努力は、やがて人間の持ちうる最高の知識をもとに、この世を最もよく生きる仕方（道徳）を見出させてくれるものであろう。というのも、哲学とは「知恵の探究」であり、知恵とは単なる知慮ではなく、「人間の知りうるあらゆることについての完全な知識をもさす」のだからである。もちろんこの知識は、自分の生活の導きのためにも、健康の保持やあらゆる技術の発明のためにも役立つ。それゆえにこの研究は、我々の行動を律してこの世の生において我々を導くために、我々が歩むために目を必要とする以上に、必要なのである（『哲学の原理』「著者から仏訳者にあてた手紙」）。よく生きるためには、自己統御ができねばならぬし、それが可能である事を示さねばならない。そして、それゆえに『情念論』がある。

デカルトは、『情念論』のあるところ（第一部の終わり、五〇）では、「いかに弱い精神でも、よく導くならば情念に対する絶対権を必ず獲得しうる」、と言う。これは一見、情念の完全制御をめざすストア流の主張に過ぎない、と思われよう。しかしそれは速断である。『情念論』の終わりに近いところ（二一一）でデカルトは、人生の偶発事に常に冷静に対処しうるほどに我々の生を統御する事は、工夫を凝らしても難しい、と断っている。

結局我々はどう生きればよいのか、と読者は問い返すであろう。もとより人生には、生き方のマニュアルなどない。事柄を理解するためにマニュアルなどに頼ることは、本当の理解を妨げることでしかない。それは手先の技術の習得には有益であろう。しかし、人の教えのとおりに我々が従うならば、結局我々は当の事柄について、教えてくれる人以下の理解しか持てないであろう。「あることを他人から学ぶ場合には、みずから発見する場合ほど十分に、そのことを理解しそれをわがものにすることができない」（『方法序説』第六部）。それゆえ人生の大事にはマニュアルなどありえない。なぜなら、他人は私の事を十分理解できず、さらに私は他人が不十分な理解に基づいて、私のために考えてくれたことの内容を十分理解できないのであるから。

しかし我々は、デカルトの答えを『情念論』の最終項に見出す。すなわち、「人生の善と悪とのすべては、ただ情念のみに依存する」、そしてまた、「情念によって最も多く動かされうる人々が、この世の生において最も多くの楽しさを味わいうるのである」、と。もちろん、ここにマニュアルはない。ではデカルトの言は何を意味するか。それは畢竟《ひっきょう》次の事であろう。すなわち、我々は、ひるむことなく現実の世界に生きねばならないということ、そして、そのなかで知識に基づき、工夫を凝らし、決断と堅き意志をもって、己のよしと見定めた方向にまっすぐ進まねばならぬということ、である。デカルトが知ろうと欲したのは、「行動において明らかに見、確信をもってこの世の生を歩むために、真なるものを偽なるものから分かつすべて」のことであったる(傍点筆者)。デカルト自身が己の進むべき方向として見定めたのは、もちろん真理探究そのものであった。彼は自らの情念を、真と偽とを見分ける事に傾けた。

それでは我々はどうするか。我々もまた自らの進むべき道を見定め、情熱をもって進まねばならない。しかし「闇《やみ》の中を歩む」のに急ぐ必要はない。間違った方向に急いで進めば、益々《ますます》早く真理から遠ざかるだけである。けれどもまた、我々も決断しなくてはならない。しかも不確定、不透明な状況において決断しなくてはならない。我々は、世間という大きな本を読みつつ、自己を試し鍛えながら、進む。そして、「ある事の実行を決心しなければならなかったそのときに、最善と判断したところを、実際に行なったのならば、たとえのちになってもっと時間をかけて考えなおしてみて、失敗だったと判断するようなことになっても、やはり後悔することはない」（デカルトの手紙、一六四五年十月六日）のである。デカルトの死自体、そういう一つの事例であった。

（大阪市立大学名誉教授）

凡　例

一　本書の翻訳にあたっては、シャルル・アダンとポール・タンヌリによって編まれた『デカルト全集』Œuvres de Descartes; publiées par Charles ADAM et Paul TANNERY をテキストとした。

二　本文において（　）は訳者の注記または補訳を、〔　〕は原著の補説を示す。

第一哲学についての
省　察

神の存在、および人間の精神と身体との区別が証明される

井上庄七
森　啓　訳

目次

ソルボンヌにあてた書簡

最も識見ふかく最も名声高き
聖なるパリ神学部の
学部長ならびに博士各位に

敬意を表して
ルネ・デカルト

私がこの書物を皆さまに献呈いたしますのは、きわめて正当な理由があってのことであります し、皆さまもまた、私の企ての趣旨がおわかりくだされば、この書物を庇護《ひご》のもとにおくについ ての、きわめて正当な理由をおもちいただけるものと確信いたしますので、ここにこの書物の認 可をお願いするにあたりましては、私がその中で意図したところを簡単に申しあげるのが最もよ いと存じます。

私はつねにこう考えてまいりました、神についての問題と精神についての問題との二つは、神学によってよりはむしろ、哲学によって論証されねばならない問題の最《さい》たるものである、と。なぜかと申しますに、私たち信仰ある者にとっては、人間の精神が身体とともに滅びるものではないということと、神が存在するということとは、信仰によって信ずるだけで十分なのでありますけれども、信仰なき人々の場合は事情が別であって、あらかじめこの二つのことを自然的理性によって証明してみせたうえでなければ、いかなる宗教も、また一般に、いかなる徳のすすめすらも、彼らに受け入れさせることはできないと思われるからであります。それに、この世においてはしばしば、徳行よりも悪行のほうに、大きな報酬が与えられるものでありますから、もしも神をおそれることも、来世の期待をもつこともないとするなら、利得よりも正道を選ぶ人はほとんどないでありましょう。

さて、神の存在を信じなくてはならぬのは、それが聖書の教えるところであるからであり、逆に、聖書を信じなくてはならぬのは、それが神に由来するものであるからだ、ということは、まったく真でありますが〔信仰が神の賜物《たまもの》である以上、ほかのことを信じさせるために恩寵《おんちょう》を与えるところの神は、同じく恩寵を与えることによって、神自身の存在することをわれわれに信ぜしめることもできるはずだからであります〕。しかしながら、こういう議論は、信仰なき人々の前にもちだすわけにはゆかないのであります。彼らはそれを循環論だと判断するでありましょうから。

そして実際、私の気づいたところを申しますと、皆さまはじめ他のすべての神学者たちも、神の存在は自然的理性によって証明されうる、と主張しておられるのであります。のみならず、聖書からも、神についての認識は、被造物についてわれわれのもっているかずかずの認識よりも得やすいものであるということ、それをもたない人がとがめを受けねばならないほど、まったく得やすいものであるということが、推論されるのであります。これは「知恵の書」第十三章（八―九節）に見られる、次のことばによっても明らかであります、「彼らも、ゆるすわけにはいかない。彼らに、宇宙をさぐるほどの知識があったのなら、なぜもっと早く、それらのものの主《しゅ》を見いださなかったのか」。また「ローマ人への手紙」第一章（二〇節）には「彼らはいいのがれができない」といわれております。さらに同じ個所（一九節）にある「神について知りうることは、彼らにとっても明らかである」ということばによって、神について知りうるあらゆることは、ほかならぬわれわれの精神そのもののうちに求めればよい根拠によって明らかにされうるものであることが、告知されているように思われます。それゆえ、どうしてそういうことになるのか、またどうすれば神はこの世のものよりもいっそう容易に、いっそう確実に認識されるのかを、私が探究いたしますのも不当なことではない、と考えたのであります。

次に、精神に関してはどうかと申しますに、多くの人々が、その本性は容易に究明されうるものではないと考えておりますし、ある人々にいたっては、人間的な論拠に従えば、精神が身体と同時に滅びるものであると認めるのほかはなく、ただ信仰によってのみ反対の主張は固執されるのだとさえ、あえて言明するしまつでありました。しかしながら、レオ十世の主宰のもとに開かれたラテラノの公会議は、その第八会期(1)において、彼らを異端と宣し、キリスト教哲学者たちに、彼らの謬見《びゅうけん》を打ち破り、総力をあげて真理を証明するよう、はっきりと命じているのでありますから、私もまた、ためらうことなく、この仕事にとりかかったわけであります。

そのうえ、たいていの無信仰者が、神のあること、人間の精神が身体とは分かたれたものであること、を信じようとはしないのは、彼らのいうところによれば、いままでにだれ一人としてこれら二つの事がらを証明できなかったからにほかならないということも、私はよく知っております。もちろん私は、けっして彼らに同意する者ではなく、反対に、これらの問題に関して偉大な先人たちによって提出された理由のほとんどすべては、十分に理解されるならば、証明としての効力をあらわすものだと思いますし、すでにだれかほかの人によってあみだされたことのないような、まったく新しい理由をもちだすなどということは、ほとんど不可能であると確信いたしております。しかしながら、一度はすべての理由のうちで最もすぐれたものを注意深くさがしだし、きわめて厳密に、きわめて明確に展示して、これこそほんとうの論証であると、今後ともすべての人々の間で認めてもらえるようにいたしますなら、哲学において、これ以上有益なことはありえないと信じます。そして最後に、私がもろもろの学問においてどのような難問をも解くために、ある方法を開発したのを知った若干の人々から、私がその仕事を手がけるようにとの、強い要請を受けましたので、私は右の問題についていくらか努力してみることを自分の義務だと考えるにいたったのであります〔私のくふうした方法というのはべつだん新しいものではありません——真理より古いものはないからであります——が、しばしば私がこれを他の分野で用い、かなりの成果をあげていることが、彼らの注目するところとなったのであります〕。

さて、私のなしとげえたかぎりのことは、すべてこの論文のうちに含まれております。と申しましても私は、上の二つの事がらを証明するためにもち出すことのできるさまざまな理由を、何もかもここに網羅しようと努めたわけではありません。実際また、そういうことをするのは、十分確実な理由が一つも見あたらない場合のほかは、徒労にすぎぬと思われます。私はただ第一の、主要な諸理由を追求したのでありまして、いまや安んじてこれらの理由を、最も確実で最も明証的な証明として提示することができるしだいであります。なおつけ加えますなら、私は、これらよりもさらにすぐれた理由を見つけだすことのできるような道は、人間の精神には開かれていないと思います。ここで私が、いつもの流儀に反して、いくぶん無遠慮に自分の仕事のことを口にいたしますのも、事がらの重要性と、これらすべてがかかわりをもつ、神の栄光とが、そうすることを私に強いるからであります。

ところで私は、それらの理由をたいそう確実で明証的であると考えてはおりますが、だからといって、それらがあらゆる人に理解してもらえるものだと思いこんでいるわけではありません。むしろ事情は幾何学におけると同様なのであります。幾何学においても、アルキメデス、アポロニウス、パッポスその他の人々によって多くの証明が残されており、それらは、すべての人々によって、明証的であり確実であるとみなされております。それらは、別々に考察されたときにきわめて容易に認識されないようなものを、何一つ含んでおらず、帰結が前提と緊密に結びついていないようなものも、何一つ含んでいないからであります。けれどもそれらは、どちらかといえば長くつながっており、はなはだ注意深い読者を必要とするので、ごく少数の人々によってしか理解されないのであります。

同様に、私がここで用いる証明も、確実性と明証性との点では、幾何学の証明に匹敵するもの、あるいはこれを凌駕《りょうが》するものとさえ、私は考えておりますが、やはり多くの人々によって十分に理解されるわけにはゆくまいとおそれるのであります。それというのも、一つには、これらの証明もまた、長くつながっており、かつ一方が他方にと順次に依存しているからでありますが、また一つには、このほうがおもな理由でありますが、先入見からまったく自由となった精神、自己自身を感覚との交わりからたやすく引き離す精神、を必要とするからであります。そして確かに世間には、形而上学《けいじじょう》の研究に適した人は、幾何学の研究に適した人ほど多くは見いだされないのであります。

そのうえ、両者の間には、次のような相違もあります。すなわち、幾何学においては、確実な証明の得られない事がらは何も書かれないならわしであると、だれもが思いこんでいるので、未熟な人々は、真なる証明を拒否するというあやまちをおかすよりも、虚偽の証明を――それを理解しているように見せかけたくて――是認するというあやまちをおかす場合のほうが多いのであります。ところが、哲学においてはまったく反対であって、賛否双方に分かれて争われないような事がらは何もないと信じられているので、真理を求める人は少なく、大多数の人々は、あえて最良の証明を攻撃することによって、才子だという名声を得ようとするのであります。

こういうわけで、私のあげる理由は、どれほど有力なものでありましょうとも、哲学にかかわるものでありますから、皆さまが庇護の手をさしのべてくださるのでなければ、それらの理由が大きな効果をあらわすことはおぼつかないのであります。しかるに、貴学部の高い評判は万人の心に根をおろしており、ソルボンヌの名はひじょうな権威をもっておりますので、たんに信仰の問題において、聖なる公会議を別にいたしますと貴学部ほど大きな信頼を受けている団体がないばかりでなく、人間的な哲学においても、貴学部以上に明察と誠実さとをそなえたところ、また、判断をくだすにあたっての公平さと慎重さとをそなえたところはどこにもない、と信ぜられているのであります。

そこで私は、この書物のために、皆さまが次のようなご高配をたまわりますよう、お願いいいたさねばなりません。まず第一に、この書物における誤りを正していただくこと――と申しますのは、私は、人間としての弱さということばかりでなく、とりわけ自分の無知ということをも痛感いたしておりますので、この書物の中にはなんの誤りもないなどとはいえないからであります――。次に、たりないところがあればつけ加え、十分に仕上がっていないところがあれば完成させ、もっと説明を要するところがあればそれを補う、といった労を手ずからおとりいただくか、あるいは少なくとも私に対し、そうせよとの勧告をお示しくださること。そして最後に、神があること、精神が身体とは別のものであることを証明するところの、この書物のうちに含まれている推理をば、このうえなく厳密な証明であるとみなさねばならぬほどの透明さに高めたうえで――それらの推理はこういう透明さに高めることができると、私は確信いたしております――まさしくその旨を宣言し、公に証言していただくこと。

こういうご配慮をたまわりますならば、神と精神との問題についてこれまでに現われたあらゆる誤謬《ごびゅう》が、まもなく人々の心からぬぐい去られるであろうことを、私は信じて疑いません。なぜかと申しますに、まず真理そのものが、才能のある人々や学識のある人々すべてをして、皆さまの判断にたやすく賛同せしめるでありましょう。次いで皆さまの権威が、無神論者たち――彼らは、才能ある人とか学識ある人とかであるよりも、むしろ似非《えせ》学者であるのが普通であります――をして、反論する気持を失わせるでありましょう。それどころかおそらくは、この書物に含まれている推理が、才能に恵まれた人々すべてによって証明として認められているのを知って、彼ら無神論者たちは――それらを理解していないと思われたくないため――すすんでそれらを弁護しようとさえすることでありましょう。こうして結局、残るすべての人々も、これほど多くの証拠を見せつけられては、たやすく承服するようになり、もはや世間には、神の存在についても、人間の精神と身体との実在的な区別についても、あえて疑いをさしはさもうなどとする人はいなくなることでありましょう。

こうなることがどんなに有益であるかについては、皆さまご自身が、比類のない知恵をおもちなのでありますから、だれよりもよく判定してくださるでありましょう。また、つねにカトリック教会の最大の柱石であられた皆さまに向かって、私がここでこれ以上、神と宗教とのために弁じたてましては、かえってぶしつけにあたるであろうと存じます。

(1) 一五一三年にローマのラテラノ教皇宮殿で開かれ、アヴェロエス派の考え――人間における個別的な精神は身体が死ぬと同時に滅びるものであるという考え――を異端と宣した。

読者へのまえおき

　神と人間精神との問題については、すでに私は少し前に、一六三七年にフランス語で公刊した『理性をよく導き、もろもろの学問において真理を求めるための方法についての序説』（『方法序説』）の中で触れたことがある。もっともあそこでは、そういう問題を立ち入って論じようとしたのではなくて、ただ、通りがかりに言及して、読者の判断をきき、後日その問題をどういうふうに論ずるのがよいかを知ろうとしたまでである。実際、その問題は、きわめて重大なものと思われたので、私はそれを、一度だけでなく、なんどもとりあげる必要があると考えたのである。また、その問題を解明するために私のたどる道は、ほとんど踏み固められたことがなく、通常の道筋からはきわめて離れているので、その道を、フランス語で書かれ、あらゆる人に広く読まれる書物の中で、あれ以上詳しく教えることは無益である――そんなことをすれば、愚鈍な人々までが、その道に踏みこまねばならぬと信じこみかねない――と思ったのである。

　ところで、あのとき私は、私の書いたことのうちに何か異議を唱えるべき点を見つけた人はどなたでも、それを私に知らせてくださるようお願いしておいたが、上述の問題について私の触れた事がらに関しては、注目に値する反論は二つしか示されなかった。上述の問題のいっそう厳密な解明にとりかかるに先だって、ここで簡単にその反論にこたえておきたい。

反論の第一は、人間精神が自己自身を反省するとき、みずからを、考えるものとしか意識しないからといって、その本性あるいは本質はただ、考えるものであるということだけに存する――この「だけ」という語が、そのほかの、おそらくやはり精神の本性に属するといわれうるであろうものを、すべて排除してしまう――ということが帰結するわけではない、というものである。

この反論に、私は次のようにこたえる。私もあそこでそれらのものを事物の真理の順序に従って〔こういうことをあのとき問題にしたのではなかった〕排除しようと欲したのではなく、ただ、私の意識の順序に従って排除しようと欲したにすぎない、したがってその意味は、私の本質に属しているのを私が知るところのもの、として私が明白に認識するのは、私は考えるものである、といいかえると、考える能力をみずからのうちにもつものであるということだけだ、というものであった。しかし、以下において私は、他の何ものも私の本質に属していないと私が認識するということから、実際にまた他の何ものも私の本質に属していないということが帰結するのはどうしてであるかを、明らかにするであろう。

もう一つの反論は、私が自分よりも完全なものの観念を自分のうちにもつからといって、その観念そのものが私よりも完全であるということが帰結するわけではない、いわんや、その観念によって表現されるものが存在するなどということが帰結するわけではない、というものである。

しかし、私は次のようにこたえる。この場合「観念」という語のうちに二義性がひそんでいる。すなわち、この語は、一方では質料的に、悟性の作用、と解することができ、この意味においては私よりも完全であるとはいえないが、しかし他方では表現的に、そういう作用によって表現されたもの、と解することができるのであって、この場合には、そのものは、たとえ悟性の外に存在するとは想定されなくとも、やはり、その本質のゆえに、私より完全でありうるのである。しかし、私より完全なものの観念が、私のうちにあるということだけから、そういうものが実際に存在するということが帰結するのはどうしてであるかは、以下において詳しく示されるであろう。

なおこのほかに私は、二つのかなり長い文章に目を通したが、しかしそれらは、右の問題についての私の根拠よりもむしろ結論を、それも無神論者たちのきまり文句から借りてこられた議論によって、攻撃したものであった。しかし私は、ここでそれらの攻撃にこたえるつもりはない。というのは、一つには、そういうたぐいの議論は、私の推理を理解してくれる人々の間ではなんの力ももちえないからである。また一つには、多数の人々の判断ははなはだ筋の通らぬあてにならないものであって、はじめにうけとった意見によって、それがどんなに誤ったもの道理にはずれたものであっても、説得されてしまい、あとからそれに対する、正しいしっかりした反駁《はんばく》をきいても、なかなか承服しないのであるが、もし私が答弁するとなれば、私はまず相手の議論を紹介せねばならなくなるからである。

ただ一般的にこうはいっておきたい。神の存在を攻撃するために、普通、無神論者たちによってもちだされる議論はすべて、つねに次の二つのうちのいずれかから起こっている。すなわち、一つは、人間的な感情を神にせおいこませることであり、もう一つは、われわれの精神に、神のなしうることやなすべきことを決定し理解しようと努めるほどの、力と知恵とがそなわっていると自負することである。したがって、われわれがただ、われわれの精神は有限なものであるが、神は理解をこえたもの無限なものであると考えなくてはならぬことを忘れさえしなければ、彼らのいいぶんはわれわれにとってなんの困難をひき起こすこともないであろう。

いまや、人々の判断をひとまず知ったのであるから、ここでふたたび私は、神と人間精神とについての問題を、そして同時に、第一哲学全体の基礎を、論ずることにとりかかろう。しかし私は、大衆の賞賛を博することも、読者の数の多いことをも期待するのではない。私がこの書物を読んでもらいたいと思う相手は、ただ、私とともに真剣に思索をこらし、精神を感覚から、そして同時に、すべての先入見から、引き離すことができ、またそうすることを欲する人々だけであって、こういう人々がきわめてわずかしか見いだされぬであろうことは私も十分承知している。

ところで、私の推理の順序と結合とを理解しようと心がけず、多くの人々がよくやることだが、ただ個々の字句にかかずらって、あらさがしに熱中する人々についていえば、彼らはこの書物を読んでも大きな利益を得ることはないであろう。そしておそらく、多くの点でなんくせをつける機会は見いだすにしても、何か私を窮地に追いこむような反論、あるいは答弁に値するような反論を呈することはとうていできぬであろう。

しかし私は、他の人々に対して、すべての点において即座に満足を与えようなどと約束してはいないし、だれかが異議を申したてるかもしれない点を何もかも予見しうるなどと思いこむほど、自分を過信しているのでもない。そこで私は、まず以下の諸省察のうちに、私をして真理の確実で明証的な認識に到達せしめたと思われる考えを展開し、自分が説得されたと同じ理由をもって他人を説得することもできるかどうか、確かめたいと思う。そして、そのあとで私は、才知と学識とにひいでた若干の人々の反論にこたえることにする。私はこれらの省察を、印刷に付する前に吟味してもらうために彼らに送っておいた。というのは、彼らによって提出された反論は、十分に数も多く、内容も多岐にわたっているので、少なくともなんらかの重要性をもった問題で、彼らがまだ触れなかったようなものが、他の人々の念頭にたやすく浮かぶなどといったことはあるまいと、私はあえて期待するのである。

それゆえ私は、いまいった反論とそれらに対する答弁とのすべてに目を通したうえでなければ、これらの省察について判断をくだされることのないよう、くりかえし読者にお願いしておく。

以下の六つの省察のあらまし

第一省察においては、われわれがすべてのものについて、とりわけ物質的なものについて、疑いうる理由がいくつか示される。もっともこれは、われわれが、もろもろの学問の基礎として、これまでに得ている基礎しかもたないかぎりのことであるが。ところで、かくも普遍的な懐疑の効用は、すぐには明らかにならないにしても、実はきわめて大きいのである。というのは、この懐疑は、われわれをあらゆる先入見から解放してくれ、精神を感覚から引き離すための最もたやすい道をひらいてくれるからであり、そして最後に、そうしたうえでわれわれが真であると見きわめるものについては、もはや疑いえないようにしてくれるからである。

第二省察においては、みずからに固有の自由を用いて、ほんの少しでもその存在について疑いうるものはすべて存在しないのだと想定するところの精神が、しかし、みずからはその間存在しなければならないことに気づく。このことの効用もまたきわめて大きいのであって、それというのは、こういうふうにして精神は、みずからに属するもの、すなわち、知性的本性に属するものと、物体に属するものとを、たやすく区別するようになるからである。

しかしながら、その第二省察において、精神の不死についての論拠を期待する人々があるかもしれないから、ここで私はそういう人々に告げておかねばならぬと思う。私は、厳密な証明の得られないことは何も書くまいと努めてきたのであり、したがって、幾何学者たちの間で用いられるのがつねとなっている順序――求める命題についてなんらかの結論をくだす前に、その命題にとって必要な条件をすべて掲げる、という順序――に、従わざるをえなかった、と。

ところで、精神の不死を認識するためにあらかじめ要求される、第一の主要な条件は、精神について、できるだけ透明な、物体のあらゆる概念からまったく区別された概念をつくることであって、このことはこの第二省察で果たされている。しかし、そのほかに、われわれが明晰《めいせき》に判明に理解するところのものはすべて、われわれが理解するとおりに真である、ということを知ることも要求されるが、このことは第四省察にいたるまで証明されることができなかった。なおまた、物体的本性について判明な概念をもたなくてはならないが、こういう概念は、一部はこの第二省察そのものにおいて、一部は第五・第六省察においてつくられる。そして結局、これらのことから、次のことを結論するのでなくてはならない。すなわち、精神と物体とが把握される場合のように、明晰にかつ判明に、異なった実体として把握されるものはすべて、実際、互いに実在的に区別された実体である、ということであって、このことは第六省察において結論されるのである。のみならず、この結論は、同じ第六省察において確認されもする、われわれはあらゆる物体を可分的なものと考え、逆に、あらゆる精神を不可分なものと考える、ということによって。事実われわれは、どんなに小さな物体についても、その半分を考えることができるが、精神については同じようにその半分を考えるわけにはゆかず、したがって両者の本性は、たんに異なっているばかりでなく、いわば対立してさえいる、と認めざるをえないのである。

しかし私は、そういう議論に、この書物ではそれ以上立ち入らなかった。それは、一つには、身体の破滅から精神の死滅が帰結するのでないことを示し、こうして人間に来世の希望を与えるためには、以上のような考察だけで十分であるからである。また一つには、精神の不死ということ自体を結論としてもちうる諸前提は、全自然学の展開を予想するものであるからでもある。すなわち、まず第一に、およそあらゆる実体は、いいかえると、存在するためには神によって創造されねばならないものは、その本性上不可滅であり、その神によって協力が拒まれ、無に帰せられるのでないかぎり、けっしてなくなることはありえない、ということを知らなくてはならない。そして第二に、物体は、一般的に解すれば実体であり、したがってまた、けっして消滅することはないが、しかし人間の身体は、他の物体と異なったものであるかぎり、もろもろの肢体の特定の配置や、他の同様の偶有性のみから構成されているということ、それにひきかえ、人間の精神は、そういうふうに偶有性から成っているのではなく、純粋な実体であるということ、に注意しなくてはならない。実際、たとえ精神にそなわる偶有性がすべて変化するとしても、たとえば、別のことを理解し、別のことを意志し、別のことを感覚するなどのことがあっても、だからといって精神そのものが別のものになるわけではないが、人間の身体のほうは、どこかある部分の形が変わるだけで、別のものになってしまう。身体はきわめて容易に滅びるが、精神はその本性上不死であるということは、ここから帰結するのである。

第三省察においては、神の存在を証明するための私の主要な論証を、私としては、十分詳しく説明しておいたつもりである。しかしながら、読者の心をできるだけ感覚から引き離すために、私はそこでは物体的事物からとってこられた比喩《ひゆ》を用いるのを避けようとしたから、おそらく不明な点が数多く残っているかもしれない。しかし、それらはのちに、反論に対する答弁のなかですっかり除かれるであろうと信ずる。次の問題などはそのいちじるしい一例である。すなわち、われわれのうちにあるところの、このうえなく完全な存在者の観念は、まことに大きな表現的実在性をもっているゆえ、このうえなく完全な存在者に由来するものであるというほかはないこと。このことは答弁のなかで、その観念がある制作者の精神のうちにあるところの、きわめて完全な機械の比喩によって明らかにされている。すなわち、この観念に表現されているくふうが、ある原因——つまり、この制作者の知識、あるいはだれかほかの、彼にその観念を授けた人の知識のことである——をもたなくてはならないように、われわれのうちにある神の観念も、神そのものを原因としてもたざるをえないのだ、というふうに。

第四省察においては、われわれが明晰に判明に認知するところのものはすべて真であるということが証明される。同時にまた、虚偽の根拠はどこに存するかが説明される。これらのことは、それまでの議論を確かなものとするためにも、そのあとの議論を理解するためにも、必ず知らなくてはならないのである。〔しかしながら、次のことをことわっておかねばならない。そこで問題とされるのは、罪、いいかえると、善悪の追求においておかされる誤り、ではけっしてなくて、真偽の判別において生ずる誤りのみであること。また、そこで考察されるのは、信仰あるいは実生活に関する事がらではなくて、自然的な光の力だけで認識される、思弁的な真理のみであること。〕

第五省察においては、一般的に解された物体的本性が説明され、なおまた、新しい根拠によって神の存在が論証される。この根拠にもやはり、たぶんいくつかの困難が見あたるかもしれないが、それはのちほど、反論に対する答弁の中で解消されるであろう。最後に、幾何学の証明そのものの確実性も神の認識に依存するということがどうして真であるかが示される。

最後に、第六省察においては、悟性の作用が想像力の作用から分かたれる。その区別のしるしが記述される。精神が身体から実在的に区別されることが証明される。にもかかわらず、精神は身体と密接に結ばれており、それといわば一体をなしていることが示される。感覚から生ずるのをつねとする誤りがすべて列挙され、それを避ける手段が提示される。そして最後に、物質的事物の存在を結論しうるすべての根拠がもちだされる。しかし、それは、これらの根拠がまさに証明する事がら、すなわち、世界が実際にあるということ、人間が身体をもつということ、その他、同様のことを証明するために、これらの根拠がきわめて有用だと考えるからではない〔健全な精神をそなえた人で、そういう事がらを本気で疑った者はひとりもなかった〕。かえって、それら諸根拠を考察してみれば、それらの根拠が、われわれの精神と神との認識にいたらしめる根拠ほどには、堅固でも明白でもないことが認められるからである。したがって、神と精神との認識に導く根拠こそ、人間精神によって知られうるすべてのもののうち最も確実で最も明証的である、ということになるのであって、ただこの一事を証明することが、この六つの省察において私の意図したところであった。それゆえ、たまたまこの書物で扱うことになった、他のさまざまな問題は、ここにはあげないことにする。

省察一

疑いをさしはさみうるものについて

すでに何年も前に、私はこう気づいていた——まだ年少のころに私は、どれほど多くの偽であるものを、真であるとして受け入れてきたことか、また、その後、私がそれらのうえに築きあげてきたものは、どれもみな、なんと疑わしいものであるか、したがって、もし私が学問においていつか堅固でゆるぎのないものをうちたてようと欲するなら、一生に一度は、すべてを根こそぎくつがえし、最初の土台から新たにはじめなくてはならない、と。

しかし、これは類のない大仕事であると思われた。そこで私は、この企てにとりかかるのに、もうこれ以上適した年齢はやってこないと思われるほど、成熟した年齢になるのを待つことにしたのであった。こういうわけで、私は、ずいぶん長い間延ばしてきたので、実行のために残っている時間を、なおも躊躇《ちゅうちょ》して空費するなら、もはやこれからは、非難を受けねばならぬであろう。

ところが幸いなことに、今日私はあらゆる気づかいから心を解き放ち、落ち着いた閑暇を手に入れて、ただひとりとじこもっているのである。それゆえ、いまこそ私は、真剣にかつ自由に、私の以前の意見を全面的にくつがえす仕事にうちこもうと思う。

しかしこのためには、それらの意見がすべて偽であることをはっきり証拠だてる必要はないであろう〔そのようなことを私はとうていやりとげることができないであろう〕。すでに理性は私に説いて、まったく確実で疑う余地がないわけではないものに対しては、明らかに偽であるものに対すると同じくらい用心して、同意をさし控えるべきである、と確信させているのであるから、それらの意見のどれか一つのうちに、何か疑いの理由が見いだされるならば、それだけで、すべてを退けるに十分であろう。また、このためには、それらの意見を一つ一つ調べてまわるにもおよばぬであろう〔そのようなことをしていては、はてしがないであろう〕。土台が掘りかえされると、その上に建てられているものは何もかも、ひとりでにくずれ落ちるのであるから、私は、私がかつて信じこんだすべてのものの支えとなっていた原理そのものに、ただちに立ち向かうことにしよう。

さて、これまでに私がこのうえなく真であると認めてきたすべてのものを、私は、直接に感覚から受けとったか（たとえば視覚によって色や形などを知る）、あるいは間接に、感覚を介して受けとったのである（たとえば親や教師にきいて知る）。ところが、これら感覚がときとして誤るものであることを私は経験している。そして、ただの一度でもわれわれを欺いたことのあるものには、けっして全幅の信頼を寄せないのが、分別ある態度なのである。

しかし、こうはいえないであろうか。なるほど感覚は、何か微細なもの、きわめて遠くにあるものに関しては、ときとしてわれわれを誤らせることがある。しかし、同じく感覚から汲《く》まれたものであっても、それについてはまったく疑うことのできないものが、ほかにたくさんある。たとえば、いま私がここにいること、炉ばたに坐《すわ》っていること、冬着をまとっていること、この紙を手にしていること、こういうたぐいのことである。実際、この手そのもの、この身体全体が私のものであることを、どうして否定できよう。これを否定するのは、まるで私が狂人たちの仲間入りをしようとするようなものである。彼らは、黒い胆汁からあがってくる悪性の蒸気によって脳がひどく乱されているため、無一物なのに自分は帝王であるとか、裸でいるのに紫の衣をまとっているとか、頭が粘土でできているとか、自分の全身が南瓜《かぼちゃ》であるとか、ガラスでつくられたものであるとか、しつこくいいはっている。けれども、彼らは気がちがっているのであって、もし私が彼らの例をまねたりするなら、私自身も彼らに劣らず狂人扱いを受けるであろう。

まことにそのとおりである。けれども、私は人間ではないか。夜には眠るのをつねとし、夢のなかで、彼ら狂人たちが目ざめているときに体験するのと同じことをすべて体験し、ときにはもっとありそうもないことをさえ体験するところの人間、ではないか。夜の眠りの中で、いかにしばしば私は、ふだんのとおり、自分がここにいるとか、上衣を着ているとか、炉ばたに坐っているとか、信じることであろう。実際は、着物を脱いで床の中で横になっているのに。

しかし、いま私がこの紙をみつめている眼は、確かに目ざめたものである。私が動かしているこの頭はまどろんではいない。この手を私は、故意に、かつ意識して、伸ばすのであり、伸ばすことを感覚している。これほど判明なことが眠っている人に起こるはずはないであろう。とはいえ私は、別のときには夢の中で、やはり同じような考えにだまされたことがあったのを、思いださないだろうか。

これらのことを、さらに注意深く考えてみると、覚醒《かくせい》と睡眠とを区別しうる確かなしるしがまったくないことがはっきり知られるので、私はすっかり驚いてしまい、もう少しで、自分は夢を見ているのだ、と信じかねないほどなのである。

それでは、われわれはいま夢を見ているのだとしよう。そして、あの個別的な事がら、すなわち、われわれが眼を開くこと、頭を動かすこと、手を伸ばすことなどは、真ではないのだとしよう。また、おそらくわれわれは、そのような手も、そのような身体全体も、全然もってはいないのだとしよう。しかしそれでも、眠っている間に見られるものは、真の事物を模してでなければつくることのできない画像のようなものであり、したがって、少なくともこれら一般的なもの、すなわち、眼、頭、手、身体全体などは、幻のものではなく、真なるものとして存在する、ということは認めなくてはならない。事実、画家たちは、セイレン（半人半鳥の海の魔女）やサテュロス（馬の耳と尾、山羊の脚をもつ半人半獣の森の怪物）をこのうえなく奇怪な形に描きあげようと努めるときでさえ、まったく新しい本性をそれらに付与することはできないのであって、ただ、種類のちがった動物のあの部分この部分をまぜあわせるにすぎないのである。あるいは、彼らがひょっとして、それに似たものがまったく見られたことのないほど新奇であり、したがって、まったくの虚構であり虚偽であるようなものを、何か考えだすとしても、しかし少なくとも、それを構成している色は、確かに真のものでなくてはならないのである。

そして同じ理由によって、たとえこれら一般的なもの、すなわち眼、頭、手等々でさえ幻のものでありうるとしても、しかし少なくとも、さらにいっそう単純で普遍的なものは真であるということ、そして私の意識のうちにある事物の像はすべて、真であろうと偽であろうと、ちょうどさきの新奇なものが真なる色によって構成されているように、こういう普遍的なものによってつくられているのだということは、どうしても承認しなくてはならないのである。

これに属すると思われるものは、物体的本性一般、およびその延長、さらには、延長をもつ事物の形、さらには、量、すなわち、これらの事物の大きさと数、さらには、これらの事物が存在する場所、持続する時間、等々である。

　それゆえ、以上のことから、こう結論してもよいであろう。自然学、天文学、医学その他、すべて複合的事物の考察に依存する学問は、確かに疑わしいものであるが、しかし、代数学、幾何学、その他この種の学問は、きわめて単純できわめて一般的なものだけしかとり扱わず、しかも、こういうものが自然のうちにあるかどうかにはほとんどとんちゃくしないのであるから、何か確実で疑いえないものを含んでいる、と。なぜなら、私が目ざめていようと眠っていようと、二に三を加えたものは五であり、四角形は四つの辺しかもつことがない、そしてこれほど透明な真理が虚偽の嫌疑をかけられるなどということは生じえない、と思われるからである。

　しかしながら、私の精神にはある古い意見が刻みこまれている。すべてのことをなしうる神が存在し、この神によって私は、現にあるようなものとしてつくられたのだ、という意見である。それならば、この神は、実際には、地も、天も、延長をもつものも、形も、大きさも、場所もまったくないにもかかわらず、私にはこれらすべてが、現に見られるとおりに存在すると思われるようにしたかもしれないのである。それればかりではない。私は、他の人々が、自分ではきわめて完全に知っているつもりの事がらにおいてまちがっている、と思うことがときどきあるが、それと同じように、私が二に三を加えるたびごとに、あるいは、四角形の辺を数えるたびごとに、あるいは、ほかにもっと容易なことが考えられるならばそれをするたびごとに、私が誤るように、この神は仕向けたのではあるまいか。

しかし神は、私がそのように欺かれるのを欲しなかったはずである、とも考えられる。神は最も善なるものといわれているのであるから。けれども、私を、いつも誤るようにつくったということが神の善性に反するのであれば、私がときどき誤るのをゆるしておくということも、やはり神の善性と相容《い》れないと思われるのに、私がときどき誤ることがないとはいえないのである。〔したがって、神が私をしてつねに誤らしめているということも認めねばならない。〕

ところで、すべてが不確実であると信じるぐらいなら、いっそのこと、それほどまでに有能な神があることを否定しようとする人々も、おそらくいくらかはあるであろう。しかし、彼らには逆らわないでおこう。そして、ここで神についていわれていることはすべてつくり話であるとしよう。

しかし、彼らの想定するところによれば、あるいは運命によって（ストア派の考え）、あるいは偶然によって（エピクロス派の考え）、あるいは事物の連続的系列によって（古代アリストテレス派の考え）、あるいは他のなんらかのしかたによって、私は現にあるとおりのものになったのだ、ということになるわけであるが、いずれにしても、誤ったりまちがったりすることは、一種の不完全性であると思われるゆえ、彼らが私の起原の作者としてあてがうものが無力であればあるほど、私がつねに誤るほどに不完全であるということは、いよいよ本当らしくなるであろう。

こういう議論に対して私は、なんら答えるべきものをもたないのであって、結局、次のように告白せざるをえない。すなわち、私がかつて真であると思ったもののうちには、それについて疑うことのゆるされないようなものは何もない〔疑うといっても、無思慮とか軽率とかによって疑うのではなく、有力な、熟慮された理由のゆえに、疑うのである〕、と。したがってまた、もし私が何か確実なものを発見しようと欲するならば、そういう議論に対しても、明らかに偽であるものに対すると同じくらい用心して、これからは同意をさし控えるべきである、と。

しかしながら、このことに気がついただけではまだ十分ではなく、いつも念頭におくように心がけなくてはならない。というのは、いつもの意見がたえず舞いもどってきて、いわば長い間の習慣と親しみの絆《きずな》とによってこれらの意見にしばりつけられているところの、私の信じやすい心を、ほとんど私の意に反してさえも、占領してしまうからである。また私は、それらの意見を、事実あるがごときもの、と考える間は、いいかえれば、いましがた示されたように、なるほどある意味では疑わしいものであるが、にもかかわらずはなはだ本当らしくて、これを否定するよりは信じるほうがはるかに理にかなっているもの、と考える間は、それらの意見に同意し信頼を寄せる習慣から抜けだすことはけっしてしてないであろう。

こういうわけであるから、ここで、意志をまったく反対の方向に曲げて、私自身を欺き、それらの意見をしばらくの間まったく偽りで幻のものと仮想してみよう。こうしてついには、いわば双方の偏見の重さがちょうどつり合いのとれるようにして、もはやゆがんだ習慣が私の判断を事物の正しい認識からそらせることのないようにしよう。これはなんら不当なやり方ではないと思う。なぜなら、私は、そうしたからといって別になんの危険も誤りも起こらないであろうことを知っているし、また、いま私が問題にしているのは、行動にかかわる事がらではなく、もっぱら認識にかかわる事がらだけであるから、どんなに不信をたくましくしても、すぎることはありえないことを、知っているからである。

そこで私は、真理の源泉である最善の神がではなく、ある悪い霊が、しかも、このうえなく有能で狡猾《こうかつ》な霊が、あらゆる策をこらして、私を誤らせようとしているのだ、と想定してみよう。天も、空気も、地も、色も、形も、音も、その他いっさいの外的事物は、悪い霊が私の信じやすい心をわなにかけるために用いている、夢の計略にほかならない、と考えよう。また、私自身、手ももたず、眼ももたず、肉ももたず、血ももたず、およそいかなる感覚器官をももたず、ただ誤って、これらすべてのものをもっていると思いこんでいるだけだ、と考えよう。

私は頑強にこの省察を堅持して踏みとどまろう。そうすれば、たとえ、何か真なるものを認識することは私の力にはおよばないにしても、しかし、次のことだけは確かに私にできるのである。すなわち、偽であるものにはけっして同意しない、ということである。それゆえ私は、あの欺き手が、どんなに有能であろうと、どんなに狡猾であろうと、私に何ものをもおしつけることのできないよう、つとめて用心しよう。

しかしながら、これは骨の折れる企てであって、うかうかしていると私は、ふだんの生活態度にひきもどされてしまう。それはちょうど、たまたま夢の中で空想上の自由をたのしんでいた囚人が、あとになって自分は眠っているのではないかと疑いはじめるとき、よび起こされるのを恐れて、ゆっくりと快い幻想にふけろうとするようなものである。こうして私は、おのずと古い意見のなかにはまりこみ、目ざめることを不安がるのである。安楽な休息のあとに苦労の多い覚醒がつづき、しかもこれからは、光の中においてではなく、かえって、いましがた提起されたさまざまな難問という、脱けだしがたい暗闇《くらやみ》の中で過ごさなくてはならなくなりはせぬかと危惧《きぐ》して。

省察 二

人間の精神の本性について。精神は身体よりも容易に知られること

昨日の省察によって私は実に多くの疑いの中になげこまれたので、もはやそれらを忘れることはできない。しかもまた、どのようにすればそれらの疑いを解くことができるかもわからないのである。まったく私は、あたかも突然、うずまく深みに落ちこんで、ひどくうろたえ、足を底につけることも、泳いで表面に浮かびあがることもできない、といったありさまなのである。けれども私は努力しよう。そして、昨日踏みこんだと同じ道をもう一度たどってみよう。すなわち、ほんのわずかの疑いでもかけうるものは、それが偽であることを私が見きわめた場合とまったく同じように、ことごとくはらいのけることにしよう。そして、ついにはなんらか確実なものを認識するまで、あるいは、なんら確実なものがないにしても、少なくとも、確実なものは何もないということ自体を確実なこととして認識するまでは、さらに歩みをつづけてゆこう。

アルキメデスが、地球全体をその場所からよそへ動かすために求めたものは、確固不動の一点だけであった。したがって私も、たとえほんのわずかでも、何か確実でゆるぎのないものを見いだすならば、大きな希望をいだいてよいはずである。

ゆえに私は、私の見るものはすべて偽であると想定しよう。偽り多い記憶の示すものは、何一つ、けっして存在しなかったのだ、と信じよう。私は、まったく感覚器官をもたないとしよう。物体、形状、延長、運動、場所などは幻影にすぎぬとしよう。それならば真であるのはなんであろうか。おそらくこの一つのこと、すなわち、なんら確実なものはないということ、だけであろう。

しかし私は、いま私のあげたものとは別のもので、しかも疑う余地が少しもないようなもの、は何もないということを、いったいどこから知るのであろうか。何か神のごとき全能者がいて、これを神といって悪ければどのような名でよんでもよいが、これが私にそういう考えを注ぎこむのではあるまいか。しかし、どうして神などをもちだすのか。おそらくは私自身がそういう考えの作者でありうるのに。

それならば、少なくともこの私は何ものかであるはずではないか。けれども私は、私がなんらかの感覚器官をもつこと、なんらかの身体をもつことを、すでに否定したのである。しかし私はためらいをおぼえる、それではどういうことになるのか、と。私は身体や感覚器官にしっかりとつながれていて、それらなしには存在しえないのでないか。けれども私は、世にはまったく何ものもない、天もなく、地もなく、精神もなく、物体もないと、みずからを説得したのである。それならば、私もまたない、と説得したのではなかったか。

いな、そうではない。むしろ、私がみずからに何かを説得したのであれば、私は確かに存在したのである。しかしながら、いま、だれか知らぬが、きわめて有能で、きわめて狡猾な欺き手がいて、策をこらし、いつも私を欺いている。それでも、彼が私を欺くのなら、疑いもなく、やはり私は存在するのである。欺くならば、力の限り欺くがよい。しかし、私がみずからを何ものかであると考えている間は、けっして彼は私を何ものでもないようにすることはできないであろう。

このようにして、私は、すべてのことを存分に、あますところなく考えつくしたあげく、ついに結論せざるをえない。「私はある、私は存在する」というこの命題は、私がこれをいいあらわすたびごとに、あるいは、精神によってとらえるたびごとに、必然的に真である、と。

しかしながら私は、いまや必然的に存在するところの私が、いったいいかなるものであるかは、まだ十分には理解していないのである。したがってこれからは、何か他のものを、かるはずみにも私ととりちがえたり、また、こうして、あらゆる認識のうちで最も確実で最も明証的であると私の主張する認識においてすら途《みち》を誤ったりしないように、用心しなくてはならない。

そこで私は、このような思索をはじめる前には自分をなんであると思っていたのかを、あらためて考察してみよう。それから、上に述べた理由によって、少しでも異議を唱えることのできるものを、ことごとくとり除いてゆくことにしよう。そうすれば、結局、残るところは、まさしく、確実でゆるぎのないものだけとなるはずである。

さてそれでは、以前私は自分をなんであると考えたのか。もちろん、人間であると考えたのである。しかし人間とはなんであるか。理性的動物というべきであろうか。そうではない。なぜなら、そうすると、そのあとで、動物とは何か、理性的とは何か、と問わなければならなくなり、こうして一つの問題からいくつもの、しかもいっそう困難な問題へ、はまりこんでしまうからである。いま私は、そのような詮索《せんさく》に時間を浪費しようと思うほどひまではないのである。ここではむしろ、以前に私が、私とはなんであるかを考察したときに、そのつどひとりでに、自然に導かれて、私の意識に浮かんできたものはなんであったか、に注意を向けよう。

その際、最初に浮かんできたものは、私が顔や手や腕をもち、もろもろの肢体から成る全機構をもつということであった。この機構は、死体においても認められるものであって、私はそれを身体（体物）の名でよんでいた。次に浮かんできたものは、私が栄養をとり、歩行し、感覚し、考えるということであった。私はこれらの活動の源は精神にあると考えていた。[1]

しかし、その精神とはなんであるかについては、私は注意を払わなかったか、あるいはそれを、風とか火とかエーテルとかに似た、何か微細なものであると想像し、これが身体の粗大な部分

（つまり手や腕や足など）にゆきわたっているのだと考えていた。

しかし、身体すなわち物体についてなら、私は少しも疑わず、その本性をはっきり知っていると思っていた。その本性を、私が精神によってどう理解しているかを、ありのままに述べようとしたなら、おそらく私はこう説明したことであろう。物体とは、なんらかの形によって限られ、場所によって囲まれ、他のすべての物体をそこから排除するようなしかたで空間をみたすようなもの、また、触覚、視覚、聴覚、味覚、あるいは嗅覚《きゆうかく》によって知覚されるようなもの、なおまた、多くのしかたで動かされるが、しかし自分自身によって動くことはけっしてなく、何か他のものの接触を受けて、それによって動かされるようなもの、こういうもののいっさいのことである、と。それというのも、自分を動かす力、また、感覚する力、あるいは、考える力をもつことは、けっして物体の本性には属しない、と私は判断していたからである。それどころか、そういう能力が、ある種の物体（つまり身体）のうちに見いだされることに、私はむしろ驚いたのであった。

しかし、いま私は、だれか、このうえなく有能な、そして、こういうことがゆるされるなら、悪意をもった、欺き手が、あらゆる点でできるだけの苦心を払って私を欺いているのだと想定している。いまならどういうことになるであろうか。私は、物体の本性に属するといまさき私のいったもののすべてのうち、たとえほんのわずかでも、何かをもっていると主張しうるであろうか。私は注意し、考え、何度もたちかえる。しかし、私がもっていると主張しうるものは何も見つからない。私はいたずらに同じことをくりかえして、くたびれるばかりである。

それでは、精神に帰したもののうちに何かないであろうか。栄養をとること、あるいは、歩行することはどうであろうか。しかし、いま私は身体をもっていないのであるから、これらもまたつくりごと以外の何ものでもない。感覚することはどうか。もちろんこれも身体がなければ起こらない。それに、夢の中では感覚していると思っていたが、あとになってみると、本当に感覚したのではなかったと判明したものが、実にたくさんあったのである。

では、考えることはどうか。ここに私は見いだす、考えることがそれである、と。これだけは私から切り離すことができない。私はある、私は存在する。これは確かである。だが、どれだけの間か。もちろん、私が考える間である。なぜなら、もし私が考えることをすっかりやめてしまうならば、おそらくその瞬間に私は、存在することをまったくやめてしまうことになるであろうから。

いま私が承認するのは、必然的に真である事がらだけである。それゆえ、厳密にいえば、私とはただ、考えるもの以外の何ものでもないことになる。いいかえれば、精神、すなわち知性、すなわち悟性、すなわち理性、にほかならないことになる。これらはいずれも、いままでその意味が私には知られていなかったことばである。ところで、私は、真なるもの、真に存在するものである。しかし、どのようなものであるのか。私はいった、考えるもの、と。

そのほかには私はなんであるか。想像力をはたらかせてみよう。私は、もろもろの肢体の組成——人体と称されるあの組成——ではない。私はまた、これらの肢体にゆきわたっている、何か希薄な空気でもなく、風でも、火でも、蒸気でも、息でもなく、およそ私の描きだすいかなるものでもない。なぜなら、これらのものは無である、と私は想定したのであるし、この想定がそのままであっても、やはり私は何ものかであるからである。

しかしながら、もしかすると、私に知られていないからというので、現に私が、無であると想定しているところの当のものが、実は、私が知っているこの私と異なったものではないのだ、ということになりはしないであろうか。しかし、いま私はこの点について争うつもりはない。私が判断をくだしうるのは、ただ、私に知られているものについてのみである。そして私は、私が存在することを知っており、私が知っているこの私とはいかなるものであるかを問うているのである。ところで、このように厳格に解された私、この私についての知識が、その存在をまだ私の知らないようなものに依存しないということ、したがって、私が想像力を用いて思い描くようなものにはけっして依存しないということは、まったく確実なのである。

そもそも、「思い描く」ということばだけからしても、私には、私の誤りがわかるはずである。なぜかというに、もし私が自分を何ものかであると想像するのであれば、私は実際、心に描くだけであるからである。想像するとは、物体的なものの形、あるいは像をながめることにほかならないから。

ところが現に私は、私が存在するということを確かに知っている。同時に、それらの像、一般的にいって、物体の本性に帰せられるものが、すべて幻にすぎないかもしれぬということをも、確かに知っている。これら二つのことによく注意するならば、私とはいかなるものであるかをもっとはっきり知るために想像力を用いようなどというのは、いま私は確かに目ざめており、真であるものをいくらか見ているけれども、まだ十分明らかに見ているわけではないから、ひとつ努力して眠りにはいろう、夢の中ではもっと本当の、もっと明らかな姿が現われてくるだろう、などというに劣らず、ばかげていると思われる。

こうして、私は知るのである。想像力のおかげで私が心にいだきうるようなものは何一つとして、私が私についてもっている、この知識には属しないこと。また、精神にその本性をできるだけはっきりとらえさせようと思えば、できるだけ注意して、精神を、想像力の描きだすものから、遠ざけてやらねばならないこと。

しかし、それでは私とはなんであるのか。考えるものである。では、考えるものとはなんであるか。すなわち、疑い、理解し、肯定し、否定し、意志し、意志しない、なおまた、想像し、感覚するものである。

これだけのものがそっくり私に属するならば、まことにたいしたものである。しかし、どうして属してならないわけがあろうか。いま、ほとんどすべてのものについて疑い、にもかかわらずいくらかのことを理解し、この一つのことを真であると肯定し、その他のことを否定し、もっと多くのことを知ろうと意志し、欺かれることを意志せず、多くのことを、意に反してでも想像し、なおまた多くのものを、感覚からやってきたものとして認めるのは、まさしくこの私自身ではないか。たとえ、私がいつも眠っているとしても、たとえまた、私をつくった者が力の限り私を迷わすにしても、これらのもののうちには、私がある、ということと等しく真でないものが何かあるであろうか。私の意識から区別されるものがあるであろうか。私自身から切り離されているといいうるものがあるであろうか。

まことに、私が、疑い、理解し、意志するものであることは、きわめて明白であって、このことをさらにいっそう明らかに説明するようなものは何一つとして見あたらない。ところが、この同じ私はまた、想像するものでもある。なぜなら、たとえ想像された事物がいずれも、さきに想定したように、まったく真でないとしても、しかし、想像する力そのものは実際に存在し、私の意識の一部をなしているからである。

最後に、この同じ私はまた、感覚するものでもある。いいかえると、物体的なものを、感覚器官を介したものとして認めるものでもある。すなわち、いま私は光を見、騒音を聞き、熱を感じる。これらは虚偽である、私は眠っているのだから、といえるかもしれない。けれども私は、確かに見ると思い、聞くと思い、熱を感じると思っているのである。これは虚偽ではありえない。これこそ本来、私において感覚するとよばれるところのものである。そして、このように厳格に解するならば、これは、考えることにほかならないのである。

これらのことから私は確かに、私がいかなるものであるかということを、かなりの程度にまでよく知りはじめる。しかし、いまなお私には、物体的な事物——心のうちにそれらの像を描きだすことができ、感覚そのものによってじかにつかまえることのできる事物——のほうが、かのもの——なんらか私自身に属するものでありながら、想像力によってはとらえられないもの——よりは、はるかにはっきりと知られるように思われる。また私は、そう思わないではいられないのである。疑わしいもの、知られていないもの、私には縁のないもの、と私が気づいているもののほうが、真であるもの、認識されているものよりも、そして結局私自身よりも、はるかにはっきりと私によって知られるというのは、まことに奇妙なことではあるが。

しかし私には、なぜこうなるかがよくわかっている。つまり、私の精神は、さまよいでるのを好み、真理の柵《さく》のうちに封じこめられることにはまだ耐えきれないのである。それならばそれでよろしい。いまいちど、私の精神のたづなをすっかりゆるめてやろう。そして、少しあとで、ころあいをはかってたづなを引きしめる際に、もっとたやすく統御できるようにしてみよう。

そこで、すべてのもののうちで最もはっきり理解される、と一般に思われているもの、すなわち、われわれが触れ、われわれが見るところの物体、を考察してみよう。しかし、いくつかの物体を一般的に考察するのではない。そういう一般的な概念はひどく混乱しているのがつねであるから。ここでは何か一つの物体を個別的なものとして考察するのである。たとえば、この蜜蠟《みつろう》をとってみよう。

これは、いましがた蜂《はち》の巣からとりだされたばかりである。まだそれ自身の蜜の味をまったくは失っておらず、もとの花の香りもなおいくらかは保っている。その色、形、大きさは明白である。固くて、冷たく、たやすく触れることができる。なお、指先でたたけば、音を発する。結局、ある物体をできるだけはっきり認識するために必要と思われるものは、すべてこの蜜蠟にそなわっているのである。

しかし、こういっているうちに、この蜜蠟を火に近づけてみるとどうであろう。残っていた味はぬけ、香りは消え、色は変わり、形はくずれ、大きさは増し、液状となり、熱くなり、ほとんど触れることができず、もはや、打っても音を発しない。これでもなお同じ蜜蠟であるのか。そうである、と告白しなくてはならない。だれもそれを否定しない。だれもそうとしか考えない。

それでは、この蜜蠟においてあれほどはっきり理解されたものは、いったいなんであったのか。確かにそれは、私が感覚によってとらえたもののいずれでもなかった。なぜなら、味覚とか、嗅覚とか、視覚とか、触覚とか、聴覚とかに感じられたものは、いまやすべて変わってしまったが、それでもやはり、もとの蜜蠟は存続しているのであるから。

おそらく、それは、いま私が考えているものだったのである。すなわち、蜜蠟そのものは、けっして、あの蜜の甘さでも、花の香りでも、あの白さでも、形でも、音でもなくて、少し前にはあのように、いまはしかしこのように、私に現われるところの物体だったのである。

しかし、私がこのように想像するところのものは、厳密にいえば、なんであるのか。注意してみよう。そして、蜜蠟に属しないものをとり除くと、あとに残るのはなんであるかを見てみよう。いうまでもなく、広がりをもった、曲がりやすい、変化しやすいあるものだけである。

しかし、この曲がりやすい、変化しやすいというのは、どういうことであるのか。この蜜蠟が丸い形から四角形に、あるいは、四角形から三角形に、変わりうるのを、私が想像するということであるか。けっしてそうではない。なぜなら私は、蜜蠟がこういった無数の変化をこうむるものであることを、理解はするが、しかし、この無数の変化そのものを想像によっていちいちたどりつくすことはできず、したがって、蜜蠟についてのそういう理解も、想像の能力によって得られるわけではないからである。

それでは、広がりをもつということはどうであるか。蜜蠟の広がりそのものもまた、想像によっては知られないものではあるまいか。その広がりは、蜜蠟が溶けると大きくなり、沸騰するとなお大きくなり、熱が増せば、さらにいっそう大きくなるからである。したがって、蜜蠟とはなんであるかを正しく判断しようとするならば、広がりという点でも蜜蠟は、かつて私が想像によってとらえたよりもずっと多くの変化を容れうるものだ、と考えなくてはならないのである。

結局、こう認めるのほかはない、この蜜蠟がなんであるかを、私は、けっして想像するのではなく、もっぱら精神によってとらえるのである、と。私はこの個別的な蜜蠟のことをいっているのである。蜜蠟一般については、話はもっと明らかであるからである。

しかし、精神によってしかとらえられないこの蜜蠟とは、いったいどういうものであるか。もとよりそれは、私が見たり、触れたり、想像したりする蜜蠟と同じものである、つまり、私が最初から蜜蠟だとみなしていたものと同じものである。しかしまた、注意しなくてはならないことだが、それを把握するはたらきそのものは、視覚の作用でも、触覚の作用でも想像力の作用でもなく、また、たとえ以前にはそう思われたにしても、けっしてそういうものであったのでもなく、精神のみによる洞見なのである。そしてこの洞見が、それの内容となるものに向けられる私の注意の程度に応じて、以前のように、不完全で混乱したものであったり、あるいは、現在のように、明晰で判明なものであったりするわけである。

しかしながら私は、いかに私の精神が誤りやすいものであるかに、驚くほかはないのである。というのは、私は右の事がらを心のなかで、だまったまま、口にださずに考察するにもかかわらず、やはりことばそのものにとらわれて、たいていの場合は、日常の話し方に欺かれてしまうからである。すなわち、われわれは、蜜蠟がそこにあるとき、蜜蠟そのものを見るといって、色あるいは形から推して蜜蠟がそこにあると判断する、とはいわないものである。

そこで私も、それゆえ蜜蠟は眼のはたらきによって認識されるのであって、精神のみの洞見によって認識されるのではない、とすぐにも結論したくなるのである。しかし、たまたま私はいま、通りを行く人々を窓ごしにながめる。そして、蜜蠟の場合と同じく習慣によって、人間そのものを見るという。しかし私が見るのは、帽子と衣服だけではないか、その下には自動機械が隠れているかもしれないではないか。けれども私は、それは人間である、と判断している。同じように私は、眼で見るのだと思っていたものをも、私の精神のうちにある判断の能力のみによって理解しているわけなのである。

しかしながら、一般の人々よりも賢明でありたいと願う人にとっては、一般人の用いている話し方をもとにして疑いを引きだしたりするのは、恥ずべきことであるかもしれない。それゆえ、ひきつづき先へ進もう。そして、次のいずれであるかに注意を向けよう。すなわち、私は最初に蜜蠟に目をとめて、これを、外部感覚そのものによって、あるいは少なくとも、いわゆる共通感覚によって、すなわち想像の能力によって、認識するのだと信じたときのほうがいまよりも、蜜蠟とはなんであるかということを、より完全に、より明証的に把握していたのか。それともむしろ、蜜蠟がなんであるかについても、いかなるしかたで認識されるかについても、いっそう綿密な検討をすませたいまのほうが、そのことをよりよく把握しているのか。

この点について思いまどうのは、たしかにばかげているであろう。というのも、最初に与えられたもののうちには、何かはっきりしたものがあったであろうか。そこにあったのは、どんな動物ですらもつことができると思われるようなものばかりではなかったか。これに反して、いま私は蜜蠟を、その外的な形態から区別し、いわば着衣をはぎとって、ありのままを考察しているのであって、たとえ私の判断のうちになお誤りが起こりうるにしても、やはり人間精神なくしてはこういうふうに蜜蠟をとらえることはできないのである。

しかし、この精神そのものについて、すなわち私自身について、私はなんというべきであろうか。というのは、これまでのところ私は、私のうちに精神以外のものがあるとは認めていないからである。この蜜蠟をかくもはっきりと把握するように思われる私、その私は、蜜蠟よりも私自身を、さらにいっそう真実に、さらにいっそう確実に認識するばかりでなく、なおそのうえに、さらにいっそう判明に、さらにいっそう明証的に認識するのではあるまいか。なぜなら、もし私が、蜜蠟を見るということから、蜜蠟が存在するということを判断するのであれば、私が蜜蠟を見るというまさしくそのことから、私自身もまた存在するということが、さらにいっそう明証的に帰結するに相違ないからである。

なぜかというに、私の見るこのものが実は蜜蠟ではないということはありうることだし、私が、ものを見る眼を全然もっていないということもありうることである。しかし、私が見るとき、あるいは見ると思うときに〔私はいまこの二つのことを区別しないのだが〕、こう思う私自身が何ものかでない、というようなことはまったくありえないのである。

同様にして、もし私が、蜜蠟に触れるということから、蜜蠟はあると判断するのであれば、またもや同じことが、すなわち、私はあるということが帰結する。また私が、蜜蠟を想像するということから、蜜蠟はあると判断するにしても、あるいは、ほかのどのような根拠からそう判断するにしても、やはりまったく同じ帰結が生ずるのである。しかも、私が蜜蠟について気づくこのことは、私の外にある他のすべてのものにもあてはまるはずである。

それればかりではない。蜜蠟が、視覚や触覚からだけではなく、もっと多くの原因からも私に知られるにいたり、それについて私の把握するところがいっそう判明になったとするならば、いまや私自身も私によっていよいよ判明に認識されるのだ、といわなくてはならない。なぜなら、蜜蠟の認識に、あるいは、他のなんらかの物体の認識に役だちうる理由であれば、それらはすべて、同時に私の精神の本性をいっそう明らかにしないではおかないからである。

けれども、なおそのほかに、精神についての知識をいっそう判明なものとなしうるものは、精神そのもののうちに、きわめてたくさんあるのであるから、物体から精神におよぼされるもののごときは、ほとんど数えるにあたらないと思われる。

かくて、結局私は、おのずからに、私の欲していたところへもどってきたのである。すなわち、物体ですら、本来は、感覚あるいは想像の能力によって把握されるのではなく、ただ悟性によってのみ把握されるのだということ、また、触れたり見たりすることによって把握されるのではなく、もっぱら理解することによって把握されるのだということが、いまや私に知られたのであるから、私は、私の精神ほど容易に、また明証的に、私によって把握されるものはほかにありえないということを、明らかに認識するのである。

しかしながら、習慣となった古い意見はそんなにすみやかにとり除くことのできないものであるから、ここで私はたちどまり、長い時間を省察に捧《ささ》げて、この新しい知見を私の記憶のうちにいっそう深く刻みつけるのがよいであろう。

(1) 精神の活動についてのアリストテレスやスコラ哲学者たちの考えをいったもの。栄養をとるのが「植物精神」であり、これに歩行と感覚とが加わって「動物精神」となり、それらにさらに考えることが加わって「人間精神」となる。

省察三

神について。神は存在するということ

いま私は眼をとじ、耳をふさぎ、あらゆる感覚を退けよう。さらに、物体的事物の像をもことごとく私の意識から抹殺するか、これはほとんど不可能なことであるから、少なくともそれらの像を空虚で偽なるものとして無視することにしよう。そして、ただ自分だけに語りかけ、自己を深く掘りさげることによって、少しずつ、私自身を、私にとっていっそうよく知られたもの、いっそう親しいものとするように努めよう。

私は考えるものである。いいかえれば、疑い、肯定し、否定し、わずかのことを理解し、多くのことを知らず、意志し、意志しないものであり、さらには想像し感覚するものでさえある。というのも、さきに私の気づいたように、たとえ私が感覚したり想像したりするものが、私の外においてはおそらく無であるにしても、私が感覚および想像と名づけるあの意識様態は、たんにそ

れらがある種の意識様態であるかぎり、私のうちにある、と私は確信しているからである。

さて、これらわずかのことばで私は、私が本当に知っているものを、あるいは少なくともこれまでに私が知っていると気づいたものを、すべて列挙したわけである。そこでこれから、もしかすると、まだ私の目にとまらなかったものが、ほかになお私のうちにありはしないかどうか、もっと注意深く見わたしてみよう。

私が考えるものであるということを、私は確信している。それならば私は、ある事がらについて確信をいだくために必要な条件をもまた、知っているのではあるまいか。ところで、この最初の認識のうちには、私が肯定する事がらについての、明晰で判明な認知以外の何ものもない。しかるに、私がこのように明晰に判明に認知する事がらが偽である、というようなことが一度でも起こりうるとするなら、もちろんそういう認知は私に真理を確信させるには十分でないことになるであろう。それゆえ、いまや私は、私がきわめて明晰に判明に認知するところのものはすべて真であるということを、一般的な規則として確立することができるように思われる。

しかしながら、以前に私がまったく確実で明白であると受け入れていたもので、あとになって疑わしいと気づくにいたったものが、数多くある。どういうものがそうであったか。いうまでもなく、地や天や星、そのほか、私が感覚によってとらえたものすべてがそうであった。しかしそれでは、これらのものについて、何を私は明晰に認知していたのであるか。いうまでもなく、そういうものの観念そのもの、すなわち意識が、私の精神に現われる、ということであった。そして、そのような観念が私のうちにあるということなら、いまなお私は否定しないのである。

しかし、これとは別に、やはり私の肯定していた事がらで、しかも〔それを信じる習慣があるために〕、実際はこれを認知してはいなかったのに、自分では明晰に認知しているのだと思いこんでいた事がらがあったのである。すなわち、私の外部に、上述のような観念を送りだしたものがあり、それらの観念はこれとまったく相似ている、ということであった。この点においてこそ私は誤っていたのであり、たとえこの点で私のくだした判断が正しかったにしても、少なくともそれは、私のうちなる認識作用にもとづくものではなかったのである。

しかし、算術あるいは幾何学に関して何かきわめて単純で容易な事がら、たとえば、二に三を加えると五になるというような事がらを考察していたとき、私は、少なくとも、それらを、真であると肯定するにたりるだけ透明に直観していたのではあるまいか。いかにも私はあとになって、それらについても疑うべきだと判断したのであるが、しかし、それというのも、神のごとき全能者ならば、このうえなく明白であると思われる事がらに関してさえ欺かれるような本性を、私に賦与することもできたはずであるとの考えが、私の心に浮かんだからにほかならなかった。

けれども、神の全能についてのこの先入の意見が浮かんでくるたびごとに、私は、もし神がその気になりさえすれば、私が精神の眼でこのうえなく明証的に直観すると思う事がらにおいてすら私を誤らせるのは、神にとってはたやすいことである、と告白せざるをえないのである。

しかしまた、私は、私がきわめて明晰に把握すると思っている事がら自体のほうに向きなおると、そのつど、そういう事がらをまったく確信してしまい、思わず次のようにさけばずにはおられない。欺けるものならだれでも私を欺くがよい、しかし、私が自分を何ものかであると考えている間は、けっして私を無であるようにするわけにはゆくまい、あるいは、私はあるということが現に真であるからには、私はけっして存在しなかったのだということをいつか真であるようにするわけにはゆくまい、あるいはまた、二たす三を五より多くしたり少なくしたりする、などといったことはけっしてできまい、そこに私は明白な矛盾を認めるのであるから、と。

そして、確かに私には、なんらかの神を欺瞞《ぎまん》者であるとみなさねばならぬなんの機縁もないのであるし、そもそも、神というものがあるのかどうかさえ、まだ十分には知られていないのであるから、たんにあのような意見にもとづくにすぎない疑いの理由は、きわめて薄弱なものであり、いわば形而上学的なもの(こじつけ)である。しかしそのような理由すら除き去られるように、できるだけ早い機会に、神はあるかどうか、また、もしあるとするなら、欺瞞者でありうるかどうか、を吟味しなくてはならない。この二つのことが知られないかぎり、他の何ごとについても私は、まったく確信をもつわけにはゆかないと思われるからである。

ところで、いま省察の順序の要求するところによれば、まず私のあらゆる意識を一定の類に区分し、そのうちのいずれの類において本来真理あるいは虚偽は存するのかを探究しなくてはならないのである。

私の意識のうちのあるものは、いわば、ものの像であって、これにのみ、本来、観念という名はあてはまる。たとえば私が、人間とかキマイラ（獅子頭羊身の怪物）とか天とか天使とか神とかを考えるときのように。ところが他のものは、そのほかに、何かちがった形相をもっている。たとえば、私が意志するとき、恐れるとき、肯定するとき、否定するときには、もちろんいつも私はなんらかの事物を、私の意識の対象としてとらえているが、しかしさらには、当の事物の似姿以上の何ものかを意識してもいるのである。こういうもののうち、あるものは意志あるいは感情とよばれ、他のものは判断とよばれる。

いま観念についていえば、観念は、たんにそれ自身において見られ、他のものと関係させられないならば、本来、偽ではありえないのである。なぜなら、私が山羊《やぎ》を想像しようと、キマイラを想像しようと、私が想像するということ自体は、どちらの場合でも等しく真であるから。

また、意志そのものにおいても、あるいは感情においても、なんら虚偽を恐れるにはあたらない。というのは、私はどんなに邪悪なことを望むかもしれず、どこにもないようなものをさえ望むかもしれないけれども、しかし、だからといって、私がそういったものを望むということが真でないわけではないからである。

それゆえ、残るのは判断だけであり、ここにおいてこそ、私は、誤ることのないように用心しなくてはならないのである。ところで、判断のうちに見いだされうる主要な誤り、最もよくある誤りは、私のうちにある観念が私の外にある何ものかに類似している、あるいは合致している、と私が判断するところに成りたつのである。というのは、もし私が観念そのものを私の意識のある様態としてのみ考察し、他のものに関係させようなどとはしないならば、観念が私に誤りのたねを与えるようなことは、ほとんどありえないはずだからである。

ところで、これらの観念のうち、あるものは生得のものであり、あるものは外来のものであり、またあるものは私自身のつくりだしたものであるように、私には思われる。なぜかというに、私は、ものとはなんであるか、真理とはなんであるか、思惟《しい》とはなんであるか、を理解するが、こういう理解はほかならぬ私の本性そのものから得られるように思われる。ところが、いま私は騒音をきき、太陽を見、火を感覚するが、私はこういう感覚を、何か私の外にあるものからでてくるのだと、これまでは考えてきた。そして最後に、セイレンやヒポグリプス（鷲の頭と翼をもつ馬身の怪物）などといったものは、私自身によってつくられるのである。もっとも、いまのところ私は、すべての観念を外来のものと考えることも、すべての観念を生得のものと考えることも、すべての観念を作為されたものと考えることもできよう。私はまだ、これら観念の真の起原を明らかに見きわめてはいないのであるから。

しかしここでは主として、いわば私の外に存在するものからとられたと私がみなすところの観念を、問題にしなくてはならない。そして、これらの観念が外物に似ていると私が考えるのはいかなる理由によってであるか、を探究しなくてはならない。それはいうまでもなく、私が自然によってそう教えられたからであると思われる。のみならず、それらの観念は私の意志に依存せず、したがってまた私自身に依存しないことを私が経験するからでもある。実際、それらはしばしば、私の意に反してさえ現われる。たとえば、いま私は、欲すると欲しないとにかかわらず、熱を感じる。そしてそのため私は、この感覚すなわち熱の観念は、私とはちがったものから、つまり、私のそばにある火の熱から、私のほうへやってくるのだ、と思う。こういうわけであるから、そのものは他の何ものよりもむしろ自分の似姿を私のうちへ送りこむのだ、と私が判断するのも、まことにもっともである。

それではこれから、上述のような理由が十分しっかりしたものであるかどうかを調べてみよう。ここで私が「私は自然によってそう教えられた」というとき、それはただ、私はある自発的な傾向によってこれを信ずるようになった、ということを意味するだけであって、それが真であることが何か自然の光によって私に明示された、ということを意味するのではない。この二つの間には大きな相違がある。すなわち一方、自然の光によって私に明示されることはいずれも――たとえば、私が疑うということから私があるということが帰結すること、その他これに類したことは

――けっして疑わしいものではありえない。この光と同等に信頼できるような能力、この光の示すところを真ではないと教えることのできるような能力は、ほかにはありえないからである。しかるに他方、自然的傾向のほうはどうかというに、すでにしばしば私は、善を選ぶべきであった場合に、この傾向によって悪の側へかりたてられた、ということに気づいた。それゆえ、ほかの問題においても、もはやこの傾向に信頼すべき理由はない、と私は考えるのである。

次に、なるほどそれらの観念は私の意志に依存しないとはいえ、だからといって、それらがどうしても私の外にある事物からでてこなければならぬ、とはかぎらない。なぜなら、たったいま述べたあの傾向は、私のうちにあるとはいえ、私の意志とはちがったものであると思われるが、あるいはそれと同じように、私のうちには何かまた別の能力があって、まだ私には十分知られていないけれども、それらの観念を生みだすことができるのかもしれないからである。たとえば、私の眠っているときに、なんら外的事物の助けを借りずに、それらの観念が私のうちに形成されることは、これまでにいつも見うけられたところである。

そして最後に、たとえそれらの観念が私とはちがった事物からでてきたとしても、だからといって、それら観念が当の事物に似ていなくてはならぬ、ということにはならない。むしろそれとは反対に、多くの場合において私は、両者の間にしばしば大きな差異を認めたように思われる。例をあげるなら、私は太陽について二つの異なった観念を自分のうちに見いだす。一方の観念は、いわば感覚からくみとられたもので、これはとりわけ、私が外来のものとみなす観念のうちに数えられるべきものである。そして、これによれば、太陽は、私にはきわめて小さく見える。ところが他方の観念は、天文学上の推理からとってこられたもの、すなわち、なんらか私に生得の概念からひきだされたものであるか、あるいは、何かほかのしかたで私によってつくりだされたものである。いずれにしても、これによれば、太陽は地球よりも何倍も大きいものとして示される。しかし、これら二つの観念のいずれもが、私の外にある同一の太陽に似ているなどということはもとよりありえない。そして理性は、太陽そのものから最も直接にでてきたと思われる観念が最も太陽に似ていない、ということを私に確信させるのである。

さて、これらすべてによって、次のことが十分に論証される。これまで私が、何か私とはちがったものが存在し、これが私の感覚器官を通じて、あるいはなんらか他のしかたによって、みずからの観念あるいは形像を私のうちに送りこむのだ、と信じてきたのは、確かな判断によってではなく、たんに、ある盲目的な衝動によってであった、ということ。

しかしながら、その観念が私のうちにある事物のうち、なんらかの事物が本当に私の外に存在するかどうかを探究するには、なおもう一つ別の道がある。①すなわち、これら観念がたんにある意識様態であるかぎり、私はそれら観念の間になんの差別も認めない。それらはすべて同じしかたで私からでてくると思われる。しかし、ある観念はあるものを表現し、他の観念はまた他のものを表現しているかぎり、それぞれの観念が互いにひじょうに異なっていることは明らかである。
実際、疑いを容れないことだが、私に実体を表示する観念は、ただ様態すなわち偶有性のみを表現する観念よりも、いっそう大きなあるものであり、いわば、より多くの表現的実在性（観念において表現されているかぎりの実在性）をそれ自身のうちに含んでいる。さらに、それによって私が神を理解するところの観念、すなわち、永遠で、無限で、全知で、全能で、自己以外のいっさいのものの創造者である神を理解するところの観念は、有限な実体を表示するところの観念よりも、明らかにいっそう多くの表現的実在性をそれ自身のうちに含んでいるのである。

ところでいま、作用的かつ全体的な原因のうちには、少なくとも、この原因の結果のうちにあると同等のものがなくてはならぬということは、自然の光によって明白である。なぜかというに、結果は、その原因からでなければ、いったいどこから自分の実在性をひきだすことができるであろうか。また原因は、みずからが実在性を有するのでなければ、どうしてそれを結果に与えることができるであろうか。こうして、無からは何ものも生じえないということばかりでなく、より完全なもの、いいかえると、より多くの実在性をそれ自身のうちに含むものは、より不完全なものからは生じえない、ということも帰結するのである。

しかもこのことは、現実的すなわち形相《けいそう》的実在性（ものがそれ自体においてもつところの実在性）を有する結果についてばかりではなく、ただ表現的実在性のみが考慮されるところの観念についても、明らかに真なのである。詳しくいえば、こういうことである。たとえば、以前にはなかった一つの石が、いま存在しはじめるということは、その石のうちにおかれるすべてのものを、あるいは形相的に、あるいは優勝的に、②自己のうちに有するところのあるものによって、それが産出されるのでなくては、不可能である。同様に、以前には熱くなかった対象のうちに熱が導入されるということは、少なくとも熱と同等の完全性を有するもの、によってでなければ不可能である。その他の場合も同様である。しかしそればかりではない。さらに、熱あるいは石の観念が私のうちにあるということも、熱あるいは石のうちにあると私が考えるのと、少なくとも同等の実在性を自分のうちに含むところの、ある原因によって、それが私のうちにおかれるのでなければ不可能である。

なぜかというに、この原因は、私の観念のうちに、なんら自己の現実的すなわち形相的実在性を送りこみはしないけれども、だからといって、その原因がより少ない実在性をもつはずだ、と考えてはならない。むしろ、観念は——私の意識の一様態であって——私の意識から借りてこられる形相的実在性のほかにはなんらの形相的実在性をも、自分から要求することはない、というのが観念そのものの本性である、と考えなくてはならないのである。

ところで、この観念がこの特定の表現的実在性を含んで、他の表現的実在性を含んでいないということは、明らかに、その観念自身が表現的に含んでいる実在性と少なくとも同等の実在性を形相的に含むところの、ある原因によるのでなくてはならない。なぜなら、その原因のうちになかった何ものかが観念のうちに見いだされると想定するならば、観念はそれを無から得てくることになるであろうが、ものが観念によって表現的に悟性のうちにある、そのあり方は、たとえどんなに不完全であろうとも、明らかに、まったくの無ではなく、したがって、無から生ずることはありえないのだからである。

なおまた、私が私の観念において考慮する実在性はたんに表現的なものであるから、その実在性はこれらの観念の原因のうちに形相的にある必要はなく、その原因においても表現的にあれば十分である、などと臆測《おくそく》してはならない。なぜなら、表現的なあり方が観念に、観念そのものの本性上、合致すると同様に、形相的なあり方は観念の原因に、少なくとも最初の主要な原因には、この原因の本性上、合致するのだからである。

そして、あるいは一つの観念が他の観念から生まれることがありうるにしても、しかし、この場合、無限に溯《さかのぼ》ることはできないのであって、ついにはある第一の観念にいたらなくてはならない。そして、この観念の原因は、原型ともいうべきものであって、観念においてはたんに表現的にあるところの実在性のすべてが、そこでは形相的に含まれているのである。

かくて、自然の光によって、私には次のことが明らかである。すなわち、私のうちにある観念は、あたかも映像のようなものであって、それがとってこられたもとの事物の完全性を失うことはたやすいが、もとの事物よりもいっそう大きいもの、いっそう完全なものを含むことはけっしてできない、ということ。

　これらすべての事がらを吟味することが長ければ長いだけ、また注意深ければ注意深いだけ、いよいよ明晰にかつ判明に、私はそれらが真であると認識するのである。しかし、私はこれらのことから、結局何を結論しようとするのか。ほかでもない、もしも、私の有する観念のうち、あるものの表現的実在性がきわめて大きく、その実在性は形相的にも優勝的にも私のうちにはないこと、したがって、私自身が当の観念の原因ではありえないことを、私が確信しうるほどであるならば、ここからして必然的に、私ひとりがこの世界にあるのではなく、その観念の原因であるところの、何か他のものもまた存在するということが帰結する、ということである。

　もし反対に、なんらそのような観念が私のうちに見いだされないならば、私とはちがった何ものかの存在を私に確信させる論証を、私はまったくもたないことになるであろう。というのは、私はすべてをきわめて綿密に検討してみたが、これまでのところ、ほかにはそういう論証を一つとして見いだしえなかったからである。

　ところで私の有する観念のうちには、私自身を私に示す観念――これについては、もはやなんの困難もありえない――のほかに、神を表現するもの、物体的で無生の事物を表現するもの、天使を表現するもの、動物を表現するもの、そして最後に、私と同類の他の人間を表現するものがある。

そして、他の人間、あるいは動物、あるいは天使を示す観念に関していえば、たとえ、私以外のいかなる人間も、いかなる動物も、いかなる天使もこの世界に存しないとしても、それらの観念は、私自身と物体的な事物と神とについて私の有する観念から複合されうるということを、私はたやすく理解するのである。

そこで、物体的な事物の観念はどうかというに、これらのなかには、私自身から生起しえたとは思われないほどに大きいものは何も見あたらない。実際、私は、さらに立ち入って考察し、昨日蜜蠟の観念を吟味したと同じしかたで、一つ一つの観念を調べてみるなら、これらの観念において私が明晰かつ判明に認知するものはほんのわずかしかないことに気づくのである。いうまでもなく、大きさすなわち、長さと広さと深さにおける延長、この延長の限定から生ずる形、種々の形をもったものが相互に占める位置、運動すなわち、そういう位置の変化、である。これになお、実体、持続、数をつけ加えることができる。

ところが、残りのもの、たとえば、光と色、音、香り、味、熱と冷、その他の触覚的な性質などは、きわめて混乱した不明瞭《ふめいりよう》なしかたでしか私には意識されないので、これらがいったい真であるのか偽であるのか、いいかえると、これらについて私の有する観念が、何か存在するものの観念であるのかそうでないのかということすら、私にはわからないのである。

というのは、本来の意味での虚偽、すなわち形相的虚偽は、ただ判断のうちにのみ見いだされる、と私はさきほど注意したのだけれども、しかし、ある観念が、存在しないところのものをあたかも存在するもののように表現しているときには、確かにその観念のうちには、ある別種の虚偽、すなわち質料的虚偽が存するからである。こういうわけで、たとえば、熱と冷について私の有する観念は、明晰判明ならざることがはなはだしいので、冷がたんに熱の欠如であるのか、それとも、熱が冷の欠如であるのか、あるいは、両方とも実在的な性質であるのか、それとも、いずれもそうではないのかを、私は、これら二つの観念からは判別できないのである。

ところで、すべて観念というものは、何ものかの観念とみなさねばならないのであるから、もしも冷が熱の欠如にほかならないことが真であるとするなら、冷をあたかも何か実在的で積極的なもののように私に表現するところの観念は、偽であるといわれても不当ではないであろう。その他の観念についても同様である。

明らかに、これらの観念には、何か私とはちがった作者を想定したりする必要はない。というのは、それらの観念が偽である場合には、すなわち、いかなるものをも表現していない場合には、それらは無からでてきたのであるということ、いいかえれば、私の本性に何か欠陥があり、私の本性がまったく完全ではないがゆえにのみ、それらは私のうちにあるのだということは、自然の光によって私に知られているところであるし、また、それらが真である場合にも、それらは私にほんのわずかの実在性しか示さず、これを私は存在せぬものと区別しえないほどであるから、なにゆえそれらが私自身から生ずることができないのか、私にはわからないのだからである。

しかし、物体的事物の観念において明晰かつ判明であるもののうち、若干のもの、すなわち、実体、持続、数、その他これに類するものは、私自身の観念からとりだされえたように思われる。なぜかというに、私が、石は実体である、すなわち、それ自身によって存在しうるものであると考え、同時に、私もまた実体であると考えるとき、もちろん私は、私が考えるものであって延長をもつものではなく、これに反して、石は延長をもつものであって考えるものではないこと、したがって、この二つの概念の間には大きな相違があることを理解するとはいえ、しかし、実体という点においては両者は一致するように思われるのである。同様にして私は、私がいま存在することを知り、以前にもしばらくの間存在したことを思い出す場合、また、さまざまな思想をもち、その数を理解する場合に、持続および数の観念を獲得するのであって、そのあとではこれらの観念をほかのどんなものにでも適用することができるのである。

以上のほかに、物体的事物の観念を構成しているすべてのもの、すなわち、延長、形、位置、運動などは、私が考えるものにほかならぬゆえ、私のうちに形相的には含まれていないが、しかし、それらは実体のある様態であるにすぎず、しかるに私は実体なのであるから、優勝的には私のうちに含まれうると思われるのである。

したがって、残るところはただ一つ神の観念だけであって、この観念のうちに、何か私自身からは生起しえなかったものがありはせぬかを考察しなければならない。

神という名で私が意味するものは、ある無限な、独立な、全知かつ全能な、そして私自身をも——もし私のほかにも何ものかが存在するなら——他のすべてのものをも創造した、実体である。まことに、これらすべての性質は、私が細心な注意を払えば払うほど、私のみからでてきたものであるなどとはますます思えなくなるようなものである。それゆえ、右に述べられたところからして、神は必然的に存在する、と結論しなくてはならないのである。

なぜなら、私は実体である、ということから、確かに実体の観念が私のうちにあるにしても、だからといってその実体の観念は、——私が有限なものであるゆえ——真実に無限であるところの、ある実体からでてきたのでないかぎり、無限な実体の観念ではありえないはずであるから。

なおまた、私は無限なものを、真の観念によって認識するのではなく、静止を運動の否定によって考え、闇《やみ》を光の否定によって考えるように、有限なものの否定によってのみ考えるのだ、などと思ってはならない。というのは、それとは反対に、無限な実体のうちには有限な実体のうちによりも多くの実在性があること、したがって、無限者の認識は有限者の認識よりも、すなわち、神の認識は私自身の認識よりも、ある意味で先なるものとして私のうちにあることを、私は明白に理解するからである。なぜなら、私が疑うこと、私が欲することを私が理解するのは、すなわち、何ものかが私に欠けており、私はまったく完全であるわけではないことを私が理解するのは、より完全な存在者の観念が私のうちにあって、それと比較して私の欠陥を認めるのでなければ、不可能であるから。

さらにまた、この神の観念はもしかすると質料的に偽なるものであり、したがって、さきほど熱と冷、その他このたぐいの観念について私が注意したように、無から生じうるものであるかもしれぬ、などということもできない。なぜなら、それとは反対に、この観念はこのうえもなく明晰であり判明であり、他のいかなる観念よりも多くの表現的実在性を含んでいるのであるから、この観念以上に、それ自身によって真である観念、虚偽でないかとの疑いを免れている観念はないのである。

私はいう、この最も完全な、無限な存在者の観念はこのうえなく真である、と。なぜなら、そのような存在者が存在しないと仮想することはあるいはできるにしても、その存在者の観念が、さきほど冷の観念について私が述べたように、なんら実在的なものを私に示さないと仮想することはとうていできないからである。

この観念はまた、このうえなく明晰であり判明である。なぜなら、実在的で真であることを、また、なんらかの完全性をそなえていることを、私が明晰にかつ判明に認めるところのものはことごとく、この観念のうちに含まれているからである。

なおまた、私が無限者を把握していないということ、あるいは、神のうちには、私が把握することはおろか、おそらく思惟によって触れることすらけっしてできないようなものが無数にあるということも、なんら障害にはならない。なぜなら、有限者である私によっては把握されないというのが、無限者の無限者たるゆえんであるからである。そして、私がまさしくこのことをよく理解して、私の明晰に認知するもの、なんらかの完全性をそなえていることを知っているものいっさいが、かつまた、おそらくは私の知らない他の無数のものが、あるいは形相的にあるいは優勝的に、神のうちにあると判断するだけで、私が神について有する観念が、私のうちにあるすべての観念のうちで最も真であり、最も明晰であり判明であるには十分なのである。

しかし、もしかすると私は、自分で理解している以上のものであるかもしれない。そして、私が神に帰しているすべての完全性は、たとえまだ自己自身を展開しておらず、まだ現実性には達していないにしても、可能的にはなんらかのしかたで私のうちに含まれているのかもしれない。事実私は、私の認識が少しずつ増大してゆくのをすでに経験している。そして、私の認識がこうしてますます増大して無限にいたることを妨げる何ものをも見ない。また私の認識がこのように増大したとき、それを用いて、神の有する他のすべての完全性に到達することができないわけはないであろう。そして最後に、そのような完全性にいたる潜勢力がすでに私のうちにあるのならば、それら完全性の観念を生みだすに十分ではないかと思われる。

しかしながら、そういうことは何一つありえないのである。すなわち、まず第一に、私の認識がしだいに増大してゆくということ、まだ現実的にはなっていない多くのものが可能的には私のうちにあるということは真であるが、しかし、このようなことは神の観念にはまったく適合しないのである。神の観念のうちにはたんに可能的であるようなものはまったく見あたらないからである。そもそも、しだいに増大してゆくということ自体が、不完全性の最も確かな証拠なのである。

次に、たとえ私の認識がますます増大してゆくとしても、だからといって私は、それが現実的に無限なものになるであろうなどとはけっして考えない。私の認識は、もはやそれ以上に大きくなることができないようなところにはけっして到達しないであろうから。これに反して、神は現実的に無限であって、その完全性には何ものもつけ加えることができない、と私は判断するのである。

そして最後に、観念の表現的存在は、たんなる可能的な存在によって——これは本来、無というべきものである——つくりだされうるのではなく、もっぱら現実的な、すなわち形相的な存在によってのみ生みだされうるのだ、と私は考える。

まことにこれらすべてのうちには、細心な注意を払う者にとって自然の光によって明白でないような事がらは、まったくないのである。しかし、私があまり注意せず、私の精神の眼が感覚的なものの像によって曇らされると、私は、私よりも完全な存在者の観念が、実際により完全なある存在者からでてこなくてはならない理由を、そうたやすくは思いだせない。このゆえに私は、さらに進んで、その観念をもっている私自身は、なんらそのような存在者が存在しなかったとするなら、存在することができるかどうか、これを探究したいと思う(3)。

もしそうならば、いったい私の存在は何から生まれたのであろうか。もちろん、私自身から、あるいは両親から、あるいは何かそのほかの、神よりは不完全なものからであろう。というのは、神よりも完全なものは——神と同等に完全なものすら——考えることも想像することもできないからである。

しかし、もし私の存在が私自身から生まれたとするなら、私は疑うこともなかったであろうし、欲することもなかったであろうし、結局私には、なんら欠けるところはなかったであろう。なぜなら、私のうちにそれについてのなんらかの観念があるところの完全性のすべてを、私は私自身に与えたであろうし、かくて私自身が神であったであろうから。

また、私に欠けている完全性は、すでに私のうちにある完全性よりも、獲得するにいっそう困難であろう、などと思ってもならない。なぜなら、むしろ反対に、私、いいかえれば考えるもの、すなわち考える実体が、無から発現することのほうが、私の知らない多くのものの認識、たんにこの実体の偶有性にすぎないところの認識、を獲得することよりも、はるかに困難であったはずだということは明白であるから。

それゆえ、確かに私は、かのいっそう大きな完全性を私自身から得ているのならば、少なくとも、いっそう容易にもちうる完全性を私に拒みはしなかったであろう。なおまた、神の観念のうちに含まれると私が認めているところの、ほかのどんな完全性をも私に拒みはしなかったであろう。というのは、これらの完全性のうちには、つくりだすにいっそう困難であると思われるものは何もないからである。そして、もしそれらの完全性が、つくりだすにはいっそう困難であったとするならば、確かに私にもそう思われたはずである。というのは、私は、私がもっているところの、残りの完全性を、私自身から得ているのであれば、そういう困難な事がらにおいて私の力に限界があるのを経験したであろうから。

なおまた私は、おそらく私は、現にあるように、つねにあったのだと想定するにしても――こう想定すれば、私の存在の作者などは求めなくてもすむではないかといって――上述のような推理の力をのがれることはできないのである。なぜかというに、私の一生の全時間は、無数の部分に分割されることができ、しかもおのおのの部分は残りの部分にいささかも依存しないのであるから、私がすぐまえに存在したということから、いま私が存在しなくてはならないということは帰結しない。そのためには、ある原因が私をこの瞬間にいわばもう一度創造するということ、いいかえれば、私を保存するということ、がなければならないのである。

実際、時間の本性によく注意する者にとっては明らかなことだが、どんなものも、それが持続するところの各瞬間において保存されるためには、そのものがまだ存在していなかった場合に新しく創造するに要したとまったく同じだけの力とはたらきを要するものなのである。それゆえ、保存と創造とはただ考え方のうえで異なるにすぎないということは、これまた自然の光によって明白な事がらの一つである。

ゆえにいまや私は、自分自身に問わねばならぬ。私は現に存在するところのこの私をすぐあとにもまた存在せしめうるような、ある力をもっているかどうか、と。ところで、私は考えるもの以外の何ものでもないのであるから、あるいは少なくとも、ここで私が問題にしているのは、私の部分のうちでも、まさしく考えるものであるところの部分なのであるから、もし何かそのような力が私のうちにあったとするなら、疑いもなく私はそれを意識したことであろう。しかるに私は、なんらそのような力があることを経験していない。そこで私はこの事実から、私が私とはちがったある存在者に依存するということを、きわめて明証的に認識するのである。

しかし、もしかするとその存在者は神ではないのかもしれない。そして私は、両親とか、神ほど完全ではない何か他の原因とかによって、生みだされたのかもしれない。いな、けっしてそうではないのである。すでに前に述べたように、原因のうちには結果のうちにあるのと少なくとも同じだけのものがなければならないことは明らかである。そしてこのゆえに、現に私は考えるものであり、私のうちに神のある観念を有するものであるから、私の原因として結局、どのようなものがわりあてられるとしても、それはまた考えるものであり、私が神に帰するすべての完全性の観念を有するものである、と認めなくてはならないのである。

そしてさらにこの原因について、それはそれ自身からでてくるのか、それとも他の原因からでてくるのか、と問うことができる。もし、それ自身からでてくるのであれば、その原因そのものが神であることは右に述べたところによって明らかである。なぜなら、その場合には、それ自身によって存在する力を有するのであるから、その原因はまた疑いもなく、その観念がみずからのうちにあるところのすべての完全性を、すなわち、神のうちにあると私が考えるところのすべての完全性を、現実的に所有する力をも有するはずであるから。もし、そうではなくて、他の原因からでてくるのであれば、さらに、こんどの原因について同じように、それはそれ自身からでてくるのか、それとも他の原因からでてくるのか、とたずねられ、こうしてついには究極の原因、すなわち、神であるところのもの、に達するであろう。

そしてこの場合、無限の遡行《そこう》がありえないことは十分明らかである。なぜなら、特にここでは、たんに、かつて私を生みだした原因が問題となっているばかりでなく、むしろ何よりも、現在私を保存している原因が問題となっているのだからである。

なおまた、たぶんいくつもの部分的原因が協力して私をつくりあげたのであって、これら部分的原因の一つから、私は、私が神に帰している完全性の観念の一つを受けとり、他のものから他の完全性の観念を受けとったのであるから、なるほどそれらすべての完全性は宇宙のどこかに見いだされるであろうが、しかし必ずしもそれらすべてが、神であるところの、ある一つのもののうちに同時に結合して見いだされるわけではない、などと想像することもできないのである。

なぜなら、それとは反対に、神のうちにあるすべてのものの統一性、単純性、すなわち不可分離性こそは、神のうちにあると私が理解する主要な完全性の一つだからである。なおまた、確かに、神におけるあらゆる完全性の、かかる統一性の観念は、他のもろもろの完全性の観念をも私にいだかしめるところの原因によってでなければ、私のうちにおかれえなかったはずである。というのも、この原因は、それらの完全性がすべて結合しており不可分離であることを私に理解させるためには、どうしても同時に、それらがいかなるものであるかを私に知らさないわけにはゆかないからである。

最後に両親に関していうなら、かつて私が両親について考えたことはすべて真であるにしても、しかし明らかに、彼らは私を保存しているのではないし、私が考えるものであるかぎり、けっして私をつくりだしたのでもない。むしろ、彼らはただ、私、すなわち精神〔いま私は精神のみを私として認めているのである〕がそのうちに内在していると私の判断するところのあの質料の中に、ある種の資質をおいたにすぎないのである。

したがって、ここでは両親についてはなんの困難もありえない。かえって、どうしても次のように結論しなくてはならない。私が存在し、最も完全な存在者の、すなわち神の、ある観念が私のうちにあるというただこのことだけから、神もまた存在するということがこのうえなく明証的に論証される、と。

あとに残るのは、どういうしかたで私がその観念を神から受けとったかを吟味することだけである。私はその観念を感覚から汲んできたのではない。また、その観念は、感覚的な事物が感覚の外部器官に現われるとき、あるいは現われると思われるとき、これら感覚的事物の観念がつねにそうするように、思いがけなく私にやってくるのでもない。さらに、私がつくりあげたものでもない。なぜなら、明らかに、それから何ものを引き去ることもできず、それに何ものをつけ加えることもできないからである。したがって残るところは、ちょうど私自身の観念が私に生得であると同じように、この観念は私に生得であるということなのである。

実際、神が私を創造するにあたって、あたかも工匠が彼の作品に自分のしるしを刻印するように、みずからの観念を私の中に植えつけたということは、なんら怪しむべきことではない。またそのしるしが作品そのものと異なった何ものかである必要もないのである。それどころか、神が私を創造したというただこのことからして、私がある意味で神の映像と似姿にかたどってつくられているということ、そして、神の観念が含まれているこの似姿は、私が私自身をとらえるに用いると同じ能力をもって、私によってとらえられるのだということは、きわめて信じうることなのである。

すなわち、精神の眼を私自身に向けている間、たんに私は、私が不完全で他のものに依存するものであり、いっそう大きなもの、さらにいっそう大きなものをと、すなわちいっそう善きものをと、際限なく求めてやまぬものであることを理解するばかりでなく、同時にまた、私の依存するものが、それらいっそう大きなものをすべて、ただ無際限に可能的にもっているだけではなくて、実際に無限に自分のうちにそなえており、かくてそれは神であることをも、理解するのである。

結局、上述の論証の力は、かかって次の点に存するのである。すなわち、私が現にあるがごとき本性のものとして存在すること、すなわち、神の観念をわがうちにもつものとして存在することは、実際に神もまた存在するのでなくては、不可能なのだと私が承認することである。ここに私が神というのは、その観念が私のうちにあるその神、いいかえると、私が把握することはできないが、しかしあるしかたで思惟によって触れることはできるところの、すべての完全性をもっており、いかなる欠陥からもまったく免れている神である。これらのことから神が欺瞞者でありえないことは明らかである。なぜなら、すべて奸計《かんけい》と欺瞞とはある欠陥にもとづくものであることは、自然の光によって明白であるから。

しかしながら、このことをいっそう注意深く検討し、同時にまた、ここからとりだされうる他のもろもろの真理の究明にとりかかるに先だって、ここでしばらく神そのものの観想のうちにとどまり、神の属性を静かに考量し、このはかりしれない光の美しさを、そのまばゆさにくらんでしまった私の精神の眼のたえうるかぎり、凝視し、賛嘆し、崇敬するのがふさわしいであろう。けだし、神の荘厳のこの観想のうちにのみ来世の最高の浄福が存することをわれわれは信仰によって信じているのであるが、そのように、現在においてもまた、以上のような観想から――もとよりこれははるかに不完全なものであるが――この世においてわれわれの享受しうる最大の満足が得られることを、われわれは経験するからである。

(1) ここから神の存在の第一の証明が説きはじめられる。
(2) 原因が結果におけると同等の実在性をもつとき、原因は結果を「形相的に」含むといい、原因が結果よりも多くの実在性をもつならば、原因は結果を「優勝的に」含むという。
(3) ここから神の存在の第二の証明が展開される。

省察四

真と偽とについて

私はここ数日の間に、精神を感覚から引き離すことにたいそう慣れてきたし、また、物体的な事物については本当に知られるものがきわめてわずかであるのに、人間の精神についてははるかに多くのことが認識され、神については、なおいっそう多くのことが認識されることを、はなはだ綿密に調べてきたので、いまや私はなんの困難もなしに、私の思惟を、想像力の対象であるものから転じて、純粋な悟性の対象であるもの、あらゆる質料から切り離されたものへ向けることができるであろう。

確かに私は、人間の精神について、それが考えるものであって、長さ、広さ、深さにわたる延長をもたず、そのほか、なんら物体に由来するものをもたないものであるかぎり、いかなる物体的事物の観念よりも、はるかにはっきりした観念をもっているのである。また、私が疑うということ、すなわち私が不完全で依存的なものであるということ、に注意するとき、独立で完全な存在者の、いいかえれば神の、観念が、私の心にきわめて明晰にかつ判明に浮かんでくる。そして、このような観念が私のうちにある、すなわち、その観念を有する私が存在する、というこの一つのことからして、私は、神もまた存在するということを、そして、私の全存在は各瞬間ごとに神に依存するということを、きわめて明証的に結論するので、人間の精神によってこれ以上に明証的に、これ以上に確実に認識されうるものは何もない、と私は確信をいだくのである。

そしてすでに私には、真なる神——知識と知恵との宝がすべて秘められている真なる神——の、かかる観想から、その他のものの認識にいたるある道が見通せるように思われる。

すなわち、まず第一に私は、神が私を欺くなどということはありえないことであると認める。なぜなら、すべて偽りあるいは欺きのうちにはなんらかの不完全性が見いだされるからである。そして欺きうるということは、なるほど明敏さあるいは力の証拠であると見えぬでもないが、しかし欺こうと欲するということは、疑いもなく悪意もしくは弱さを証するものであり、したがって神にふさわしくないのである。

次に私は、私のうちに、ある判断能力があるのを経験するが、これは確かに、私のうちにある残りのすべての能力と同じく、神から授かったものである。そして神は私を欺こうとは欲しないのであるから、神の与えたこの能力が、それを正しく用いても私が誤ることがある、というようなものでないことは明らかである。

この点に関しては、だから私はけっして誤りえないのだ、という帰結がそこからでてくるように思われたのでなければ、なんの疑いも残らなかったはずである。というのは、私のうちにあるものはどんなものも、私はこれを神から得ているのならば、そして神は私になんら誤る能力を与えなかったのであれば、私はけっして誤りえないように思われるからである。そして、実際、私が神のことのみを考えている間は、そして私の心をまったく神に集中している間は、私は誤謬あるいは虚偽の原因となるものを何も認めないのである。

しかるに、すぐあとで私自身にたちもどると、私は、それにもかかわらず私が無数の誤謬にさらされているのを経験する。そしてこれらの誤謬の原因を調べてみると、次のことに気づくのである。すなわち、私のうちには、神、すなわち最も完全な存在者の、実在的で積極的な観念が見いだされるばかりではなく、いわば無、すなわちすべての完全性からこのうえなくかけ離れているものの、ある消極的な観念もまた見いだされること、そして私が、あたかも神と無との中間者、最高存在と非存在との中間者として構成されていること、したがって、私が最高の存在者によって創造されたものであるかぎりにおいては、私を欺いたり誤謬にさそったりするものはもちろん私のうちに何もないが、私がまたあるしかたでは無すなわち非存在にもあずかっているかぎりにおいては、いいかえると、私自身が最高の存在者ではなく、きわめて多くのものが私に欠けているかぎりにおいては、私が誤るのもなんら驚くにはあたらないこと。

こういうわけで、誤謬というものは、それが誤謬であるかぎり、神に依存する何か実在的なものではなくてたんなる欠陥にすぎないということ、したがってまた、私が誤るには、この目的のために神から賦与された能力などは必要でないということ、むしろ、私が誤るという事態は、神から得ているところの、真を判断する能力が私においては無限でないことに起因するのだということを、私は確かに理解するのである。

しかしながら、これだけではまだ私は完全に満足するわけにはゆかない。なぜなら、誤謬とは、たんなる否定ではなく、むしろ欠如であるからである、(1)すなわち、私のうちになんらかのしかたであるべき認識が欠けていること、であるからである。しかも、神の本性に注意するなら、神が、何かその類において完全でないような能力を、すなわち、本来それに賦与さるべきある完全性を欠いたような能力を、私のうちにおいたなどということは、ありえぬことと思われるのである。というのも、工匠が熟練していればいるほど、彼によってつくりだされる作品はいっそう完全であるとするなら、あの万物の最高の創造者によってつくられたものが、あらゆる点において完璧《かんぺき》でないなどということがどうしてあろうか。なおまた、神が私を、けっして誤ることのないようにつくりえたということは疑いを容れないし、神がつねに最良のものを欲するということも疑う余地がない。それならば、私が誤るということは、誤らないということよりもいっそうよいことなのであろうか。

これらのことをさらに注意深く考えてみる場合、まず最初に私の心に浮かぶのは、たとえ、神に由来するもののうちに、その理由が私には理解できないものがあっても、私は驚いてはならぬ、ということである。なおまた、なにゆえ神によってつくられたのか、どのようにして神によってつくられたのかが私には把握できないようなものが、そのほかにもあるのを、おそらく私は経験するであろうが、だからといって神の存在を疑ってはならない、ということである。

なぜなら、私の本性はきわめて貧弱で限られているが、これに反して、神の本性ははかりしれず、把握しがたく、無限であるということを、私はすでに知っているゆえ、ここからまた、私にはその原因がわからぬことを神は無数になしうるのだということをも、私は十分に知るからである。そして、このただ一つの理由からして私は、目的という観点からひきだされるのをつねとする原因の類の全体は、自然的事物においてはなんの役にもたたぬと断定するのである。なぜなら、私が神の目的を詮索しうるなどと考えるのは、思いあがりもはなはだしいからである。

なおまた、こういうことにも思いあたる。神の作品が完全であるかどうかを探究するときはいつも、ある一つの被造物を切り離して観察してはならず、あらゆる事物を全体として考察しなくてはならぬということである。なぜなら、それだけ孤立させるならきわめて不完全と思われておそらく不当でないようなものも、世界のなかで部分の役割をもつものとしてなら、このうえなく完全であることがあるから。そして、私が、すべてのものを疑おうと欲して以来、これまでに確実に知ったことは、私と神とが存在することだけであるにしても、しかし私は、神のはかりしれない力に気づいて以来、他の多くのものが神によってつくられたはずであること、あるいは少なくとも、つくられうるはずであること、したがって私は事物の総体のうちでは部分の役割をになうにすぎないということを、否定することができないのである。

それから、もっと私自身に近づいて、私の誤謬〔これのみが、私のうちにおける、ある不完全性を証するものである〕が、いかなる性質のものであるかを調べてみると、私は、その誤謬が、同時にはたらく二つの原因に依存すること、すなわち、私のうちにある認識の能力と選択の能力つまり意志の自由とに、いいかえれば、悟性と同時に意志とに、依存することに気づくのである。

というのは、悟性のみによっては、私は、ただ観念をとらえるだけである――これら観念は私が判断をくだしうる材料にすぎない――からである。そして、このように厳格に見られた悟性のうちには、本来の意味での誤謬は見いだされないのである。すなわち、その観念が私のうちにはないようなものが、おそらく無数に存在するであろうが、しかしながら、本来のいい方をするなら、私は、それらの観念を欠如しているといわれるべきではなくて、ただ否定的に、それらの観念をもっていないとのみいわれるべきである。なぜならば、神は私に、現に与えてくれたよりも、もっと大きな認識能力を与えるべきであった、ということを証明するような理由をもちだすことは、私にはできるはずがないからである。また私は、神を、どれほど練達した工匠と考えるにしても、だからといって神が、若干の作品のうちにおきうる完全性をことごとく、作品一つ一つのうちにおくべきであったなどとは考えないのである。

なおまた私は、十分に広大で完全な意志を、すなわち意志の自由を、神から授からなかった、といって訴えることもできない。なぜなら、意志がいかなる限界内にも閉じこめられていないことを、私は確かに経験するのであるから。そして、きわめて注目すべきことだと私に思われるのは、私のうちにはこれほど完全な、これほど大きなものはほかに何もないので、それがなおいっそう完全なもの、なおいっそう大きなものでありうるなどとは考えられない、ということである。なぜかというに、たとえば理解の能力を考えてみるなら、私は、これが私においてはきわめて小さく、きわめて限られたものであることをただちに認め、同時に、それとは別のはるかに大きな能力、むしろ最大で無限な能力の観念を形成する。そしてこのような能力の観念を私が形成しうるということから、その能力が神の本性に属することを知るのである。

同じように、記憶の能力、あるいは想像の能力、あるいはほかのどんな能力をとって調べてみても、私においては貧弱で局限されており、神においては広大であると考えられないようなものは、まったく見あたらないのである。

ただ意志だけは、すなわち意志の自由だけは別であって、私の経験するところ、これは私においてきわめて大きく、もはやこれ以上に大きな意志というものをほかに考えることができないほどである。したがって、私が神のある映像と似姿を宿していることを理解するのは、主として意志の点からである。

もちろん意志も、私におけるよりは神においてのほうが、意志に結びついてこれをいっそう強固にし有効にするところの、認識と力との点からいっても、また——いっそう多くのものにおよぶのだから——対象の点からいっても、比較にならないほど大きいとはいえ、しかし、それ自身において形相的に、かつ厳格に見るならば、神においてのほうが私におけるよりも大きいとは思われないのである。それというのも、意志の本質は（第一に）、われわれが、あることを、なすこともなさないこともできる〔いいかえれば、肯定することも否定することも、追求することも忌避することもできる〕というところにのみ存するからである。あるいはむしろ（第二に）、悟性によってわれわれに提示されるものを肯定あるいは否定する際、すなわち追求あるいは忌避する際に、われわれが、なんら外的な力によって決定されてはいないと感じてそうする、というところにのみ存するからである。

すなわち、私が自由であるためには、私がどちらの側にも動かされうることは必要ではない。むしろ反対に、私が一方の側に傾けば傾くほど——真と善との根拠をそちらの側において明証的に理解するからであろうと、神が私の思惟の内部をそのように方向づけるからであろうと——私はいよいよ自由にその側を選択するのである。たしかに、神の恩寵も、自然本性的な認識も、けっして自由を減少させるのではなく、むしろ増大し強化するのである。

これに対して、私をいずれか一方の側へおしやる理由がまったくないときに私が経験するあの非決定は、最も低い段階の自由であって、これはけっして意志における完全性を証するものではなく、ただ、認識における欠陥を、すなわち、ある否定を証するにすぎないのである。なぜなら、もし私が、何が真であり何が善であるかをいつも明らかに見るとするなら、どんな判断をくだすべきか、あるいは何を選ぶべきかについて、けっしてためらわなかったであろうし、かくて私は、どれほど自由であっても、けっして非決定ではありえなかったであろうから。

さて、これらのことから私は次の二つのことを認める。すなわち、私が神から授かっている意志の力は、それ自身として見られるなら、私の誤謬の原因ではないということ。なぜなら、意志の力はきわめて広大であり、しかもその類において完全であるから。なおまた、理解の力も私の誤謬の原因ではないということ。なぜなら、私はこの力を、理解するために神から授かっているのであるから、私が何を理解しようとも、それを私は、疑いもなく、正しく理解するはずであり、この理解において私が誤るなどということはありえないからである。

それでは、私の誤謬はいったいどこから生じるのであろうか。この一つのことから、すなわち、意志は悟性よりも広い範囲に広がるものであるゆえ、私が意志を、悟性と同じ限界内にとどめおかずに、私の理解していない事がらにまでおよぼす、ということの一つのことから生じるのである。このような事がらに対して意志は非決定であるから、たやすく真と善とから逸脱するのであって、こうして私は誤り、罪を犯すことになるのである。

たとえば、ここ数日の間、何ものかが世界のうちに存在するかどうかを吟味し、そしてこの問題を吟味するというそのことから、私が存在するということが明証的に帰結することに気づいたとき、私は、私がそれほど明らかに理解するものは真である、と判断せざるをえなかったのであるが、これは、何か外的な力に強いられてそう判断したのではなく、かえって、悟性における大きな光にともなって、意志における大きな傾向性が生じたからにほかならない。こういうわけで、そのことに対して私が非決定であることが少なければ少ないほど、それだけいっそう自発的に、それだけいっそう自由に、私はそのことを信じたのである。

ところでいま私は、私が考えるものであるかぎりにおいて存在することを知っているばかりでなく、なおそのうえに、物体的な本性のある観念が私の心に示されてもいる。そこで私は、私のうちにあるところの、というよりはむしろ、私自身であるところの、考える本性が、その物体的な本性と別のものであるのか、それとも両者は同一のものであるのか、疑問をいだくことになる。そして、特にいずれか一方の意見を私に受け入れさせるだけの理由が、私の悟性にはまだ何も現われていないと仮定すると、このことからして、確かに私は、いずれの意見を肯定すべきか、もしくは否定すべきか、それともむしろ、この問題についてはなんの判断もくだすべきでないのか、まったく非決定であるということになる。

実際またこの非決定は、悟性がまったく認識していないものだけにおよぶのではなく、さらに一般的に、意志が考量しているまさしくそのときに悟性が十分明白に認識していないものすべてにも、およぶのである。なぜなら、たとえ、どんなにもっともらしい臆測が私を一方の側に引き入れようとも、それがただの臆測であって確実な疑いえない理由ではないのだ、と知るだけで、私の同意を反対の側へおしやるに十分なのだからである。このことは、私がここ数日の間に十分経験してきたところである。すなわち私は、以前にこのうえなく真であると信じていたすべてのものを、それについてはなんらかのしかたで疑うことができるのに気づいたというただそれだけの理由で、明らかに偽であると想定したのである。

ところで、何が真であるかを十分明晰にかつ判明に認知してはいない場合に、私が判断をくだすことをひかえるのなら、私の態度が正しく、私が誤ることがないのは明らかである。しかるにこの場合に、私が肯定したり否定したりするならば、そのとき私は意志の自由を正しく用いてはいないのである。そして、もし偽である側に向かうとするなら、明らかに私は誤るのである。また、もし反対の側をつかむとするなら、なるほど私は偶然に真理に出会いはするものの、だからといって、とがを免れるわけにはゆかぬであろう。意志の決定にはつねに悟性の把握が先行しなくてはならないことは、自然の光によって明白であるから。

そして、自由意志のこの正しくない使用のうちにこそ、誤謬の形相を構成するところの、かの欠如が内在するのである。はっきりいえば、欠如は活動そのもののうちに、それも私からでてくるかぎりの活動のうちに内在するのであって、私が神から受けとった能力のうちに内在するのではなく、また、神に依存するかぎりの活動のうちに内在するのでもない。

事実私は、神が、現に私に与えたよりも、もっと大きな理解の力を、すなわちもっと大きな自然の光を、与えてくれなかったと、不平をいうべきなんの理由ももたないのである。なぜなら、多くのものを理解しないということは、有限な悟性の本質に属することであり、有限であるということは、創造された悟性の本質に属することであるからである。むしろ私は、神が私になんら負い目がないにもかかわらず授けてくれたものに対して、神に感謝をすべきであって、神が与えなかったところのものを、私が神によって奪われたのだとか、神が私からとりあげたのだとかいうふうに、考えるべきではないのである。

さらにまた私は、神が、悟性よりも広い範囲におよぶ意志を与えたと、不平をいうべき理由ももたない。なぜなら、意志はただ一つのもの、いわば不可分のものから成るがゆえに、その本性は、そこから何ものかがとり去られるのを許さない、と思われるからである。そして確かに、意志が広大であればあるほど、それだけ大きな感謝を私は、それを与えてくれた者に対して表明すべきである。

そして最後に私は、それにおいて私が誤るところの、意志の作用を、すなわち判断を、ひき起こすのに、神が私に協力しているといって苦情を申したてるわけにもゆかない。なぜなら、そのような作用は、神に依存するかぎり、まったく真であるし、また、そのような作用を私がひき起こしうるということは、ひき起こしえないということよりも、私においてはある意味でより大きな完全性であるからである。

ところが欠如はどうかというに、これにのみ虚偽および罪過の形相的根拠が存するのであるが、これはなんら神の協力を必要としない。というのは、欠如は実在的なものではないし、また、それの原因としての神に関係づけられるなら、それは欠如といわれるべきではなく、たんに否定といわれるべきだからである。実際、それの明晰で判明な認知が神によって私の悟性のうちにおかれなかったようなものに対して、同意したり同意しなかったりする自由を神が私に与えたということは、確かに神における不完全性ではないのである。かえって、私がそういう自由をよく使用せず、正しく理解していない事がらについて判断をくだすということこそ、疑いもなく、私のうちにおける不完全性であるのである。

しかしながら、たとえ私が自由のままであり、有限な認識をもつままであっても、私がけっして誤らないようにすることは、神にとってはたやすくできたはずであると私は思う。すなわち、神が私の悟性の中に、私がいつか考量するであろうものすべてについての明断で判明な知識を賦与しておいてくれればよかったのである。あるいは、明晰判明に理解しておらぬものについてはけっして判断をくだしてはならぬということを、私の記憶にしっかりと刻みつけ、けっして私がそれを忘れることのできないようにしておいてくれるだけでも、よかったのである。そして私は、もし私が神によってそのようなものとしてつくられていたなら、私がある全体という性格をもつかぎりにおいては、確かに、現にあるよりもいっそう完全であったろう、ということを容易に理解するのである。

しかしながら、だからといって私は、宇宙全体のうちには、そのある部分は誤謬を免れていないが、他の部分は免れているという場合のほうが、すべての部分がまったく似かよっているという場合よりも、ある意味でいっそう大きな完全性があるのだということを、否定することができない。そして私は、神が世界のなかで私に、すべてのうちで最も主要な最も完全な役をになわせようと欲しなかった、と苦情を申したてるべきなんの権利ももたないのである。

さらにそのうえ、私は、たとえあの第一のしかたでは、すなわち、考量されるはずの事がらすべてについての明証的な知識に依存するしかたでは、誤謬を防ぐことができないにしても、しかし、第二のしかたで、すなわち、ものごとの真理が明白でないときにはいつも、判断をくだすことをひかえなくてはならないということを想起することだけに依存するしかたで、誤謬を防ぐことはできるはずなのである。

というのは、私は、いつも同じ考えにしっかりと心をつなぎとめておくことはできないという弱さが、私のうちにあることを経験するとはいえ、しかし、入念な省察をしばしばくり返すことによって、必要のあるたびにその考えを思い起こすようにし、こうして、もはや誤謬に陥らない習慣を手に入れるようにすることはできるからである。

まさにこの点にこそ人間の最大のそして主要な完全性は存するのであるから、私は今日の省察によって――誤謬と虚偽との原因をつきとめたことにより――少なからぬ収穫をあげたと考える。そして確かに、誤謬や虚偽の原因は、私が明らかにしたもの以外にはありえないのである。実際、判断をくだすにあたって、悟性によって明晰判明に示されるものだけにしかおよばぬように、意志を制限しさえするなら、私が誤るということはまったく起こりえないのである。なぜなら、すべて明晰で判明な知識は、疑いもなく実在的なものであり、したがって無に由来するものではありえず、必然的に神を――かの最高に完全なものであって、欺瞞者であることとは相容れないところの神を――作者としてもっており、それゆえ、疑いもなく、真なのであるから。

そのうえ私は今日、けっして誤らないためには何を避けねばならぬかを学んだばかりではなく、同時にまた、真理に達するためには何をなさねばならぬかをも学んだのである。それというのも、完全に理解するものすべてに十分に注意して、これを残りの、もっと不分明にもっと不明瞭にしかとらえられないものから切り離しさえするなら、私はまちがいなく真理に到達するはずだからである。今後私はこうするように注意深く努めよう。

（1）「否定」というのは、たんにものがないことであり、「欠如」というのは本来あるべきものがないことである。たとえば人間の場合、空飛ぶ翼をもたぬのは「否定」であるが、視覚をもたないのは「欠如」である。

省察五

物質的事物の本質について。そしてふたたび神について、神は存在するということ

神の属性についても、また私自身の本性、すなわち私の精神の本性についても、なお私の究明すべき事がらは多く残っている。しかし、それらについてはおそらく別の機会にもう一度とりあげることになるであろう。いま、一番さしせまった仕事は〔真理に達するためには何を避けねばならず、何をなさねばならぬかに気づいたあとであるから〕、ここ数日の間私の落ちこんでいた疑いから抜けだすことに努めること、そして物質的な事物について何か確実なものを手に入れることができるかどうかを調べること、であるように思われる。

しかし、そういう物質的な事物が私の外に存在するかどうかを問う前に、それらの事物の観念を、これが私の意識のうちにあるかぎりにおいて考察し、そのうちのどれが判明であり、どれが

混乱しているかを見ておかねばならない。

いうまでもなく私は、量——哲学者たちが普通、連続量と称しているもの——を判明に想像する。すなわち、この量の、というよりはむしろ、この量をそなえたものの、長さ、広さ、深さにおける延長を、判明に想像する。この量のうちにさまざまな部分を数える。それらの部分に任意の大きさや形や位置や場所的運動を帰属させ、かつこの運動に任意の持続を帰属させる。

これらのものは、たんにこのように一般的に見られた場合に、私にまったくよく知られていて分明であるばかりではなく、少し注意するなら私はさらに、形や数や運動やその他同様のものについて、無数の特殊な事がらをも認識するのである。そしてこれらのものについての真理は、あまりにも明らかであり、また私の本性とまことによく合致しているので、はじめてそれを発見するときでも、何か新しいことを学びとるというよりは、むしろ、すでに前に知っていたことを想起するかのように、すなわち、私のうちに前からあったのだがまだ精神の眼を向けていなかったものに、はじめて注意するかのように、思われるのである。

また、ここで特に注目すべきであると思われるのは、私の外にはおそらくどこにも存在しないであろうが、しかしそれでも、無であるとはいえないもの、こういうものの観念を私が、私のうちに無数に見いだすという事実である。そういうものは、私によってある意味で任意に考えられるものであるとはいえ、私によってつくりだされるものではなくて、真実な不変の本性をもっているのである。

たとえば、私が三角形を想像するとき、たぶんこのような図形は私の思惟の外には世界のどこにも存在せず、かつてもけっして存在しなかったであろうが、しかしその図形は、ある一定の本性、あるいは本質、あるいは形相を有するのであって、これは不変で永遠であり、私によって描きだされたものではなく、また私の精神に依存するものでもない。

このことは、その三角形についてさまざまな特性が、すなわち、その三つの角は二直角に等しいとか、その最大の角には最大の辺が対するとか、その他こういった事がらが、論証されうることから明らかである。これらの特性は、以前私が三角形を想像したときにはけっして意識されなかったにしても、いまでは、私が欲すると欲しないとにかかわらず、明らかに認められるのであり、したがって、私によって描きだされたものではないのである。

なおまた、その三角形の観念はたぶん外のものから感覚器官を介して私にやってきたのであろう、事実私は三角形の形をした物体をときおり見たことがあるのだから、などといってみてもはじまらないのである。なぜなら私は、三角形以外の図形で、感覚を通って私のうちにすべりこんできたのではないかという疑いのまったくありえないものを、無数に考えだすことができ、しかもこういう図形について、三角形の場合に劣らず、さまざまな特性を論証することができるからである。

まことに、これらの特性は、私によって明らかに認識される以上、すべて真なるものであり、したがってまた、何ものかであって、ただの無ではない。すべて真であるものが何ものかであることは明らかだからである。また、私が明晰に認識するものがすべて真であることは、すでに私の詳しく論証したところである。そして、たとえこのことを私が論証しなかったとしても、少なくとも私がそれらを明晰に認知するかぎり、私はやはりそれらに同意せざるをえないというのが、確かに私の精神の本性なのである。

また私は、以前、感覚の対象にすっかりとらわれていたときですら、形とか数とか、あるいはそのほか、算術もしくは幾何学、もしくは一般に純粋な抽象的な数学に属するものについて、私が明証的に認めたような真理は、つねにこれをすべての真理のうちでも最も確実なものと見なしていたことを、記憶している。

ところでいま、私があるものの観念を私の思惟からとりだしうるということだけから、そのものに属すると私が明晰にかつ判明に認知するすべてのものが、実際にそのものに属するということが帰結するなら、ここからまた、神の存在を証明する論証が得られはしないであろうか。①

確かに私は、神の観念を、すなわち最も完全な存在者の観念を、どんな形の観念、あるいはどんな数の観念にも劣らず、私のうちに発見するのである。さらに私は、つねに存在するということが神の本性に属することを、ある形もしくは数について私の論証することが、その形もしくはその数の本性に属することを理解する場合に劣らず、明晰にかつ判明に理解するのである。したがって、たとえここ数日の間に私が省察してきたことのすべてが真ではないとしても、神の存在は私のうちにおいて、これまで数学の真理が確実であったのと、少なくとも同じ程度には確実でなければならない。

もっとも、この証明は、一見したところ、まったく平明であるとはいえず、むしろ詭弁《きべん》であるかのようにも見える。それというのも、私は、神以外のすべてのものにおいて存在を本質から区別することに慣れているため、神の存在もまた神の本質から切り離されうるのだ、かくて神は存在しないものと考えられうるのだ、とたやすく信じてしまうからである。

しかし、いっそう念入りに注意してみれば明白になることだが、神の存在が神の本質から分離されえないのは、三角形の本質からその三つの角の和が二直角に等しいことが分離されえず、あるいは、山の観念から谷の観念が分離されえないのと同様である。それゆえ、存在を欠いている〔いいかえれば、ある完全性を欠いている〕神〔いいかえれば、最も完全な存在者〕を考えることとは、谷を欠いている山を考えることと同様、矛盾なのである。

しかしながら、こうも反問できそうである。なるほど私が、神を存在するものとしてでなければ考えることができないのは、山を谷なしに考えることができないのと同じであるが、しかし、私が山を谷とともに考えるからといって、そこからただちに、ある山が世界のうちに存在する、という帰結がでてこないことも確かである。それと同様に、私が神を存在するものとして考えるからといって、そこからただちに、神が存在するという帰結はでてこないように思われる。というのは、私の思惟は事物に必然性を課するわけではないからである。そして、馬は翼をもたぬにしても、翼のある馬を想像することは可能であるように、ひょっとすると私は、神が存在しないのに、頭のなかだけで、神に存在を結びつけているのかもしれない。

けれどもそうではないのであって、むしろそういう考えのうちにこそ詭弁はひそんでいるのである。なぜかというに、私が山を谷とともにでなければ考えることができないということからは、どこかに山と谷とが存在するということは帰結せず、ただ、山と谷とは、存在するにしても存在しないにしても、互いに切り離されることができない、ということが帰結するだけである。しかし、私が神を存在するものとしてでなければ考えることができないということからは、存在が神から不可分離であるということ、したがって、神は実際に存在するということ、が帰結するのである。

これは、私の思惟によってもたらされる事態ではない。すなわち、私の思惟が事物に必然性を課するのではない。反対に、事がら自体の必然性が、すなわち、神の存在の必然性が、私を決定してそのように考えさせるのである。というのは、翼のある馬を想像することも翼のない馬を想像することも私の自由になるのとはちがい、存在を欠いた神〔いいかえれば、最高の完全性を欠いた、最も完全な存在者〕を考えることは私の自由にならないからである。

ここではまた、次のようにいってもならないのである。すなわち、神はすべての完全性をもつということをいったん私が想定してしまえば、存在はそういう完全性のうちの一つであるから、むろん私は必然的に、神を存在するものとして想定せざるをえなくなるが、しかし、最初の想定そのものは必然的なものではなかった、それはあたかも、すべての四角形は円に内接すると考えねばならぬ必然性はないが、しかし、いったんそう考えるのだと想定してしまえば、菱形《ひしがた》が円に内接すると認めざるをえなくなるであろうが、これは明らかに偽である、のと同様である、と。

なぜそういってはならぬかというに、私がいつか必然的に神についてなんらかの考えをいだくようになるということはないにしても、しかし、第一の、そして最高の存在者について考え、この存在者の観念をいわば私の精神の宝庫からとりだそうとするたびごとに、私は必然的に、その存在者にすべての完全性を帰属せしめなくてはならぬ〔もっともその際、すべての完全性を数えあげたり、その一つ一つに注意を払ったりするわけにはゆかぬであろうが〕。そしてまことに、この必然性は、のちに私が存在は一つの完全性であると気づくとき、私をして、第一の、かつ最高の存在者は存在する、と正しく結論せしめるに十分なのである。

これはちょうど、私がなんらかの三角形をいつか必然的に想像するということはないが、しかし、ただ三つの角をもつ直線図形を考察しようと欲するたびごとに、私は必然的にこの図形に、その三つの角の和が二直角に等しいということを正しく推論せしめるような特性を〔たとえそのとき、私がこの結論そのものには気づいていないにしても〕属せしめねばならぬのと同様である。しかるに、どのような図形が円に内接するのかを吟味してみると、すべての四角形がそのなかに数えられると考えねばならぬ必然性はまったくない。それどころか、明晰にかつ判明に理解するもののほかは何ものも受け入れまいとするかぎり、私はそういうことを仮想することすらできないのである。したがって、こういった偽りの想定と、私に生まれつきそなわっている真の観念との間には、大きな相違があるわけである。そして、こういう観念のうち、第一で主要なものが神の観念なのである。

というのは、実際私は、神の観念が、私の思惟に依存するところの、仮構された何ものかでなく、真実で不変な本性の像であることを、多くのしかたで理解するからである。すなわち、まず第一に、その本質に存在が属するものを私は、ひとり神を除いて、ほかには何も考えだすことができぬからである。次に、こういった神を、二つあるいはそれ以上考えることができぬからであり、また、そういう一なる神が現に存在するとするなら、当然永遠の昔から存在したのであり、かつ永遠の未来にわたって存続するであろうことを、明らかに知るからである。そして最後に、そのほかにも私は、私が何一つ引き去ることも変えることもできないものを数多く、神のうちに認めるからである。

しかし、結局、私がどのような証明の理由を用いるにしても、つねに帰着するところは、私が明晰に判明に認識するもののみが私をまったく確信せしめる、ということなのである。そして、私がそのように認識するもののうちには、だれにも明瞭なものもあるけれども、しかしまた、もっと立ち入って考察し注意深く研究する人々によってしか発見されないものもある。しかし、こういうものも、いったん発見されたのちには、さきのものに劣らず確かであるとみなされるのである。

これは、たとえば、直角三角形において、底辺の上の正方形は他の二辺の上の正方形の和に等しいということは、その底辺がこの三角形の最も大きな角に対しているということほどには容易に明らかにならないけれども、しかし前者も、いったん知られたのちには、後者に劣らず信じられる、のと同様である。

ところで、神についてはどうかといえば、もし私がいろいろな先入見によって心を曇らされていたかったなら、そして、感覚的事物の像が私の思惟をすっかり占領していなかったなら、神ほどすみやかに、もしくは神ほどたやすく、知られるものは、何もなかったはずである。なぜなら、最高の存在者があること、すなわち、その本質に存在が属するただ一つのものであるところの神が存在するということ、このこと以上に自明なことがほかにあろうか。

そして、私にはこのことを認知するのに注意深い考察が必要であったけれども、いまや私はこのことについて、他のきわめて確実と思われることについてと同じくらいに、確信をいだいているばかりでなく、他の事物の確実性がほかならぬこのことにまったく依存しており、このことなくしては何ごともけっして完全には知られえないのだ、ということにも気づいているのである。

事実私は、何ごとかをきわめて明晰に判明に認知している間は、それを真であると信じないわけにはゆかない、という本性をそなえているものの、しかし、精神の眼を釘《くぎ》づけにして、たえず同じことを明晰に認知しているわけにはゆかない、という本性をもそなえているので、以前にくだした判断の記憶がもどってくることがしばしばある。そして私が、当の事がらをしかじかと判断するにいたった理由に、もはや注意を向けない場合には、別の理由がもちこまれうるのであって、この理由は、もし私が神を知らないならば、たやすく私にさきの意見を捨てさせてしまうかもしれない。このようにして私は、何ごとについても、真実で確実な知識をもつことはけっしてなく、ただぼんやりした変わりやすい意見を有するにすぎなくなるであろう。

たとえば、私が三角形の本性を考察するとき、私は幾何学の原理を心得ているので、その三つの角の和が二直角に等しいということは、私にはきわめて明証的に明らかであり、また私は、その論証に注意しているかぎり、それが真であることを信じないわけにはゆかないけれども、私が精神の眼をその論証からそらすやいなや、たとえ私が、その論証をきわめて明晰に理解したということをどれほどよくおぼえていても、もしも神を知らないならば、私がその論証の真偽について疑いをいだく、といったことは、たやすく起こりうるのである。

というのは、私は、自分ではこのうえなく明証的に認知しているつもりでいる事がらにおいてすらときどき誤るように、自然によってつくられているのだ、と考える余地があるからである。私が真であり確実であるとみなしたもので、あとになって他の理由により偽であると判断しなおすにいたったものが、数多くあったことを思いだすときには、特にそうなのである。

けれども、いまや私は神があることを知っている。同時にまた、他のすべてのものが神に依存すること、神が欺瞞者ではないこと、を理解しており、これらのことから、私が明晰判明に認知するものはすべて必然的に真である、との結論も得ている。それゆえ、たとえ私がこのことを真であると判断するにいたった理由にもはや注意を向けなくとも、ただ私が、明晰に判明に理解したということをおぼえていさえすれば、どのような反対の理由がもちだされても、私を疑いにおとしいれることはできず、かえって私はそのことについて真実で確実な知識を有するのである。たんにこのことについてばかりではない。私がかつて論証したおぼえのある、他のすべての事がらについても、たとえば幾何学上の真理やこれに類した事がらについても、そうなのである。

いまやいったい、いかなる反対論が私に向けられるであろうか。私はしばしば誤るようにつくられている、とでもいおうとするのか。しかしながら、すでに私は、私が明らかに理解する事がらにおいてはけっして誤りえないことを知っている。私がかつて真であり確実であるとみなしたもので、あとになって偽であると気づくにいたったものが数多くあった、とでもいおうとするのか。しかし私は、それらのものをどれ一つとして、明晰判明には認知していなかったのである。むしろ、真理のこの規則を知らなかったがために、他の原因にひきずられてうっかりそれらを信じてしまったのであって、のちになってその原因がそんなにしっかりしたものではないことを発見したまでなのである。

それでは、ほかにどんなことがいわれるであろうか。たぶん私は夢を見ているのだ〔以前私が自分に反問したように〕、すなわち、いま私が考えていることはすべて、眠っている間に心に浮かんでくることと同じように真ではないのだ、とでもいおうとするのか。そんなことをいってみても、なんにもならない。なぜなら、たとえ私が夢みているのだとしても、私の悟性にとって明証的であることはすべてまったく真なのであるから。

かくて私は、あらゆる知識の確実性と真理性とが、もっぱら、真なる神の認識に依存することを明らかに見るのである。神を知るにいたるまでは私が、他の何ごとをも完全には知りえなかったのもそのゆえである。けれどもいまや私には、神そのものや他の知性的なものについても、純粋数学の対象であるところの、物体的な本性すべてについても、無数の事がらが、明らかに知られうるのであり、確実でありうるのである。

（1）以下において、神の存在証明の第三のもの、いわゆる存在論的証明が示される。

省察六

物質的事物の存在、および精神と身体との実在的な区別について

もはや残るところは、物質的事物が存在するかどうかを吟味することだけである。そして確かに、私はすでに、少なくとも次のことを知っている。物質的事物は、純粋数学の対象であるかぎり、存在することが可能である、私はそれらを明晰に判明に認識するのだから、ということである。なぜかというに、神には、私が明晰判明に認知することのできるものを、すべてつくりだす能力があるということは、疑いのないところであるし、また、神によってつくられることが不可能だ、と私の判断したものは、それを私が判明に認知しようとすれば矛盾をおかすことになるものだけであったからである。

さらに私は、そういう物質的事物に心を向ける間は、想像の能力を用いることを経験するが、この事実から、物質的事物は存在するという帰結がでてくるように思われる。なぜなら、想像と

はなんであるかを入念に考察するなら、それが、認識能力にじかに現前するところの、したがって存在するところの物体に対する、その能力のある適用にほかならないことは明らかであるから。

このことをはっきりさせるために、私はまず第一に、想像のはたらきと純粋な悟性のはたらきとの間にある相違を検討することにする。たとえば、私が三角形を想像するとき、私はそれが三つの線によって囲まれた図形であることを理解するばかりでなく、同時にまた、その三つの線を、あたかも現前しているもののように、精神の眼で直観するのであって、これこそ、私が想像と名づけるところのはたらきである。

ところで、もし私が千角形について考えようと欲するなら、なるほど私は、三角形が三つの辺から成る図形であることを理解する場合と同じように、それが千の辺から成る図形であることをよく理解するにしても、しかし、(三角形の三つの辺の場合と) 同じように、その千の辺を想像することは、すなわち、あたかも現前しているもののように直観することはできないのである。もちろんこの場合にも、私には、物体的なものを考えるたびごとにつねに何ものかを想像する習慣があるので、おそらく私はなんらかの図形を漠然と思い浮かべるであろうが、しかし、その図形が千角形でないことは明らかである。なぜなら、その図形は、私が万角形とか、もっと多くの辺をもつ任意の図形とかについて考えるとき思い浮かべる図形と、なんら異なるところがないし、またその図形は、千角形を他の多角形から区別せしめる特性を見つけだすうえに、なんの助けにもならないからである。

ところが、五角形が問題である場合には、もちろん私はその図形を、千角形の図形と同じように、想像の助けを借りずに理解することができるが、しかしさらに、その図形を想像することもできる、すなわち、精神の眼をその五つの辺に、そして同時に、その辺によって囲まれた空間に向けることによって、想像することもできるのである。

ここにおいて私は、想像するためには、ある特別な、心の緊張を必要とするが、これは、理解するためには私の用いないものである、ということを明白に認める。この新しい、心の緊張こそ、想像のはたらきと純粋な悟性のはたらきとの間の相違を明らかに示すものなのである。

なおまた私は、私のうちにある、この想像する力が、理解する力と異なるものであるかぎり、私自身の本質にとっては、すなわち、私の精神の本質にとっては、必要とされるものではないことをも認める。というのは、仮にそういう力が私に欠けているとしても、疑いもなく私は、それでもやはり、現にあるとおりの私であるだろうからである。ここからして、想像する力は私とは異なった何ものかに依存するということが帰結するように思われる。

ところで、もしある物体が存在し、これに精神が結びついていて、任意のときに向きなおり、いわばそれを注視するのだとすると、まさしくこういうふうにして、私が物体的事物を想像するということが生じうるわけであることを、私は容易に理解する。したがって、このような意識の様態が純粋な悟性作用と異なるのはただ次の点だけである。すなわち、理解するときには、精神が、いわば自己を自己自身に向け、精神そのものに内在している観念のあるものを考察するのであるが、想像するときには反対に、精神が、自己を物体に向け、その物体のうちに、精神自身によって理解された観念なり、感覚に知覚された観念なりに対応するあるものを、直観する、ということだけである。

くり返していうが、もし物体が事実存在するのであれば、想像のはたらきはそういうふうにして成り立ちうるはずであることを、私は容易に理解するのである。そして、想像のはたらきを説明するのにこれほどつごうのよいしかたはほかに思いあたらないので、ここから私は蓋然《がいぜん》的に、物体は存在すると推測する。けれどもそれは、たんに蓋然的にであって、あらゆる点を綿密に検討してみても、私の想像力のうちに見いだされる、物体的本性についての判明な観念からは、なんらかの物体が存在することを必然的に結論せしめるような論証がひきだされうるとは、どうしても思えないのである。

しかし私は、純粋数学の対象である、この物体的本性のほかに、なお多くのものを想像するのがつねである。たとえば色や音や味や苦痛などといったものがそれであるが、これらはしかし、物体的本性ほど判明には想像されない。そしてこれらのものは、むしろ感覚によってよりよく知覚されるのであり、感覚から記憶の助けによって想像力にまで達したように思われるので、これらのものについてもっと適切に論じるためには、同じようにして感覚についても論じなければならず、私が感覚と名づけるこの意識の様態によって知覚されるものから、物体的事物の存在の証明に役だつ、何か確実な論証をうることができるかどうかを見なければならない。

そこで、まず第一に私はここで、以前に私が感覚に知覚されるから真であると思ったのはどんなものであったか、また、どういう理由にもとづいてそう思ったのかをふり返ってみよう。次に、あとになってそれらを疑うにいたったのはどういう理由によるのかを検討してみよう。そして最後に、それらについて、いまはどう考えるべきであるかを考察してみよう。

さて、まず第一に、私は、私が頭や手や足やその他すべての肢体をもつことを感覚したのであった。そして、これらの肢体から成るこの身体を、私の部分であるかのように、あるいはむしろ私の全体であるかのようにさえみなした。また、この身体が、ほかの多くの物体の間に位置しており、これらの物体から、さまざまなしかたで、ときにはつごうのよいように、ときにはつごうの悪いように、影響されうることをも感覚した。そして、つごうのよい影響を、ある種の快感の感覚によって、つごうの悪い影響を、苦痛の感覚によって認めたのである。なおまた、苦痛と快感とのほかにも、私の内部において、飢えや渇きその他このような欲望を感覚したし、さらには、喜びや悲しみや怒りや、その他これに類似した情念に向かうところの、ある身体的傾向をも感覚したのである。そして私の外部においては、物体の延長や形や運動のほかに、物体のうちに堅さや熱やそのほか触覚的な性質をも感覚した。さらにそのほか、光や色や香りや味や音をも感覚し、これらのもののさまざまな相違によって、天、地、海およびほかのすべての物体を互いに区別したのである。

そして、それらすべての性質の観念が私の意識に示されたため、またそれらの観念にかぎって私はありありとじかに感覚したがために、私が自分の意識とはまったくちがったあるものを、すなわち、それらの観念のもととなった物体を、感覚している気になったのも、まことに無理もない話であった。なぜなら、私の経験したところでは、それらの観念はなんら私の承認なしに私のうちにやってきたのであり、したがって、いかなる対象も、感覚器官に現前していなかったならば、いくら私が感覚しようと欲しても感覚しえず、逆に、感覚器官に現前していたときには、感覚すまいと欲しても、感覚せざるをえなかったからである。

また、感覚に知覚された観念は、私自身がすすんでその気になり省察をこらしてつくりあげた観念や、私の記憶に刻まれているのに私が目をつけた観念のいずれよりも、ずっと生き生きとして鮮明であり、また、それなりの流儀で、ずっと判明でもあるので、それらの観念が私自身からでてくるなどということはありえないように思われた。したがって、それらの観念は何かほかの事物からやってきたとしか考えられなかったのである。ところで、そういう事物について私のもっていた知識は、これらの観念そのものから得られたものにかぎられていたので、私の心には、そういう事物はこれらの観念そのものに似ているはずだ、という考えしか浮かびえなかったのである。

しかもまた私は、理性を用いる前に感覚を用いたことを思い出し、また、私が自分でつくりだした観念が、感覚によって知覚した観念ほど鮮明ではなく、前者のほとんどが後者のいろいろな部分から合成されているのを認めたので、あらかじめ感覚のうちにもたなかった観念を私は悟性のうちにはけっしてもたない、ということをたやすく信じこんでしまったのである。

なおまた、私が一種特別の権利をもって私のものと名づけた、この身体は、他のいかなる物体にもまして私に属するのだ、と私が考えたのも、理由のないことではなかった。なぜなら私は、身体からは、その他の物体からとはちがい、けっして切り離されることができなかったからであり、また、あらゆる欲望あらゆる情念を身体のうちに、かつ身体のために、感覚したからであり、そして最後に、苦痛と快感のくすぐりとを、身体の部分においては認めたが、身体の外におかれた他の物体においては認めなかったからである。

しかしながら、なぜ、この何か知らない苦痛の感覚からは心のある悲しみが生じ、快感(くすぐり)の感覚からはある喜びが生じるのか、あるいはまた、なぜ、飢えとよぶところの、この何か知らない胃のいらだちは私に食べ物をとるように促し、咽喉《のど》の乾きは飲み物をとるように促すのか等々については、実のところ私は、自然によってそう教えられたからだという以外になんらの理由ももってはいなかった。なぜなら、そのいらだちと、食べ物をとろうとする意志との間には、あるいは、苦痛をもたらすものの感覚と、その感覚から起こる悲しみの意識との間には、まったくなんの類似性も〔少なくとも私の理解しうるかぎりでは〕ないからである。むしろ、私が感覚の対象について判断した、その他すべての事がらも、自然によって教えられたように思われたのである。というのも、私は、それらすべてが私の判断どおりであると、頭からきめてかかっていたのであって、それらがそうであることを証明すべき理由をたずねるにいたったのは、それよりのちのことであるから。

しかし、その後経験を重ねるにしたがって、私が感覚に対して寄せていたあらゆる信頼は、しだいにぐらついてきたのである。というのは、遠くからは丸いと見えた塔が近寄ってみると四角であるとわかったり、その塔の頂に据えられている巨大な彫像が、地上からながめるとさほど大きく見えなかったりすることがしばしばあったし、その他無数のこういう事例において、私は外部感覚の判断が誤ることを発見したからである。ただに外部感覚ばかりではなく、内部感覚についてもそうであった。すなわち、苦痛以上に切実な感覚はありえないであろうが、しかし、あるとき私は、脚や腕を切断した人々から、いまなおときとして、そのなくした部分に、痛みを感じるような気がするという話をきいたことがあった。したがって、私の場合も身体のある部分に苦痛をおぼえたとしても、当の部分が私に苦痛を与えたのだと確信するわけにはゆかないように思われたのである。

これらの疑いの理由に、私は最近、さらに二つのきわめて一般的な疑いの理由をつけ加えたのであった。その一つは、私が目ざめている間に感覚すると信じるもので、私が眠っている間にもときとして感覚している気になりえないようなものは、何一つないのであり、しかも、私が睡眠中に感覚すると思うものが私の外にあるものから私にやってくる、とは信じられないのだから、私が覚醒時に感覚すると思うものについても、ことさら外からやってくると信じなくてはならぬわけはない、ということであった。もう一つは、私は、私の起原の作者をまだ知らないのだから、あるいは少なくとも、知らないと仮想しているのだから、私にきわめて真であると見えるものにおいてすら誤る、というふうに私が本性上仕組まれていると考えても、いっこうおかしくない、ということであった。

そして、これまで私に感覚的事物の真理性を信じさせていた理由についていうならば、もはやそれらに答えるのに困難はなかった。すなわち私は、理性が制止している多くのもののほうへ、自然によって駆りたてられるように思われたので、そういう自然の教えにはあまり信頼をおくべきではない、と考えたのである。また、感覚の知覚は、私の意志に依存するものではないが、だからといって、それが私とはちがったものからでてくると結論すべきではない、と考えたのである。なぜなら、もしかするとある能力が、たとえ私にはまだ知られていないにしても、私自身のうちにあって、感覚的知覚を生みだしているのかもしれないからである。

しかしながら、いま、私自身と私の起原の作者とをよりよく知りはじめるにおよんで、私は、感覚から得てくると思われるものは、何もかも軽々しく容認すべきでないことはもちろんであるが、しかしまた、そのすべてに疑いをかけるべきでもない、と考えるのである。

そして、まず第一に私は、私が明晰に判明に理解するものはすべて、私の理解するとおりに神によってつくられうるということを知っているのであるから、一つのものをもう一つのものなしに明晰に判明に理解することができさえすれば、それだけで、この二つのものが異なったものであることを確信しうるのである。なぜなら、それらは、少なくとも神によって、別々に定立されうるはずであるから。また、どのような力によってそういうふうに定立されうるかということは、それら二つが異なったものとみなされるためには、どうでもよいことである。したがって、私が、私は存在するということを知っていること、そして、その間私が、私の本性あるいは本質に属するとはっきり認めうることはただ、私が思惟するものであるということだけであること、このことからして私は、私の本質が、この一つのこと、すなわち、私は思惟するものであるということに存するのだ、と結論して正しいのである。

そしておそらくは〔あるいはむしろ、すぐあとで述べるように、まちがいなく〕私は身体をもっており、これが私ときわめて密接に結びついているにしても、しかし私は、一方で、私がただ思惟するものであって延長をもつものでないかぎりにおいて、私自身の明晰で判明な観念をもっているし、他方では、身体がただ延長をもつものであって思惟するものでないかぎりにおいて、身体の判明な観念をもっているのであるから、私が私の身体から実際に分かたれたものであり、身体なしに存在しうることは確かである。

さらに私は、私のうちに、ある特殊なしかたで思惟する能力を、すなわち、想像する能力および感覚する能力を見いだす。ところで私は、これらの能力なしにも全体としての私を、明晰に判明に理解することができるが、しかし逆に、それらの能力を私なしに、いいかえると、それらが内在する悟性的実体なしに理解することはできない。それら二つの能力はみずからの形相的概念のうちになにほどか悟性作用を含んでいるからである。そしてここから私は、ちょうど様態が事物から区別されるように、それら二つの能力が私から区別されることを知るのである。

なおまた私は、ほかのある種の能力をもわがうちに認める。たとえば、場所を変える能力とか、さまざまな姿勢をとる能力とか、こういったたぐいのものである。しかしこれらの能力も、いま述べた想像や感覚の能力と同じように、それが内在するなんらかの実体なしには理解されることができず、したがって、その実体なしには存在することができない。しかし、もしこれらの能力が存在するとするなら、物体的な実体に、すなわち延長をもつ実体に、内在すべきであって、悟性的な実体に内在すべきでないことは、明白である。なぜなら、それらの能力の明晰で判明な概念のうちには、確かになんらかの延長が含まれているが、いかなる悟性作用もまったく含まれてはいないからである。

ところが、確かにいま私のうちには、ある種の受動的な能力がある、すなわち、感覚する能力、詳しくいえば、感覚的事物の観念を受容し認識するという受動的な能力である。しかし、この能力を私が用いうるのは、それらの観念を産出もしくは実現するところの、ある種の能動的な能力が、私のうちにであろうと、他のもののうちにであろうと、存在する場合にかぎられるであろう。しかるに、そういう能動的な能力は明らかに、私自身のうちにはありえない。なぜなら、その能力はいかなる悟性作用をもまったく予想しないし、また感覚的事物の観念は、私が協力しなくても、むしろしばしば私の意に反してさえ、生みだされるのであるから。

ゆえに、その能動的な能力は何か私とはちがった実体のうちにあるということにならざるをえない。しかもこの実体のうちには〔すでに右に注意しておいたように〕その能力によって生みだされる観念のなかに表現的に存する全実在性が、形相的にか優勝的にか内在するのでなくてはならない。そこでこの実体は、物体すなわち物体的本性――これには、観念の中に表現的に存するいっさいのものが形相的に含まれている――であるか、あるいは神であるか、あるいは、物体よりもはるかに高貴なある被造物（天使）――これには優勝的に含まれている――であるか、のいずれかでなくてはならない。

しかるに、神はけっして欺瞞者ではないから、神が自己自身によって直接にそれらの観念を私に送りこむのでないことも、間接に——それらの観念の表現的実在性が、形相的にではなく、たんに優勝的に含まれているような、ある被造物を介して——送りこむのでないことも、まったく明白である。神は私に、そういうこと（感覚的事物の観念が神あるいは天使に由来すること）を知る能力をまったく与えておらず、むしろ反対に、それらの観念が物体的事物に由来すると信じる大きな傾向を与えているので、もしそれらの観念が物体的事物とは別のところから送りだされるのだとすれば、どうして神を欺瞞者でないと考えることができるのか、私にはわからなくなるからである。——かくて物体的事物は存在するのである。

けれどもおそらく、それら物体的事物のすべては、私が感覚で把握するとおりのものとして存在するのではないであろう。こういう感覚による把握は多くの点できわめて不明瞭であり混乱しているからである。しかし、少なくとも、私がそれらのうちに明晰に判明に理解する事がらはすべて、すなわち、一般的にいって、純粋数学の対象のうちに把握される事がらはすべて、それらのうちにそのとおりにあるのである。

ところで、このほかの事がらといえば、たとえば、太陽はこれこれの大きさこれこれの形のものである、などといった、たんに個別的な事がらであるか、あるいは、光や音や苦痛等々のように、それほど明晰に理解されないものであるかのいずれかである。そしてこれらの事がらはきわめて疑わしく不確実であるにしても、しかしそれでも、神は欺瞞者ではないということ、それゆえ、私の意見のうちに何か虚偽が存するなら、必ずまたそれを訂正すべきなんらかの能力が私のうちに神によって与えられているはずだということ、こういうことを考えて、私は、それらの事がらにおいても真理に達しうるという確かな希望をいだくことができるのである。

事実、私が自然によって教えられる事がらがすべて、なにほどかの真理をもっているということは、まったく疑いのないところである。なぜなら、いま私が一般的な意味で自然というのは、神そのもの、あるいは、神によって定められた、被造物相互の秩序にほかならず、また、個別的に私の自然というのは、神によって私に賦与されたすべてのものの複合体にほかならないから。

ところで、こういう自然が私に何よりも明らかに教えることは、私が身体をもっており、そしてこの身体は、私が痛みを感じるときには、ぐあいが悪く、私が飢えや渇きに悩むときには、食べ物や飲み物を必要としている、などといったことである。したがって、こういう教えのうちになにほどかの真理のあることを、私は疑ってはならないのである。

自然はまた、それら痛み、飢え、渇き等々の感覚によって、私が自分の身体に、水夫が舟に乗っているようなぐあいに、ただ宿っているだけなのではなく、さらに私がこの身体ときわめて密接に結ばれ、いわば混合しており、かくて身体とある一体を成していることをも教えるのである。なぜなら、もしこうなっていないとするならば、思惟するものにほかならない私は、身体が傷ついたときでも、そのために苦痛を感ずることはなく、ちょうど舟のどこかがこわれた場合に水夫が視覚によってこれを知覚するように、純粋悟性によってその傷を知覚するだけであろうし、また身体が食べ物や飲み物を必要とするときでも、私はこのことをはっきり理解するだけであって、飢えとか渇きとかの混乱した感覚をもつことはないであろうからである。というのも、これら飢え、渇き、痛み、等々の感覚は、精神が身体と合一し、いわば混合していることから起こるところの、ある混乱した意識様態にほかならないからである。

さらにまた私は、私の身体のまわりに他のさまざまな物体が存在しており、そのうちのあるものは私にとって追求すべきものであり、あるものは忌避すべきものであることをも、自然によって教えられるのである。そして確かに、私がまことに多種多様な色、音、香り、味、熱、堅さ、その他を感覚することから、私は、これらさまざまな感覚がやってくるもとの物体のうちには、たぶんこれらの知覚に似てはいないにしても、対応はしている、ある多様性が存する、と正しく結論するのである。なお、それらの知覚のうちのあるものは私にとって快く、あるものは不快であるということから、私の身体が、あるいはむしろ、身体と精神とから合成されているかぎりにおける私全体が、私をとりまいている物体によって、さまざまなしかたで、あるいはつごうのよい影響を、あるいはつごうの悪い影響を与えられるということは、まったく確実である。

しかしながら、このほかに、自然によって教えられたように思われてはいるが、実をいえば、自然から受けとったのではなく、軽率に判断をくだす習性ともいうべきものから受け入れたにすぎない事がら――したがってまちがっている場合の多い事がら――が、たくさんある。すなわち、私の感覚に刺激を与えるものがまったく見あたらない空間はすべて空虚であるとか、たとえば熱い物体のうちには、私のうちにある熱の観念にそっくり類似した何ものかがあり、白い物体あるいは緑の物体のうちには、私が感覚するとおりの白あるいは緑があり、苦い物体あるいは甘い物体のうちにはそのとおりの味があり、その他同様であるとか、また、星や塔やそのほかなんであろうと遠くにある物体が、私の目に見えるとおりの大きさや形しかもたないものであるとか、その他こういったたぐいの事がらがそうである。

　しかしこの点について、すべてを十分明確に把握するためには、私が「私はあることを自然によって教えられる」というとき、本来このことばがどういうことを意味するのかを、もっと厳密に定義しなくてはならない。すなわち、ここで私は自然という語を、神によって私に賦与されたすべてのものの複合体という意味よりも、さらに狭い意味に解しているのである。なぜかというに、この複合体には（第一に）、ただ精神のみに属する多くの事がら――たとえば、いったん起こったことは起こらなかったことにはなりえないと、私が把握することとか、そのほか、自然の光によって知られるすべての事がら――が含まれるが、ここではこういった事がらを問題にしているのではない。その複合体にはまた（第二に）、ただ物体だけにかかわる多くの事がら――たとえば、物体が下へ向かうこととか、その他同様の事がら——も含まれるが、こういった事がらをいま問題にしているのでもない。ここで私が問題にしているのは、ただ、精神と身体との合成体としての私に、神によって賦与されたものだけなのである。

したがって、この意味の自然は、苦痛の感覚をもたらすものを避け、快感の感覚をもたらすものを求めることなどを教えはするが、しかし、この自然がなおそのうえに、われわれに、これらの感覚知覚からわれわれの外にある事物について、悟性の吟味をまたずに、何かを結論してよい、とまで教えることはないはずである。なぜなら、それらの事物について真実を知ることは、ただ精神のみに属することであって、合成体には属していないと思われるからである。

こういうわけで、なるほど星は小さな松明《たいまつ》の火ほどにも私の眼を刺激しないけれども、しかしだからといって、星は松明より大きくないと信ぜしめる実在的あるいは積極的な傾向が、その事実のうちにあるのではない。むしろ私は幼少の頃から根拠もなしにそう判断してきたにすぎないのである。また、火に近づけば熱を感じ、あまりに近く寄りすぎると痛みをさえ感じるけれども、しかし、火の中にはその熱に似たものとか、さらにはその苦痛に似たものとかが何かある、と信ぜしめる根拠はまったくないのであって、ただ、火の中には、結局どんなものであろうと、何かわれわれのうちに熱あるいは苦痛の感覚を生みだすものがある、と信ぜしめる根拠があるにすぎない。

なおまた、たとえある空間のうちに感覚を刺激するものが何もないとしても、だからといって、そこにはいかなる物体もない、ということにはならないのである。かえって私は、これらの事例においても、他のきわめて多数の事例においても、私が自然の秩序を転倒するのをつねとしていることを見てとるのである。なぜならば、感覚の知覚というものは、本来、精神をその一部分とする合成体にとって何がつごうのよいものであり、何がつごうの悪いものであるかを、精神に示すためにのみ自然によって与えられているのであって、そのかぎりでは十分に明晰で判明であるが、私はこの感覚の知覚を、あたかも、われわれの外にある物体の本質がなんであるかを直接に認識するための確実な規則であるかのように用いているからである。しかし、物体の本質については、感覚の知覚は、きわめて不明瞭で混乱したものしか示さないのである。

ところで、神の善性にもかかわらず、私の判断が偽であることが起こるのはどうしてであるか、これについては私は、すでに以前に、十分明らかにしておいた。しかしながら、ここに新たな困難が現われる。それは、自然が私に追求すべきもの、あるいは忌避すべきものとして示すもの自体に関してであり、かつまた、内部感覚に関してであり、これらにおいて私は誤謬を発見したように思う。

すなわち、ある人が、ある食べ物の味のよさにつられて、その中にひそんでいる毒をもあわせ呑《の》んでしまうような場合がそうである。しかしながらこの場合には、彼が自然によって駆りたてられるのは、よい味がするものを求めるように、ということだけであって、毒〔これに彼はまったく気づいていない〕を求めるように、ということではないのである。したがって、ここから結論しうることは、彼の自然は全知でない、ということだけである。そしてこのことはなんら驚くべきことではない。人間は限られたものであるゆえ、やはり限られた完全性のみが人間にはふさわしいのであるから。

しかしながら、自然によって駆りたてられるものごとにおいてすら、われわれは誤ることがまれではないのである。たとえば、病気にかかっている人々が、すぐに自分に害を与えるとわかっている飲み物や食べ物をほしがるような場合がそうである。あるいはこの場合、彼らが誤るのは彼らの自然が腐敗しているためである、といわれるかもしれない。しかしこういっても困難を除くことにはならないのである。なぜなら、病気の人も、健康な人に劣らず、真に神の被造物なのであり、したがって、病人が神から、欺く自然を与えられているということは、健康な人がそうであるというように劣らず、矛盾であるように思われるからである。

ところで、車と分銅とでつくられている時計は、たとえできそこなっていて時を正しく告げない場合でも、あらゆる点で製作者の望みをみたしている場合に劣らず厳密に、自然の全法則に従っているのである。ちょうどそれと同じように、人間の身体に関しても、それを私が、骨や神経や筋肉や血管や血液や皮膚からできている一種の機械——たとえその中になんら精神が存在しなくても、現にその中で、意志の命令なしに、したがって、精神のはたらきなしに、起こっているところの運動（不随意運動）を、すべてなしうるように仕組まれ組みたてられている機械――と考えるならば、私は次のことをたやすく認めることができる。すなわち、この身体にとっては、たとえば水腫《すいしゅ》病にかかっているときに、咽喉の乾きに苦しみ、これは精神に渇きの感覚をもたらすのが普通であるから、さらにこの乾きによって咽喉の神経やその他の部分が促されて、飲み物をとるようになり、このために病気が重くなるということは、なんらそのような欠点がないときに、それに似た咽喉の乾きによって、自分に有益な飲み物をとるように動かされるのと等しく自然なことである、ということ。

そして、時計にわりあてられた用途を考慮におくかぎり、時を正しく告げないような時計は自己の自然からそれている、ということができる。また同じように、人間身体という機械を、通常そのうちに生ずるところの運動をするように仕組まれたものとして考察するかぎり、飲み物をとることが身体の保存のためにはならないときに、咽喉が乾くような身体もまた自己の自然からはずれている、と考えてよいわけである。けれども私は、いまここでいった自然の意味が、さきほどいった自然の意味とひじょうに異なることに、ただちに気づくのである。

すなわち、いまの場合の自然（目的論的自然）とは、病気の人を健康な人の観念に、できそこないの時計を正しくつくられた時計の観念に比較するところの、私の思惟に依存する命名にほかならず、問題となっている当の事物（病人および狂った時計）にとっては外的な命名にほかならないが、さきほど自然といわれたもの（機械的自然）は、実際に事物のうちに見いだされるあるもののことであり、したがってなんらかの真理を有するものなのである。

そして確かに、水腫病にかかっている身体に関するかぎり、飲み物を必要としないのに咽喉が乾いているということから、その自然は腐敗しているといわれる場合、それは外的な命名にすぎないとしても、しかしながら、合成体に関するかぎり、すなわち、そのような身体と合一している精神に関するかぎり、飲み物が自分に有害であるのに渇きをおぼえるということは、たんなる命名どころではなく、自然の真実の誤謬なのである。それゆえここには、どうして神の善性は、このように解された自然が欺くものであることを妨げないのかを探究することが、なお残されているわけである。

ところで、私がまず第一に気づくことは、精神と身体との間には、身体はその本性上つねに可分的であり、精神のほうは、これに反して、まったく不可分であるという点で、大きな差異が存することである。

実際、私が精神を考察するとき、いいかえると、たんに思惟するものであるかぎりにおける私自身を考察するとき、私は、自分のうちにどのような部分をも区別することはできず、かえって、私がまったく一なるものであり、全体的なものであることを理解するのである。そして、精神全体が身体全体と合一しているように思われるとはいえ、しかし、足か腕かそのほか身体のどれかある部分が切りとられても、そのために精神から何ものかがとり去られるのではないことを、私は認めるのである。なおまた、意志する能力、感覚する能力、理解する能力などの諸能力が精神の部分であるということもできない。なぜなら、意志するのも、感覚するのも、理解するのも、同じ一つの精神であるからである。ところが、これとは反対に、物体的なもの、すなわち延長をもったもので、私が思惟によってたやすく部分に分割しえないようなものは、私には考えられないのであり、このことによって私は、それは可分的であると理解するのである。さて、このひとことだけでも、精神が身体とまったく異なったものであることを私に教えるにたりるであろう〔たとえ私がまだ両者のちがいを他のところ（第二省察）から十分に知るにはいたらなかったとしても〕。

次に私が気づくことは、精神は身体のすべての部分から直接にはたらきかけられるのでなく、ただ脳からのみ、あるいはおそらく脳のごく小さな一部分、すなわち、そこに共通感覚が宿るといわれている部分（松果腺）からのみ、直接のはたらきを受けるのだということである。この部分は、同じ状態におかれるたびごとに、たとえ身体の残りの部分がその間に種々異なった状態にあろうとも、精神にいつでも同じものを示すのである。これは無数の経験によって証明されるが、ここでそれをいちいちあげる必要はないであろう。

さらに私の気づくことは、物体の本性として、物体の一つの部分が、いくらか隔たった他の部分によって動かされうるなら、その部分は必ず、たとえこの隔たった部分が少しも作用しなくても、中間にあるいずれかの部分によって、同じように動かされうるはずだ、ということである。すなわち、たとえば、一本の紐《ひも》ABCDにおいて、最初の部分Aは、最後の部分Dをひっぱれば動くが、中間の部分BあるいはCをひっぱって、最後の部分Dを動かさずにおいても、同じように動くのである。

私が足の痛みを感じるのもまったく同じことであって、自然学が私に教えたところによれば、その感覚は足に分布している神経によって生ずるのである。すなわちこの神経は、足から脳にまで紐のように延びており、足においてひっぱられると、脳の最奥の部分〔神経はここまでとどいている〕をもひっぱり、この部分のうちに一種の運動をひき起こすが、この運動が痛みを、足に存在するものとして、精神に感じさせるよう、自然によって仕組まれているのである。しかしその神経は、足から脳に達するためには脛《すね》・腿《もも》・腰・背・頸《くび》を通らなくてはならないので、その神経の、足のうちにある部分が触れられないで、中間にあるどこかの部分が触れられるだけでも、脳の中には、足が傷を受けた場合に生ずるのとまったく同じ運動が生じ、その結果、精神は、足が傷ついたときと同じ痛みを感ぜざるをえなくなる、といったことも起こりうるのである。ほかのいかなる感覚についても同じように考えなくてはならない。

最後に私の気づくことは、精神に直接にはたらきかける脳のあの部分において生ずる運動のおのおのは、それぞれある一つの感覚だけしか精神にもたらさないのであるから、こういう事情のもとでは、それぞれの運動のもたらす感覚が、当の運動によってもたらされうる感覚のうち、健全な人間の保存のために最も多く、かつ最もしばしば役だつものであること以上に望ましいことは考えられない、ということである。しかるに、自然によってわれわれに授けられた感覚がすべてそういったものであることは、経験の証するところである。したがって、感覚のうちには、神の力と善性とを証しないようなものはまったく見いだされない、ということになるのである。

こういうわけで、たとえば、足にある神経が強烈に、かつ異常なしかたで動かされるときには、その神経の運動は、脊髄《せきずい》を通って脳の最奥の部分にまでいたり、そこで精神に、あるものを、すなわち、足に存在するものとしての痛みを、感覚せしめる合図を与えるのであり、この合図によって精神は、その痛みの原因を、足に有害なものとして、できるかぎり除き去るよう、促されるのである。

もっとも人間の本性は、神によって、脳におけるこの同じ運動が何かほかのものを精神に示すようなぐあいに、構成されることもできたはずである。たとえば、その運動が、脳にあるかぎりの当の運動そのものを示すとか、足にあるかぎりの運動を示すとか、どこか中間の場所にあるかぎりの運動を示すとか、あるいはまた、何かもっとちがったものを示すとかいったぐあいにである。しかし、これらいずれのものも、さきのもの（足に感じられる痛み）ほどには、身体の保存に役だたなかったであろう。

同様にして、われわれが飲み物を必要とするときには、そのために咽喉の中にある種の乾きが起こり、咽喉の神経を動かし、この神経を介して脳の内奥の部分を動かす。そしてこの運動が精神に渇きを感じさせるのであるが、それは、こういう事態においては、健康の保存のためにわれわれが飲み物を必要としているのを知ることほどわれわれにとって有益なことはないからである。他の場合についても同様である。

さて、以上に述べたところによって、神の広大な善性にもかかわらず、精神と身体との合成体としての人間にそなわる自然（本性）が、ときとしてわれわれを欺くものであらざるをえないことは、まったく明白である。

というのは、もしなんらかの原因によって、通常足が傷を受けた場合にひき起こされるのとまったく同じ運動が、足においてではなく、足から脳にまで走っている神経のどこか途中の部分において、あるいはまた脳自体においてであろうと、ひき起こされるならば、痛みはあたかも足にあるように感じられ、感覚は自然的に（自然によって）欺かれることになるからである。なぜなら、脳におけるこの同じ運動は、つねに同じ感覚しか精神にもたらすことができず、また、この運動は、足を傷つける原因によって起こる場合のほうが、ほかの個所に存在する原因によって起こる場合よりもはるかに多いのがつねであるゆえ、この運動がいつも精神に、ほかの部分の痛みよりはむしろ足の痛みを示すということは、理にかなったことであるからである。

また、咽喉の乾きが、通例どおり身体の健康に飲み物が役だつということから起こるのではなく、水腫病患者において見られるように、ある反対の原因から起こるようなことがときとしてあるにしても、こういう異例の場合に欺くほうが、反対に、身体の状態が健全であるときにつねに欺くよりは、はるかにまさっているのである。その他の場合についても事情は同じである。

さて以上の考察は、たんに私の本性の陥りがちなすべての誤謬に気づくのに役だつばかりでなく、さらには、それらの誤謬をたやすく正したり避けたりするためにも、大いに役だつのである。すなわち、私は、すべての感覚が、身体の保全に関する事がらについては、偽を示す場合よりも真を示す場合のほうがはるかに多いことを明らかに知り、なおまた、同一のものを吟味するために、ほとんどつねにこれらの感覚の多くを用いることができ、そのうえ、現在を過去と結びつける記憶を用いることも、すでにあらゆる誤謬の原因を見きわめた悟性を用いることもできるのであるから、もはや私は、日々感覚が私に示すところのものが偽でありはしないかなどと気づかう必要はないのである。かえって、ここ数日の大げさな懐疑も、笑うべきものとして一蹴《いっしゅう》されねばならないのである。

なかんずく、睡眠についての、かのきわめて一般的な懐疑がそうである。さきに私は、覚醒を睡眠から区別しなかったが、いまはこの二つのものの間に、きわめて大きな差異を認めるからである。すなわち、夢は、覚醒時に現われる事がらとはちがい、生涯の他のすべての活動と記憶によって結びつけられることがけっしてないのである。実際、もしだれかが、私の目ざめている間に、ちょうど夢のなかで起こるように、不意に姿を現わして、そのあとすぐまた姿を消し、どこからきたのかもどこへ去ったのかも私にはわからないというのであれば、私がその者を、ほんとうの人間であると判断するよりも、むしろ幽霊であるか、あるいは、私の脳中にこしらえられた幻想であると判断するのは、なんら不当ではないであろう。

しかしながら、それがどこからやってきたのか、どこにあるのか、いつやってきたのかを私が判明に認めるような事物、その知覚をなんらの断絶もなく、残りの全生涯に結びつけることのできるような事物が現われる場合には、それらの事物が、睡眠中にではなく覚醒時に現われているのだということを、私はまったく確信するのである。さらにまた、それらの吟味のためにすべての感覚、記憶、悟性を動員してみたうえで、これらのいずれによっても、他のものと矛盾するようなものが何一つ私に知らされないならば、私は、それら事物の真理性についていささかも疑うべきではないのである。なぜなら、神は欺瞞者ではないということから、そのような事がらにおいて私はまったく誤らない、ということが帰結するからである。

しかしながら、実生活の必要は猶予をゆるさず、いつでもこれほど厳密な吟味を行なうわけにはゆかぬがゆえに、われわれは、人間の生活が個々の事物についてはしばしば誤りをおかしやすいことを告白しなければならず、結局われわれの本性の弱さを承認しなければならないのである。

情念論（精神の諸情念）

野田又夫訳

目次

本文中に挿入した第1図から第4図までの図版は、デカルトの著作断片で没後刊行された『人間論』にあるものを、理解のためにここに掲載した。

第一部

情念一般について。そしてついでに、人間の本性全体について

一 ある主体に関して受動であるものは、他のある主体に関してはつねに能動であること

昔の人々からわれわれのうけついだ知識が、いかに欠陥の多いものであるかは、彼らが情念について書いたことのうちに最もよく現われている。というのは、情念という主題の認識はいつの時代でも大いに求められてきたにもかかわらず、そしてまた、だれでも情念を自己自身のうちに感ずるのであって、その本性を見いだすために、他から観察を借りる必要はないのだから、この主題はきわだってむずかしい主題に属するとは思われないにもかかわらず、昔の人々がそれについて教えているところは、まことにとるにたりないものであり、大部分信用しがたいものであって、私には、彼らのとった道から遠ざかることによってしか、真理に近づく希望がもてないほどだからである。そういうわけで、私はここで、前にだれもまだ手をつけたことのない主題を論ずるかのように、書かざるをえないであろう。

さて、はじめにまず私は、次のことに注目する。すなわち、すべて新たに生ずること、新たに起こることは、哲学者たちの一般に用いるよび名によれば、そのことが起こるのを受け入れる主体に関しては「受動《パッシヨン》」とよばれ、そのことを起こす主体に関しては「能動《アクシヨン》」とよばれること。したがって、能動者と受動者とは多くの場合たいへんちがっているが、能動と受動とはいつも同一の事がらであって、それは、二つのちがった主体に関係づけられうるがゆえに、能動と受動という二つの名をもつのであること。

二　精神の情念を知るには、精神の機能を身体の機能から区別しなければならないこと

さらに私は、次のことにも注目する。すなわち、われわれの精神が合一している身体以上に直接に、われわれの精神に対して能動的にはたらきかける主体があるとは認められないこと。それゆえ、精神において受動であるものは、通常、身体においては能動であること。したがって、われわれの受動《パッシヨン》(すなわち情念《パッシヨン》)の認識にいたるための最上の道は、精神と身体との相違を吟味し、そうすることによって、われわれのうちにある多くの機能のおのおのを、精神と身体とのいずれに帰すべきかを知ること、にほかならないこと。

三　そのために従うべき規則

そのことを、たいした困難にあわずになしうるには、次のことに注意すればよいであろう。すなわち、われわれがわれわれのうちにありと経験する事がらであって、同時に、まったく精神を欠いた物体のうちにもまたありうると認める事がらはすべて、われわれの身体にのみ帰すべきであり、反対に、われわれのうちにあり、しかも物体に属しうるとはどうしても思われぬ事がらはすべて、われわれの精神に帰すべきであること。

四　肢体の熱と運動とは身体から生じ、思考は精神から生ずること

たとえば、われわれは、いかなる意味でも、物体が考えるなどとは思わないゆえに、われわれのうちにあるすべての種類の考えは、精神に属すると信ずるのが正しいのである。そしてわれわれは、精神をもたぬ諸物体が存在し、それらは、われわれの身体と同じくらいに、またはそれ以上にさまざまなしかたで運動しうることを疑わないゆえに〔経験はそのことを焔《ほのお》において示している、すなわち焔はそれだけでわれわれの肢体のどれよりもはるかに多くの熱と運動とをもつ〕、われわれのうちにある熱や運動のすべては、それらが思考に依存するのでないかぎり、身体にのみ所属すると信ずべきなのである。

五　精神が身体に運動と熱とを与えると考えるのは誤りであること

これによってわれわれは、きわめて大きな誤りを避けることになるであろう。その誤りには多くの人々が陥ったのであり、それは私の見るところでは、情念やその他精神に属する事がらを、いままで十分説明できなかった最もおもな原因なのである。その誤りとはすなわち、死体がすべて熱を失っており、したがって運動を失っておるのを見て、精神の不在がこの運動と熱とを消失させたのだと想像し、かくて、われわれの生まれながらにもつ熱と身体のあらゆる運動とは、精神に依存すると誤り信ずるにいたった、ということである。しかし、実は反対に、人が死ぬとき、熱がなくなりかつ身体を運動させる役目をする諸器官がこわれるからこそ、精神が去るのだ、と考えるべきなのである。

六　生きている身体と死んだ身体との間にどういう相違があるか

そこで、この誤りを避けるために、死はけっして精神の欠如によって起こるのではなく、ただ身体のおもな部分のどれかがこわれることによってのみ起こるのだ、ということに注意しよう。そして、生きている人間の身体と死んだ人間の身体との相違は、一つの時計またはほかの自動機械（すなわち、自己自身を動かす機械）が、ゼンマイを巻かれており、かつその機械のつくられた目的である、もろもろの運動を起こすところの物体的原理を、それの活動に必要なすべてのものとともにうちにもっている場合と、同じ時計または他の機械がこわれていて、その運動の原理がはたらきをやめた場合、との相違に等しい、と判断しよう。

七　身体の諸部分および身体のいくつかの機能についての簡単な説明

このことをさらにわかりやすくするため、私はここで、われわれの身体の機構が組み立てられているしかたのすべてを、簡単に説明するであろう。

われわれには、心臓、頭脳、胃があり、もろもろの筋肉や神経や動脈や静脈などがあることは、いまではだれでも知っている。また、食べた食物が胃にさがり、さらに腸にさがり、そこからその食物の液が肝臓に流れ入り、さらにすべての静脈に流れ入って、静脈の含む血液と混じり、こうして血液の量を増す、ということも知られている。医学の話を少しでも聞いたことのある人なら、さらにそのうえに、心臓がどのように組み立てられているかを知っており、また静脈中の血液の全体が、大静脈から心臓の右側に容易に流れ入り、そこから、動脈性静脈と名づけられている血管（肺動脈）を通って肺臓にうつり、次いで肺臓から、静脈性動脈と名づけられている血管（肺静脈）を通って心臓の左側にもどり、最後にそこから大動脈にうつるのであり、かつこの大動脈の多くの枝が全身に広がっているのだ、ということをも知っている。さらに、古人の権威によってまったく盲目にされておらず、目を開いて血液循環についてのハーヴェイの意見を調べてみようとした人々ならばだれでも、次のことを疑わない。すなわち、身体のすべての静脈と動脈とは、血液がたえずきわめてすみやかに流れている小川のようなものであって、その際、血液は、心臓の右心室から発して動脈性静脈（肺動脈）を流れ、しかもこの動脈性静脈の枝は肺臓全体に広がっていて、静脈性動脈（肺静脈）の枝とつながっているので、血液は肺臓からこの静脈性動脈を通って心臓の左側にうつるのであり、さらにそこから大動脈にゆくが、この大動脈の枝は身体のほかの部分の全体に広がり、大静脈の枝とつながっているので、同じ血液はさらに大静脈によってふたたび心臓の右心室へ運ばれる、ということ。そこで心臓のこれら二つの心室は、全血液が身体を一循環するごとに通過せねばならぬ二つの水門のようなものであること。

さらに次のことも知られている。すなわち、肢体のあらゆる運動は筋肉によって起こり、もろもろの筋肉は互いに対抗し合っていて、対抗する二つの筋肉の一方が縮むとそれは自分が付着している身体部分を自分のほうへ引きよせ、同時に自分に対抗しているもう一方の筋肉を伸ばさせる、ということ。次いで、別のときに後者のほうが縮むと、そのためにこんどは前者がふたたび伸び、かつ後者は自分の付着している身体部分を自分のほうへ引きよせるということ。最後に、筋肉のこれらすべての運動、およびすべての感覚は、神経に依存しており、神経は、すべて脳からでるところの細い糸または細い管のようなものであって、脳と同様、動物精気と名づけられるきわめて微細な空気または風をいれている、ということも知られている。

八　これらすべての機能の原理は何か

しかしながら、どのようにして動物精気と神経とが運動と感覚に関与するか、また動物精気と神経とを活動させる物体的原理はなんであるかは、一般には知られていない。それゆえ私は、すでに他の著書でそれについていくらか述べたけれども、やはりここでも、簡単に次のことをいっておく。すなわち、われわれが生きている間は、われわれの心臓に不断の熱があり、これは静脈の血液が心臓において維持する一種の火[1]であり、この火がわれわれの肢体のあらゆる運動の物体的原理である、と。

（1）油が燃えて火になるとき、油がなくなれば火は消える。すなわち、油は火を「維持」している。心臓の火は「光のない火」であるが、血液によって「維持」されるのである。

九　心臓の運動はどのようにして起こるか

この熱の第一のはたらきは、心臓の二つの心室をみたしている血液を膨張させることである。その結果、血液はいっそう大きな場所を占めることを求め、強い勢いで、右心室から動脈性静脈（肺動脈）へ、また左心室から大動脈へ流れる。次いで、こうして膨張がやむと、ただちに、新たな血液が、大静脈から右心室へ、静脈性動脈（肺静脈）から左心室へはいってくる。というのは、これら四つの血管（大静脈・動脈性静脈・静脈性動脈・大動脈）の入口には、いくつかの小さな弁があり、それらの弁の配置によって血液は、大静脈と静脈性動脈とからしか心臓の中にはいりえず、動脈性静脈と大動脈とによってしか心臓からでることができないようになっているからである。ところで、こうして心臓にはいった新たな血液は、心臓内で、ただちに、前と同様に希薄化される。そしてただこれだけのことによって、心臓と動脈との脈搏《みゃくはく》すなわち鼓動が生ずるのであり、鼓動は新たな血液が心臓にはいるたびごとにくりかえされるのである。

またこのことが血液に運動を与え、血液をして、たえず、大きな速度で、あらゆる静脈と動脈との中を流れしめる。そして、こうして血液は、心臓で得た熱を、他のすべての身体部分に運ぶのであり、それら身体部分に栄養を与えるのである。

一〇　いかにして脳のうちに動物精気が生ずるか

しかしながら、ここで最も注目すべきことは、心臓で熱によって希薄化せられた血液の、最も活発な最も微細な部分のすべてが、たえず多量に、脳の空室に流入するということである。血液のその部分を、他のどの場所よりも脳に向かわせる理由は、心臓から大動脈へでるすべての血液がまっすぐに脳のほうへ進み、しかも脳の入口がたいへん狭いために、全部はそこにはいることができず、血液のうちで最も激しく動き、かつ最も微細な部分のみがその入口を通り、他の部分は身体のあらゆる他の場所に広がる、ということである。

ところで、血液のこのきわめて微細な部分が動物精気をつくるのである。そして、この部分は、動物精気となるために、脳の中で何か他の変化をうける必要はなく、ただ脳にはいることにより、それほど微細でない血液の部分から分離される、というだけでよいのである。というのは、私がここで精気と名づけるものは、物体にほかならないのであり、松明《たいまつ》からでる焰の粒子と同様、きわめて微小できわめて速く動く物体であるという以上に、なんら他の特性をもっていないのであるから。そこで精気はどの場所にも静止することがなく、またある精気が脳の空室にはいるに従って、他の精気は、脳の実質の中にあいている多くの孔《あな》によって脳からでてゆき、これらの孔は精気を神経に導き、神経からさらに筋肉に導く。かくて精気は、身体を、それにとって可能なあらゆる異なった運動のしかたで、運動させるのである(1)。

(1)「動物精気」**esprits animaux ; spiritus animales** が、デカルトの意味では気体化した血液のようなものであって、血液と本質的には異ならない物質であることは明らかであるが、この語の由来を説明しておく。——ガレノス（一二六ころ～一九九）以来の古い医学では、「精気」**pneuma ; spiritus** は血液に加わる生命物質であって、血液が食物の消化によってできるのに対して、精気は肺臓を通じて空中から摂取される。それは「自然精気」**spiritus naturales**、「生命精気」**spiritus vitales**、「精神精気」**spiritus animales** に分かたれ、「自然精気」は食物の液が静脈血となるとき与えられる精気であり、「生命精気」は静脈血が動脈血となるとき加わる精気であり、「精神精気」は動脈血が脳にのぼると加えられる精気である。そして「精神精気」は、心的作用を生むものである。そこで、この伝統的な考えによれば、spiritus animales は、「動物精気」と訳すべきではなく「精神精気」とか「心的精気」とか訳すべきである（ガーディナー『心理学史』矢田部達郎・秋重義治訳、一三九ページ参照）。――しかしながら、デカルトの考えでは、血液とは別に「精気」という生命物質があるわけではない。ただ、彼もガレノスの伝統に従って、血液と神経作用の媒質とが直接につながっていると見たから、この媒質に spiritus animales の名を与えたのである。同じやり方でデカルトは、一六四三年六月十九日、フォルスティウスあての手紙では、消化された食物の液そのものが spiritus naturales であり、血液そのものが spiritus vitales であると解している。

ところで、さらにデカルトは、意識作用をまったく非物質的な精神の作用であると考えるから、ガレノスにおける「精神精気」spiritus animales は、デカルトでは意識作用の主体という意味をまったく失ってしまい、感覚神経と運動神経とを流れる流体にすぎず、それだけでは意識をまじえない反射的行動（つまり「人間的」でない「動物的」行動）のみの説明原理となっている。それで、spiritus animales を「動物精気」と訳すのは、ガレノスの原義からいうと誤訳であるが、デカルト説そのものからいえばむしろ適訳なのである。

二　筋肉の運動はいかに起こるか

なぜならば、肢体のあらゆる運動の唯一の原因は、すでに述べたように、ある筋肉が縮み、それに対抗する筋肉が伸びるということである。そしてある一つの筋肉を、それに対抗する筋肉をおいて、縮ませるところの唯一の原因は、脳から当の筋肉にくる精気が、他の筋肉へくる精気よりも、ほんのわずかでも多い、ということである。しかしこのとき、脳から直接にくる精気が、それだけで、それらの筋肉を動かすに十分であるというのではなく、脳からくる精気は、すでにこれらの筋肉のうちにある他の精気をして、全部きわめてすみやかに、一方の筋肉から他方へ移動させるのであり、その結果、精気のでてゆくほうの筋肉は伸びかつゆるむが、精気の流入するほうの筋肉は、精気によって急に膨張させられるから、縮むことになり、それの付着している肢体を引っぱることになるのである。

このことをたやすく理解するには、次のことを知りさえすればよい。すなわち、脳からたえず各筋肉にくる精気は、ごくわずかであるけれども、同じ筋肉の中にはいつも多量の精気がこめられていて、筋肉中できわめて速く動いており、ある場合には、その筋肉から外にでる通路を閉ざされているために、同じ所をぐるぐるまわっているが、ある場合には、その筋肉に対抗している筋肉のほうへ流入するのである。なぜならば、各筋肉には精気が一方から他方へ流れる多くの小さな入口があって、脳から一方の筋肉へくる精気が、他方の筋肉へくる精気よりも少しでも大きな力をもつとき、その力強いほうの精気は、他方の筋肉の含む精気を、自分の筋肉のほうへ流入せしめるすべての入口を開き、同時に自分のほうから他方へ精気のでてゆくすべての入口を閉じる。その結果、以前には両方の筋肉中に含まれていた精気が、すべて一方の筋肉のほうに集まることになり、かくてそれを膨張させて短くし、同時に他方の筋肉を伸ばしゆるませるのである。

三　外部の対象が感覚器官にいかにはたらきかけるか

なおここで、精気が脳から筋肉へ、必ずしも同じしかたで流れず、ときにはある筋肉のほうへ、他の筋肉によりも多く流れる、ということの原因を知っておかねばならない。というのは、のちに述べる（一八・三一・三四節）ように、精神の活動が事実それら原因の一つとしてわれわれのうちにあるのだが、そのほかになお、身体のみに依存するもう二つの原因があり、これらに注意する必要があるからである。

原因の第一は、感覚器官の中にそれの対象によってひき起こされる運動の多様性である。これを私はすでに『屈折光学』（第四篇）の中で相当詳しく説明したが、この『情念論』を見る人がほかの本を読んでおらねばならぬというようなことにならないように、ここでくりかえして次のことを述べておこう。すなわち、神経において注目すべき三つのものがあり、第一は神経の髄、いいかえればその内的実質であって、細い糸の形で、脳から発してそのほかの身体部分の端々まで伸びてそこに付着している。第二はこれらの糸をとりまく膜であって、脳をつつむ膜とつながっていて、細い管をつくり、糸を入れている。第三は動物精気であって、これらの管によって脳から筋肉まで運ばれるが、またこの精気のおかげで神経の糸は管の中で何ものにも拘束されずに伸びているのである。そこで、あたかも一本の紐《ひも》の一端を引けば他端をも動かすことになるように、神経の糸の付着している身体部分を、わずかでも動かすものがあると、それはまた同時に、糸のでてきている脳の部分を動かすことになる。

二三　外部の対象のこのはたらきが、さまざまなしかたで精気を筋肉に送りうること

そしてこれも『屈折光学』で説明したことであるが、視覚の対象のすべてがその姿をわれわれに示すのは、それら対象とわれわれとの間にある透明な物体を介して、まずわれわれの眼底にある視神経の細い糸を、次いでこれら視神経の源である脳の場所を、局所的に動かすということのみから起こるのである。しかも、対象は視神経や脳の場所を、対象がわれわれに示す物の多様性と同じだけの多様なしかたで、動かすのである。またそれら対象を精神に呈示するものは、直接には、眼に起こる運動ではなくて、脳に起こる運動なのである。そこでこういう視覚の例によってたやすく理解できることであるが、音、香り、味、熱さ、痛み、飢え、渇きなど、一般にわれわれの外的感覚ならびに内的欲求のすべての対象は、われわれの神経の中にある運動を起こすのであり、それが神経によって脳に達するのである。

さて、脳におけるこれら多様な運動は、このようにしてわれわれの精神に多様な感覚を与えるのであるが、そのうえになお、これらの運動は、精神の介入なしに、動物精気をある筋肉のほうへ流れさせて、肢体を動かさせることもできるのである。そのことをここで、たんに一例をもっ

て示すであろう。われわれの眼に向かってだれかが急に手をつきだして打ってかかるふりをすれば、その人がわれわれの親しい人で、ただたわむれにそうするだけであって、怪我《けが》などさせないように十分気をつけている、と知ってはいても、われわれはやはり眼を閉じないでいることがむずかしい。してみると、われわれの眼が閉じるのは、われわれの精神を介してでないことは明らかである。そのことは、われわれの意志に反して起こるのであり、意志こそわれわれの精神の唯一の、あるいは少なくとも主要な、能動的活動なのだからである。眼が閉じるのは、われわれの身体の機構のせいであって、他人《ひと》の手がわれわれの眼のほうにくる運動は、われわれの脳のうちにある他の運動をひき起こし、それが動物精気を、眼瞼《がんけん》をさげる筋肉の中へ導くようになっているのである。

一四　精気そのもののもつ多様性もまた精気の流れ方を多様ならしめうること

動物精気を筋肉へ多様なしかたで導くことにあずかっている第二の原因は、精気の動揺の不等性と、精気の粒子の多様性とである。というのは、精気の粒子のあるものが他より粗大であって他よりもひどく動揺するとき、それらの粒子は、脳の空室および脳の多くの孔へまっすぐにいっそう深く進入し、そのため、粒子がそれほど力をもたなかったなら達しないであろうような筋肉にまで達するのである。(1)

（1）デカルトは、脳のまん中に空室があり（前室と後室とに分かれてひょうたん形になっている）、その空室の内壁に、身体各部分に通ずるあらゆる神経管が開口していると考える。「脳の空室および脳の多くの孔」というのはそういうものをさしている。この空室中には、精気が充満していて、それらの孔に出入するわけである。なお、一六四ページの第1図を参照。

一五　精気の多様性の原因は何か

この精気の不等性は、精気をつくっているさまざまにちがった材料に由来することがある。たとえば、葡萄酒《ぶどうしゅ》を多量に飲んだ人に認められるように、酒の蒸気が急に血液に混じり、心臓から脳にのぼって精気に変わり、それが、普通に脳にある精気よりも活発かつ多量であって、身体を多くの異常なしかたで動かすことができるのである。

精気のこの不等性はまた、心臓や肝臓や胃や脾臓《ひぞう》やその他精気をつくりだすことにあずかる他のすべての身体部分の、種々異なる状態から、由来することもある。この場合特に注目すべきは、心臓の底にはめこまれているある小さな神経が、心室の入口を広げたりせばめたりする役をもっていて、神経のこのはたらきにより、血液が心臓内で膨張する度合いのちがいが生じ、したがってさまざまにちがった状態にある精気が生まれることとである。さらにまた注目すべきことは、心臓にはいってくる血液は身体のあらゆる他の場所からくるのであるが、しばしば、特にある身体部分に応ずる神経や筋肉が特に強く血液を圧迫し動揺させるために、その身体部分からは、他からよりも多くの血液がおしだされてくることがあり、しかもそういうふうに血液が最も多くでてくる身体部分のちがいに応じて、血液は心臓内で種々ちがった膨張のしかたをし、その結果、ちがった性質をもつ精気をつくりだす、ということである。

たとえば、肝臓の下部には胆汁がはいっているが、ここからくる血液は、心臓内で、脾臓からくる血液とはちがった膨張のしかたを示し、脾臓からの血液はまた腕や脚からくる血液とはちがった膨張のしかたを示し、腕や脚からの血液はまた食物の液汁とはまったくちがったさまを示す。ただしこれは、食物の液汁が胃と腸とから新たにでてきて肝臓に長くとどまらずにすみやかに心臓へ移動する場合のことである。

一六　身体部分のすべては、精神の助けなしに、感覚の対象と精気とによって、動かされることができること

最後に注目すべきことは、われわれの身体の機構は、次のようにできているということである。すなわち、精気の運動に起こるすべての変化は、精気が脳の孔のどれかを、他の孔をおいて開くことになり、逆に孔のどれかが、感覚神経のはたらきによって普通より少しでも多くまたは少なく開かれると、それによって精気の運動も何ほどか変化し、感覚神経のそういうはたらきに応じ

た普通の身体運動を、身体に起こさせる役をもつ筋肉へ、精気を送りこむことになるのである。したがって、われわれの意志があずかることなしにわれわれのなすあらゆる運動〔たとえばしばしばわれわれは、意志することなしに呼吸し、歩き、食べ、つまりわれわれと動物とに共通なあらゆる活動をする〕はわれわれの身体の構造と動物精気の流れ方〔精気は心臓の熱によってかきたてられて、その本性に従い、脳や神経や筋肉の中である流れ方をする〕とにのみ依存する。それは、時計の運動が、ただのゼンマイの力と、その多くの車輪の形とによって、生ずるのと同様である。

一七　精神の機能は何か

このように身体のみに属するすべての機能をよく見たうえは、われわれのうちにあってわれわれの精神に帰すべき事がらとしては、もはやわれわれのさまざまな思考しかない、ということはたやすく認められる。そして、われわれの思考は主として二つの種類のものからなっているのである。すなわち、一は精神のさまざまな能動であり、他は精神のさまざまな受動である。

私が精神の能動（活動）とよぶものは、われわれの意志のはたらきのすべてである。なぜなら意志のはたらきは直接に精神から発していること、かつただ精神のみに依存するらしいこと、[1]をわれわれは経験するからである。これに反して一般に精神の受動とよんでよいものは、われわれのうちにあるあらゆる知覚、いいかえれば認識である。なぜなら、知覚を現にあるがごときものたらしめるのは多くの場合[2]われわれの精神ではなく、かつ精神は知覚を、すべての場合に、その知覚によって表象されている事物から受けとる、のだからである。

（1）意志が直接にわれわれの精神から発していることは、内的経験によって確かであるが、それが間接にわれわれの精神以外のもの（たとえば神）の協力をうけておらないとはいいきれないから、「ただ精神のみに依存するらしい」とやわらげたのである。

（2）「多くの場合」といって「すべての場合」といわないのは、例外があるからであって、それはわれわれ自身が作為した観念（たとえばある化け物の観念）を知覚する場合である。

一八　意志について

次にわれわれの意志のはたらきは二種に分かれる。その一は、精神そのもののうちに終結する活動であって、たとえばわれわれが神を愛しようと欲する場合であり、一般にわれわれが物質的ならざるなんらかの対象にわれわれの思考を向ける場合である。他はわれわれの身体において終結する活動であって、たとえば、われわれが散歩しようとする意志をもつということのみから、脚が動き、歩くということが生ずる場合である。

一九　知覚について

われわれの知覚もまた二種に分かれる。一は精神を原因としてもち、他は物体を原因としてもつ。精神を原因としてもつところの知覚は、われわれの意志のはたらきを知覚する場合であり、また、意志によって起こされるすべての想像やその他の考えを知覚する場合である。というのは、われわれが何かを意志するとき、必ず同時に、みずからがそれを意志していることを知覚せざるをえない、ということは確かだからである。そして、精神のほうから見れば、何ものかを意志することは能動であるが、みずからが意志していることを知覚するのは、精神のうちなる受動でもある、ということができる。けれども、この知覚とこの意志とは実は同一の事がらにほかならず、かつ命名は、事がらのよりすぐれた点をもととしてなされるのがつねであるから、普通はそれを受動とはよばずただ能動（活動）とのみよぶのである。

二〇　精神みずからのつくる想像およびその他の考えについて

われわれの精神が、存在しない何ものかを想像することに向かう場合、たとえば魔法の城とか化け物とかを思い浮かべようとする場合、さらにまた、悟性によって理解しうるのみで想像に描くことのできないものを考えようとする場合、たとえば、精神自身の本性を考えようとする場合には、精神がこれらの事がらについてもつ知覚は、主として、精神をしてそれらを知覚することに向かわしめる意志のはたらきに依存する。このゆえに人々は普通、そういう知覚を、受動とみなすよりもむしろ能動とみなすのである。

二　身体のみから起こる想像について

身体によって起される知覚の大部分は神経に依存している（視聴などの感覚）。しかし、神経に依存せず、想像とよばれるところの知覚も存在する。これは、いましがた述べた（能動的）想像と同じ名でよばれているが、ちがうところは、われわれの意志がこの（受動的）想像を形成するためにはたらかないという点であって、この点で、精神の能動の中に数えることはできないのである。実際にこの（受動的）想像は、動物精気がさまざまに動揺し、それに先だって脳の中に生じているさまざまな印象の痕跡《こんせき》に出会い、偶然にある孔に流入する、ということからのみ生ずる。そういう想像の例は、われわれの夢に現われる幻想、またわれわれの思考がみずから何かを目ざすことなしに、ゆきあたりばったりにさまようとき、われわれが目ざめていながらもしばしばもつところの、夢想である。

ところでこれら想像のいくつかは、「精神の受動」（情念）という語を最も狭い完全な意味にとっても「精神の受動」であり、また同じ語をもっと広い意味にとるなら、これら想像のすべてが「精神の受動」であるといえるが、しかし、これら想像は、精神が神経を介して受けとるところの知覚（感覚的知覚）のように目だったはっきりした原因をもたず、想像は（感覚的）知覚の影や画《え》のようなものにすぎないのであるから、いろいろな想像をよく見わけることができるためには、その前にまずもろもろの（感覚的）知覚の間にある相違を注視しなければならない。

二二　他のもろもろの知覚の間に存する相違について

さて、私がこれまでまだ説明せずにいる知覚はすべて、神経を介して精神に到来するものである。そして、これら知覚の間には次のような相違がある。すなわち、それらのあるものを、われわれは、われわれの感覚器官にはたらきかける外的対象に関係づけ、他のものをわれわれの身体に関係づけ、また他のものを、われわれの精神に関係づけるのである。

二三　われわれが外的対象に関係づける知覚について

われわれが、われわれの外にある物、すなわちわれわれの感覚の対象に、関係づける知覚は、それら対象によってひき起こされる。少なくともそう考えるわれわれの考えが偽でない場合にはそうである。それら対象は、外的感覚の器官の中に、ある運動をひき起こし、さらに神経を介して脳の中にも、同様な運動をひき起こすのであり、この脳内での運動が精神をしてそれら対象を感覚せしめるのである。たとえば松明《たいまつ》の光を見、鐘の音を聞くとき、この音とこの光とは二つの異なる作用であって、われわれの神経のあるもののうちに、かつ神経を介して脳のうちにも、二つのちがった運動をひき起こすということのみによって、精神に対して二つのちがった感覚を与える。そして、これらの感覚をわれわれは、われわれがそれらの原因と想定する主体（もの）に関係づけることによって、われわれは松明そのものを見ると思い、鐘を聞くと思うのであり、たんに松明や鐘からくる運動を感じているのだとは思わないのである。

二四　われわれが自分の身体に関係づける知覚について

われわれが、自分の身体または身体の部分のどれかに関係づける知覚というのは、われわれが飢えや渇きやその他の自然的欲求についてもつ知覚であり、さらにこれらに、われわれが自分の肢体のうちにあると感じ、外にある対象のうちにあるとは感じないところの、痛みや熱さやその他の変化を加えることができる。そこでわれわれは、同時に、かつ同じ神経を介して、われわれの手の冷たさと、手の近づく焔の熱さとを感ずることができる。また、まったく反対に、手の熱さと、手のさらされている空気の冷たさとを、感ずることができる。このとき、われわれの手のうちにある熱さまたは冷たさを感ぜしめる作用と、われわれの外にある熱さまたは冷たさを感ぜしめる作用との間には、ただ次のような相違があるだけである。すなわちこれら作用の一つが他につづいて起こるので、われわれは先に起こる作用がすでにわれわれのうちにあると判断し、つづいて起こる作用はまだわれわれのうちになく、その作用を起こす対象のうちにある、と判断する、という相違があるだけなのである。

二五　われわれが自分の精神に関係づける知覚について

われわれが精神にのみ関係づける知覚というのは、結果が精神そのもののうちにあると感ぜられ、しかもその結果を関係づけうる最も近い原因が通常知られないような、知覚である。それはたとえば、喜びや怒りや他の同様なものの感覚であって、これらはある場合にはわれわれの神経を動かす対象によってわれわれのうちにひき起こされ、ある場合にはまたちがった原因によってもまたひき起こされる。ところで、われわれの知覚は、われわれの外なる対象に関係づけられる知覚でも、またわれわれの身体の種々なる変化に関係づけられる知覚でも、すべて、われわれの精神のほうから見て最も広い意味においては「受動《パッション》」(情念)であることは事実なのであるが、しかしながら「受動」すなわち「情念」という語に、われわれは通常、精神そのものに関係づけられるところの知覚のみを意味せしめている。そして、私がここで「精神の諸情念」という名で説こうと企てたものは、この狭い意味の受動にほかならないのである。

二六　精気の偶然的な運動のみに依存する想像も、神経に依存する知覚と同じ意味での真の受動で

ありうること

ここでなお注意しておくべきことは、精神が神経を介して知覚するすべてのものが、精気の偶然的な流れによってもまた精神に呈示されうるのであり、その場合、神経を通って脳にくるところの印象のほうが、精気が脳でひき起こす印象よりも、通常力強くはっきりしているということ以外には、両者の間になんの相違もないということである。このゆえに、私はさきに二一節において後者は前者の影や画《え》のようなものだといったのである。さらにまた注意すべきことは、この画がときとして、それの描き示す物自身にたいへん似ていることがあり、そのために、われわれの外にある対象に関係する知覚に関して、あるいはまたわれわれの身体のある部分に関係する知覚に関して、欺かれることがあるけれども、しかし、情念に関しては同じようなしかたで欺かれることはありえないということである。なんとなれば、情念はわれわれの精神にきわめて密接し、内在しているので、精神が情念を感ずるとき、必然的に、情念は精神の感ずるとおりに真実にあるといわざるをえないからである。

たとえば、人が眠っているときにはしばしば、また目ざめているときにも往々にして、あるものを非常に強く想像し、そういうものはどこにも存在せぬのに、それを自分の目の前に見ると思ったり、自分の身体において感ずると思ったりすることがある。しかしながら、眠っている場合にせよ幻想に耽《ふけ》っている場合にせよ、悲しく感ずるとかまたほかの情念に動かされるとかする場合には、精神がみずからの中にその情念をもつということはきわめて真なのである。

二七 「精神の情念」の定義

精神の情念が他のすべての意識と異なる点を注意深く見たうえは、それを次のように一般的に定義できると私は思う。すなわちそれは、「精神の知覚または感覚または感動であって、特に精神自身に関係づけられ、かつ精気のある運動によってひき起こされ維持され強められるところのもの」である。

二八 この定義の前半の説明

精神の情念を、「知覚」とよびうるのは、一般にこの「知覚」という語を、精神の能動すなわち意志のはたらきではないところのすべての思考をさすために用いる場合であって、この語を明証的な認識のみをさすに用いる場合ではない。というのは、経験が明らかに示すように、自分の情念によって最も強く動かされる人々は、情念を最もよく認識する人々ではないからであり、また情念は、精神と身体との密接な協同のために混乱した不明なものになっているところの知覚に、数えらるべきであるからである。

情念はまた、「感覚」とよぶこともできる。なぜなら、情念は外的感覚の対象と同じようなしかたで精神のうちに受けとられるものであり、感覚とまったく同じしかたで精神は情念を知るのだからである。しかし、さらに適切に情念は「感動《エモシヨン》」とよぶことができる。なぜなら、この「感動」という語は、精神のうちに起こるすべての変化、すなわち精神に現われるさまざまな意識のすべてをさすに用いてよいのみならず、特に、精神のもちうるあらゆる種類の意識のうち、情念ほど強く精神を動揺させ、ゆるがせるものはないのだからである。

二九　後半の説明

私は情念が「特に精神に関係づけられる」とつけ加えるが、それはほかの感覚〔そのあるものは香りや音や色のように外的対象に関係づけられ、また他のものは、飢えや渇きや痛みのように、われわれの身体に関係づけられる〕から区別するためである。また私は、情念が「精気のある運動によってひき起こされ、維持され、強められる」とつけ加えるが、それは情念を意志のはたらきから区別するためであり〔意志のはたらきも「精神がみずからに関係づける感動」とよんでよいが、しかしそれは、自己自身によってひき起こされるものなのである〕、また、情念の最後の最も近い原因を明らかにして情念をもう一度他の感覚から区別するためでもある。

三〇　精神は身体のあらゆる部分をひっくるめた全体に合一していること

しかしながら、これらすべての事がらをもっと完全に理解するためには、次のことを知らねばならぬ。すなわち、精神が真に身体全体に結合しておること、精神は身体のどれか一つの部分に、他の部分をおいて宿っているなどというのは適切でないこと。その理由の第一は、身体が一なるものであって、ある意味で不可分だからである。なぜなら、身体の諸器官の配置を見ればわかるように、諸器官はすべて互いに関係づけられていて、器官のどれかが除かれれば身体全体が欠陥あるものとなるようになっているからである。さらに理由の第二は、精神がその本性上、身体をつくっている物質の延長や諸次元や諸特性にはなんの関係ももたず、ただ、身体の諸器官の集まりの全体にのみ関係をもつからである。そして、それは次のことから明らかである。すなわち、人が一つの精神の半分とか三分の一とかを考えることも、精神がどれほどの延長をもつかを考えることもけっしてできぬこと。身体のどれかの部分を取り去っても、精神はそのために小さくなることはないこと。また身体の諸器官の結合を解いてしまえば、精神はまるごと身体から離れてしまうということ。

三　脳のうちには一つの小さな腺《せん》があり、精神は他の部分よりも特にこの腺において、みずからの機能をはたらかせること

しかし、次のことをもまた知る必要がある。すなわち、精神は身体全体に結合してはいるもの

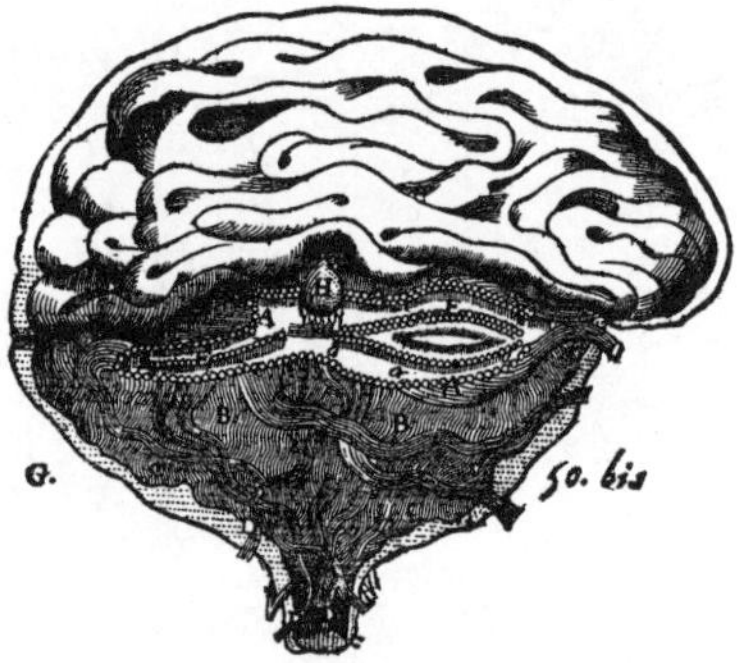

第１図　脳室と松果腺の図

の、それでもやはり身体のうちにはある部分があって、そこでは精神が他のすべての身体部分におけるよりもいっそう直接的にその機能をはたらかせていることである。そして、その部分は、通常、脳であると思われ、あるいはまた心臓であるかもしれぬと思われている。脳であると思われるのは、もろもろの感覚器官が脳に関係するからであり、また心臓だと思われるのは、もろもろの情念が心臓においてあるがごとくに感ぜられるからである。けれども私は、このことを注意深く調べた結果、次のことを明らかに認めたと思う。すなわち、精神がその機能を直接にはたらかせる身体部分は、けっして心臓ではなく、また脳の全体でもなく、脳の最も奥まった一部分であって、それは一つの非常に小さな腺であり、脳の実質の中心に位置し、脳の前室にある精気が後室にある精気と連絡する通路の上にぶらさがっていて、その腺のうちに起こるきわめて小さな運動でも、精気の流れを大いに変化させることができ、逆に精気の流れに起こるきわめて小さな変化でも、この腺の運動を大いに変化させることができるようになっているということである（第１図参照）。

三二　この腺が精神のおもな座であることはいかにして知られるか

精神がその機能を直接にはたらかせる場所は、この腺以外には身体全体のどこにもありえない、と私が確信する理由は、次の点に注目するからである。すなわち、われわれの脳の他の部分がすべて対《つい》をなしており、またわれわれは二つの眼、二つの手、二つの耳をもち、結局、われわれの感覚器官はすべて対をなしておること、しかも、われわれは、同一のことについて同じときにはただ一つの単純な思考しかもたぬのであるから、二つの眼からくる二つの像や、対になっているその他の感覚器官を通じて、ただ一つの対象からくるところの、二つの印象が、精神に対して一つの対象でなく、二つの対象を示すというようなことにならないためには、二つの視覚像や印象が精神に達する前に一つに合一するなんらかの場所が、どうしてもなければならないこと。しかも、この視覚像や印象が、脳の空室をみたしている精気を介して、この腺において合一するとはたやすく考えうるが、しかし、それらがまずこの腺において一つになるのでなくては、それらが一つになりうる場所は、身体のうちには見あたらぬということ（第2図参照）。

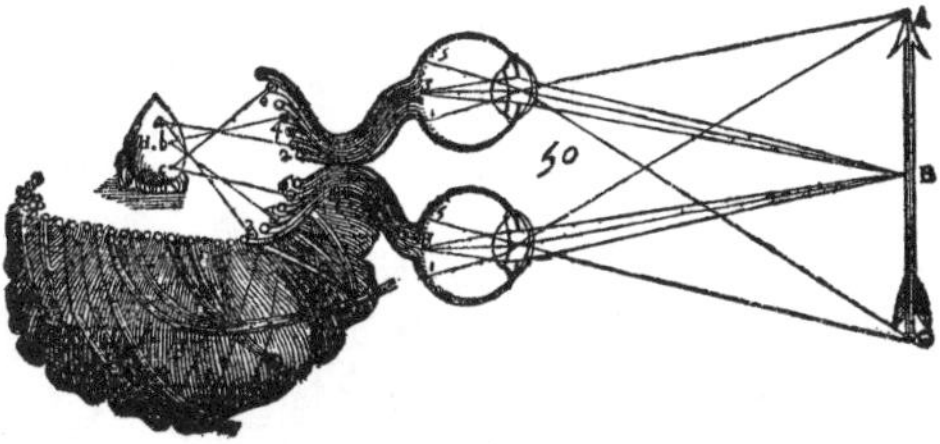

第2図　視覚の説明図で、眼球と視神経と松果腺

三三　諸情念の座は心臓にあるのではないこと

精神が、その情念を心臓において受けとると考える人々の意見はといえば、それはまったくとるにたらぬ考えである。というのは、この意見は諸情念が心臓においてある変化を感ぜしめるという事実のみにもとづいており、しかもこの変化が心臓にあると感ぜられるのは、脳から心臓におりている細い神経を介することによってのみそうなのだということが、たやすく気づかれるからである。あたかも痛みが、足の神経を介することによって、足にあると感ぜられ、星はその光と視神経とを介することによって、空にあると知覚されるのと同様である。それで、われわれの精神が、心臓においてその情念を感ずるために、心臓において、その機能を直接にはたらかせることを必要とせぬのは、空に星を見るために、精神が空にあることを必要とせぬのと同じなのである。

三四　精神と身体とはどのように互いにはたらきかけ合うか

それゆえここで、精神は脳の中心にある小さな腺のうちにそのおもな座をもち、そこから身体のすべての他の部分に、精気や神経や、さらには血液をも介して、作用をおよぼす、と考えよう。血液も精気の印象にあずかることによって、その印象を、動脈によりすべての肢体に運ぶことができるのである。そして、まずわれわれの身体の機構についてすでに述べられたことを思いだすとしよう。すなわち、われわれの神経の細い糸は、身体のあらゆる部分に行き渡っていて、ある身体部分において、感覚の対象によってひき起こされるさまざまな運動に応じて、神経は脳の孔をさまざまに開くが、このことによって、脳室に含まれている動物精気は、さまざまなしかたで筋肉にはいりこむことになり、そうすることによって神経は肢体を、それらが動かされうるかぎりのさまざまなしかたで動かすことができること。さらにまた、精気をさまざまに動かしうる他のすべての原因は、精気をさまざまな筋肉にはいりこませるのに十分であること。これらのことを思いだしたうえで、ここに新たに次のことをつけ加えよう。すなわち、精神のおもな座である小さな腺は、精気を容《い》れている二つの脳室の間につるされていて、精気によって、対象のもつ感覚的多様に対応する多様なしかたで動かされうること。しかし、この腺はまた精神によってもさまざまに動かされることができるのであり、精神はこの腺のうちに起こる多様な運動

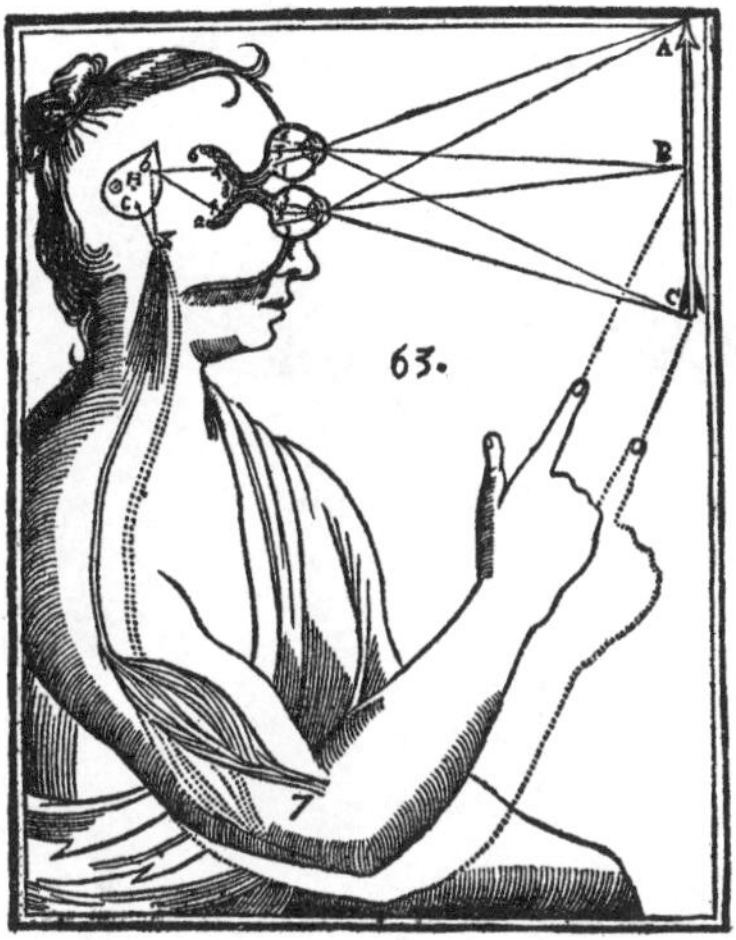

第3図　感覚作用と筋肉運動との連結

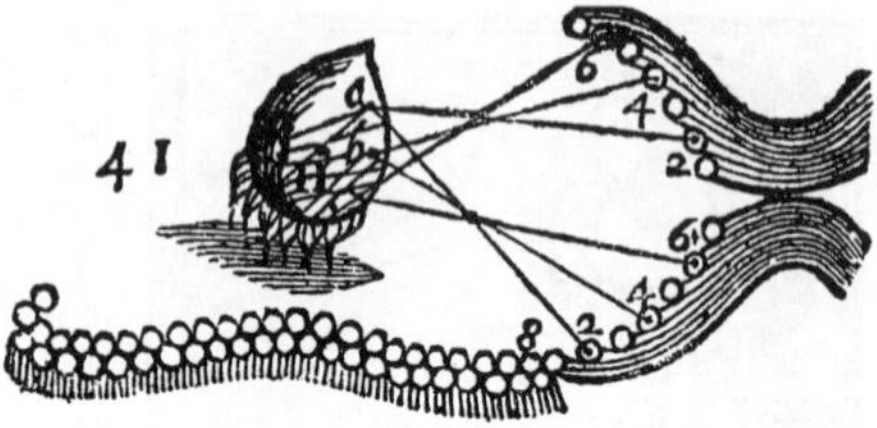

第4図　視神経と松果腺の図

に対応する多様な知覚を受けとるという性質をそなえていること。また、逆にこの腺は、精神または他のなんらかの原因によってさまざまに動かされるということのみによって、腺をとりまいている精気を脳の多くの孔のほうへおしやり、その孔は神経を通じて精気を筋肉の中へ送りこみ、こうすることによって腺は筋肉をして肢体を運動せしめるのであること（第3図参照）。

三五　対象のさまざまな印象が、脳の中心にある腺において合一するしかたの例示

たとえば、ある動物がわれわれのほうへくるとき、その体から反射する光は、その動物の二つの像を、おのおのの眼に一つずつ描き、これら二つの像は視神経を介してもう二つの像を脳室を囲む脳の内壁につくる。そしてそこから、脳室をみたす精気を介して、この二つの像は、精気のとりまくかの小さな腺へ投射され、一方の像の各点を形づくる運動は、他方の像において、その動物の同じ部分を示す点を形づくる運動が目ざすところの腺上の点と同一の点に向かい、かくして脳のうちにある二つの像は、腺の上で唯一の像をつくり、この唯一の像が直接に精神にはたらきかけて、精神

にその動物の姿を見させるのである（第4図参照）。

三六　諸情念が精神内にひき起こされるしかたの例示

なおそのうえに、この姿がたいへん異常でたいへん恐ろしいとき、いいかえれば、以前に身体にとって有害だったものと多くの関係をもつとき、そのことは精神のうちに「懸念」の情念をひき起こし、次いで「大胆」の情念あるいはむしろ「恐れ」と「恐怖」の情念をひき起こす。大胆と恐怖とのどちらをひき起こすかは、身体の状態のちがいや精神力の大小によることであり、また人が以前に、現在の印象が関係をもつ有害なものに対して、防御によって身を守ったか、逃走によって身を守ったかにもよることである。というのは、そういう過去の経験が、ある人々の脳の状態を次のようなものにするからである。すなわち、すでに述べたようにして腺の上に描かれた像から精気が反射され、その精気の一部は、逃げるために背を向け脚を動かすに役だつ神経に流れる。また、一部は、心臓の入口を広げたりせばめたりする神経や、血液がでてくる他の身体部分（肝臓や脾臓）を動かす神経のほうへ流れて、その結果、血液は、心臓において普通とはちがったしかたで希薄化されることになり、この血液が脳に送る精気は、「恐れ」の情念を維持し強めるに適したものとなる。そして、このことは、その精気が、それを前と同じ神経に導くところの脳内の孔をずっと開いたままに保つのに、あるいはむしろふたたび開くのに適したものとなることなのである。なぜならば、精気はそれらの孔にはいるということによって、腺のうちに特殊な運動をひき起こし、その運動が自然の定めによって精神にその情念を感ぜしめるようになっているのだからである。そして、これらの孔は、心臓の入口をせばめたり広げたりする役をもつ小さな神経に主としてつながっているので、その結果として、精神はその情念を、おもに心臓にあるように感ずるのである。

三七　情念がすべて精気のある運動によってひき起こされることとの明示

そして、同様なことは他のすべての情念の場合にも起こる。すなわち、情念をひき起こすおもな原因は、脳室に含まれる精気であって、しかもそれが、心臓の入口を広げたりせばめたりするに役だつ神経のほうへ、あるいは他のところにある血液をさまざまなしかたで心臓におしやるに役だつ神経のほうへ、あるいはどのようなしかたによってであろうと、ともかくも同じ情念を維持するに役だつ神経のほうへ、流れるかぎりにおいてなのである。そこで、このことから、さきに私が情念の定義において情念は「精気のある特殊な運動によってひき起こされる」と述べた理由は明らかに理解できるであろう。

三八　情念にともない、かつ精神からは独立な、身体運動の例なおまた、心臓の神経に向かって精気の流れることが、それだけで同時に腺に運動を与え、この運動によって、精神のうちに恐れの情念が生ずるのと同様に、逃げるための脚の運動をつかさどる神経のほうへ若干の精気がゆくというだけで、同時にその精気は同じ腺のうちにまたもう一つの運動をひき起こすのであって、腺のこの運動によって精神はこの逃走を感じ気づくのである。そして、逃げるということの運動は、このように、ただ身体諸器官の一定の状態のみによって、身体のうちにひき起こされうるのである。

三九　同じ原因でも、人がちがえば、ちがった情念をひき起こしうること

恐ろしい対象によって腺に与えられ、ある人々のうちには恐れを生ぜしめる印象そのものが、他の人々のうちには勇気や大胆の情念をひき起こすことがある。その理由はといえば、すべての人の脳が必ずしも同じ状態にはないからであり、ある脳の中では恐れを起こさせるところの腺の運動そのものが、他の脳においては、脳室内の別の孔に精気を流れ入らせるのであって、その孔のあるものは、防御のための手の運動をつかさどる神経へ精気を送りこむ。そしてまた他の孔は、血液をかきたてて心臓へおしやるところの神経に、精気を送りこむのであり、これは、防御をつづけ、防御の意志をもちつづけるに適した精気をつくりだすために必要なしかたでなされるのである。

四〇　情念のおもな効果は何か

というのは、人間におけるあらゆる情念の主要な効果は、情念が人間の身体にさせようと準備している事がらを、精神にもまた意志させようとして、精神を促し方向づけることである、ということを注意すべきだからである。たとえば「恐れ」の感情は、精神に対して、逃げることを意志せよと促し、「大胆」の感情は、戦うことを意志せよと促し、その他も同様なのである。

四一　精神の身体に対する支配力はどういうものか

けれども、意志はその本性上自由であって、けっして強制されえないものである。私は、精神において二つの種類の思考を区別し、第一は精神の能動すなわち精神の意志作用であり、第二は精神の受動である〔この場合受動という語を、あらゆる種類の知覚を含む最も広い意味にとる〕としたが、この二つの種類の思考のうち第一のものは、無条件に精神の力のうちにあり、物体によっては間接的にしか変ぜられえない。反対に第二のものは、それを生みだす能動（たいていは身体の能動）に無条件に依存しており、精神自身がそれの原因である場合は別として、精神によっては間接的にしか変ぜられえないのである。

そして精神の能動とはすべて、精神が何ごとかを意志するということのみによって、みずからが密接に結合しているかの小さな腺をして、この意志に応ずる結果を生みだすに必要なしかたで、運動せしめる、ということである。

四二 人は、思いだそうとするものを、記憶のうちにどのようにして見いだすか

たとえば、精神が何ごとかを想起しようと意志する場合、この意志のはたらきによって、腺は、次々にさまざまな方向に傾くことにより、精気を脳のさまざまな場所におしやり、想起しようとする対象が過去に残した痕跡《こんせき》のある場所にゆきあたらせるのである。痕跡というのは、以前にその対象の現存に促されて精気がある脳の孔に流入したということによって、その孔がほかの孔よりも、あとにそこへくる精気によってふたたび同じように開かれやすくなっている、ということにほかならないのである。そこで精気は、これらの孔にゆきあたると、他の孔によりも容易にその孔にはいりこむ。同時に、このことにより腺のうちにも特殊な運動をひき起こし、この運動は精神に同じ対象を思い浮かべさせ、かつその対象が精神の想起しようとした当のものであることを認識せしめるのである。

四三 いかにして精神は想像したり、注意したり、身体を動かしたりすることができるか

別の例をあげれば、人がいままで見たことのない何ものかを想像しようと意志する場合には、

この意志は、腺にある運動を与えて精気をある孔のほうへおしやらせるのであり、そしてその孔は、その精気によって開かれると、当のものを思い浮かべさせるようにできているのである。さらに、例をあげれば、精神が同一の対象をしばらくの間注意してながめようと意志する場合、この意志は腺をその間同じ方向に傾けたままに保つのである。最後にもう一例をあげると、人が歩こうとか、またはほかのしかたで身体を動かそうとか意志するとき、この意志は、腺をして、そうするのに役だつ筋肉のほうへ精気をおしやらせるのである。

四四　いちいちの意志作用は、自然によって腺のある一つの運動に結合されているけれども、くふうまたは習慣によって他の運動に結合することができる

しかしながら、われわれのうちに、ある運動またはある他の結果を起こそうとする意志は、いつでも、実際にわれわれをしてその運動または結果を起こさせることができる、とはかぎらない。この点は、「自然」（生まれつきのもちまえ）または「習慣」が、腺のいちいちの運動を、いちいちの思考と、種々異なったしかたで結びつけている、ということによって、一定ではないのである。

たとえば（「自然」の定めを示す例）、非常に遠い対象を自分の眼に見させようと意志するとき、この意志は眼の瞳孔《どうこう》を拡大させる。また、非常に近い対象を見させようと意志するとき、この意志は瞳孔を縮小させる。けれども、もしただ瞳孔を拡大させようとのみ考えるならば、その意志をいくらも

っても、それで瞳孔を拡大させるにはいたらないのである。なぜならば、自然は、瞳孔を広げたりせばめたりするに必要なしかたで精気を視神経のほうへおしやるところの、腺の運動を、瞳孔を広げまたはせばめようとする意志に結合せず、むしろ遠くのまたは近くの対象を見ようとする意志に、結びつけておいたからである。また（習慣的な結合の例）、われわれが物をいうのに、いおうとすることの意味のみしか考えない場合、われわれは、同じことばを発するのに要求されるあらゆるしかたで舌や唇を動かそうと意志する場合よりも、はるかに活発に、はるかに適切に舌や唇を動かすことになる。なぜならば、ことばを学ぶことによって得た習慣は、腺を介して舌や唇を動かしうるところの精神の活動を、この舌や唇の運動そのものと結びつけるよりも、むしろその運動から生ずることばのもつ意味のほうに結びつけたからである。

四五　情念に対する精神の支配力はどういうものか

同様にして、われわれの情念（動受）もまた、われわれの意志の活動（動能）によって直接にひき起こしたり取り去ったりできない。われわれがもとうと意志する情念には習慣的に結びついていて、われわれが退けようとする情念には反対するところのものを、思い浮かべることによって、間接にできるのである。

たとえば、みずからのうちに「大胆」の情念を生ぜしめ、「恐れ」をなくするためには、そうしようとする意志をもつだけでは十分ではないのであって、危険は大きくないとか、逃げるより防ぐほうがつねにより安全であるとか、勝てば「誉れ」と「喜び」を得るであろうが、逃げれば「残念」と「恥」しか得られないとかいうことを、われわれに確信させるところの、もろもろの理由や事物や実例を考えることに、心を凝らすべきなのである。

四六　精神が情念を完全には支配できぬようにしている理由は何か

しかも精神がその情念を急に変えたりおさえたりできないようにしている特殊な理由があり、この理由のゆえに私は、右に情念の定義において、情念が精気のある特殊な運動によって、ひき起こされるのみならず、また「維持され強められる」といったのである。その理由とは、ほとんどすべての情念が、心臓のうちに起こるなんらかの激動を、したがって、すべての血液と精気のうちに起こるなんらかの激動をともなっており、その結果、この激動がやんでしまうまで、情念は、われわれの思考に現前することをやめないということである。それはちょうど、感覚の対象が、それがわれわれの感覚器官にはたらきかけている間は、われわれの思考に現前しつづける、のと同じである。

そして、精神は何か他のことに強く注意を向けることによって、小さな音を聞いたり、小さな苦痛を感じたりせずにおれるが、同じ方法では雷鳴を聞くことや手を焼く火を感ずることをおさええないと同様に、精神はほんのちょっとした情念にはたやすくうちかちうるが、きわめてはげしい強い情念には、血液と精気との激動がおさまってしまうまでは、うちかつことはできない。この激動が力を発揮している間、意志のなしうるせいいっぱいのことは、その激動の生む結果に心を従わせず、それの促す身体運動のいくつかをおさえるということだけである。たとえば、「怒り」の情念が、人を打とうと手をあげさせるとき、意志は通常その手をおさえることができる。「恐れ」の情念が脚を刺激して逃げようとさせるとき、意志はその脚をとどめることができる、など。

四七　精神の低い部分と高い部分との間にあると普通に想像されている戦いとはなんであるか

そこで、人々が精神の低い部分、いわゆる「感覚的」部分と、高い部分、いわゆる「理性的」部分との間に、あるいはむしろ自然的欲求と意志との間に、思い描くのをつねとする戦いのすべては、身体がその精気によって腺のうちにひき起こそうとする運動と、精神がその意志によって同じ腺のうちに同時にひき起こそうとする運動との間の、対立にほかならないのである。というのは、われわれのうちにはただ一つの精神しかなく、この精神はみずからのうちに部分の相違をもたないからである。感覚的であるところの同一のものが理性的なのであり、精神のすべての欲求は意志なのである。

精神は、いろいろちがった役割を演ずるものであって、それら役割は通常互いに相反するものだ、と考える誤りに人々が陥ったことは、精神のはたらきを身体（物体）のはたらきから十分に区別しなかったことからのみ起こっているのである。われわれのうちにあってわれわれの理性に反対すると見られるものは、すべて身体に帰すべきなのである。それで、このことにおいて認められる戦いとは、脳の中心にある小さな腺が、精神によって一方へ、また動物精気〔すでにいったようにこれは物体にほかならない〕によって他方へ、おしやられることができるために、この二つの衝撃が相反し、しかもより強いほうが他方のはたらきを妨げる、ということにほかならないのである。

さて、精気によって腺のうちに起こされる運動に二種を区別できる。一は感覚器官を動かす対象を、あるいは脳の中に生じている印象を、精神に呈示する運動であり、この運動は、意志に対して圧力を加えることはない。他は意志に何ほどかの圧力を加える運動であって、すなわち情念と、情念にともなう身体運動とをひき起こすものである。前者すなわち対象を呈示する腺運動は、精神の活動をときどきおさえることがあり、またそれが精神の活動によっておさえられることもあるが、しかし、その腺運動と精神の活動とは真正面から対立するものではないから、両者の間に「戦い」は認められない。「戦い」が認められるのは、後者すなわち情念や身体運動を起こす腺運動と、それに反対する意志との間においてである。たとえば、精気が腺をおして精神のうちにあるものへの欲望を生ぜしめる圧力と、その同じものを避けようとする意志が腺をおし返す圧力との間においてである。そして、かの「戦い」が精神のうちにあるように思わせるおもな原因はといえば、すでに述べたように、意志は情念を直接にひき起こす力をもたないために、やむをえずくふうを用いて次々にさまざまなものを注視することに努めるのであるが、そのとき、そういうものの一つは精神の流れ方をしばらくの間変える力をもつことがあるとしても、また他のものはそういう力をもたず、精気がすぐにまたもとの流れ方をとりもどすことがあり〔これは、神経や心臓や血液の中にすでに生じていた状態のほうが変わっていないからそうなるのである〕、かくて精神は、同一のものをほとんど同時に欲望し、かつ欲望せぬように強いられていると感ずることになる。こういう感じがもとになって、人々は精神のうちに、互いに戦い合う二つの力があるかのように想像するにいたったのである。

しかしながら、なおある戦いを考えることができる。それは精神のうちに、ある情念をひき起こすある原因が、同時に身体のうちに、精神のあずからない運動をひき起こし、精神のほうは、その運動に気がつくとすぐにおさえるかおさえようと努める、という場合である。たとえば、「恐れ」をひき起こすところの原因が、逃げるために脚を動かす役目をもつ筋肉の中へ精気を送りこみ、しかも大胆であろうとするわれわれの意志が、その脚の運動をおさえる場合に、われわれは（精神のうちでの）戦いを経験するのである。

四八 精神の強さと弱さは何において認められるか、最も弱い精神のもつ不幸はどういうものであるか

ところで、各人がみずからの精神の強さまたは弱さを知りうるのは、この戦いの結果によってである。すなわち、もちまえの意志によって、きわめて容易に情念にうち勝ち、情念にともなう身体運動をおさえうる人々は、もちろん最も強い精神をもつのであるが、みずからの精神の力を経験しえない人々もあるのである。それは、彼らが、意志をして、それみずからの武器をもって戦わしめず、ある情念に対抗するために、ある他の情念が意志に提供するところの武器のみをもって、戦わしめるからである。

私が、意志それみずからの武器とよぶものは、意志がそれに従ってみずからの生の行動を導こうと決心しているところの、善と悪との認識についての、しっかりした決然たる判断、である。そして最も弱い精神とは、その意志がそのように一定の判断に従おうとは決心せず、たえずそのときそのときの情念によって動かされるままになるような精神である。そして、それらの情念は多くの場合互いに相反するものであって、かわるがわる意志を自分のほうに従わせ、意志をして意志自身と戦わしめ、その結果、精神を、このうえなくなげかわしい状態におとしいれるのである。たとえば、「恐れ」が死を最大の悪として示し、それを避けるには逃げるよりほかはないと

思わせるが、他方「名誉心」は、この逃走の恥辱を死よりもわるい悪として示す、というような場合である。これら二つの情念は、それぞれちがったやり方で意志をゆり動かし、意志はあるときは一方の情念に、またあるときは他方の情念に従うことによって、たえず自己自身に反対することになり、かくして精神を不自由にし不幸にするのである。

四九　精神の強さだけでは十分ではなく、真理の認識も必要であること

情念の命ずるところのものしか意志しないというほど、弱くて不決断な人はごく少数しかいない、ということは事実である。大多数の人々は、彼らの行為の一部分を規制するための、きっぱりした判断をもっている。そして、しばしばこの判断は誤っており、それどころか、以前に意志をうち負かし、または誘惑したある情念を基礎としておりさえもするが、しかし、意志はその判断を生んだ情念がなくなっていてもやはりその判断に従いつづけているのだから、その判断は意志それ自身の武器であるとみなしてよく、精神がこれらの判断に従うことができ、その判断に反する現在の情念に対抗することができる程度の大小によって、その精神はより強いとか、より弱いとか、考えることができる。

しかしながら、ある偽なる意見から生ずる決心と、真理の認識にのみ支えられている決心との間には、やはり大きな相違があるのである。なぜならば、真なる認識に支えられた決心に従う場

合、その決心のせいでのちに残念に思ったり後悔したりすることはないと確信できるが、偽なる意見から生じた決心に従い、のちにその誤りに気づくにいたる場合には、つねに、その決心に従ったことを残念がり後悔するからである。

五〇　いかに弱い精神でも、よく導くならば情念に対する絶対権を必ず獲得しうること

なおまた、次のことをもここで知っておくことは有益である。すなわち、すでに述べたように、われわれの生のはじめから、腺の一つ一つの運動が、自然によって、われわれの思考の一つ一つに結びつけられてきたように思われはするが、しかし、またそれら腺の運動を、習慣によって、他の思考に結びつけることはできる、ということである。たとえば経験がことばについて示すように、ことばは腺のうちに、ある運動をひき起こし、その運動は、「自然」の定めに従えば、精神に対して、ことばの音〔ことばが声で述べられた場合〕を、または字の形〔ことばが書かれた場合〕を示すのみである。けれども、そのことばの音を聞いたり、その字を見たりしたときに、そのことばの意味するところを考えることによって獲得された「習慣」により、かの腺の運動は、通常ことばの字の形やことばの音節の音よりも、ことばの意味のほうを、精神に考えさせることになっているのである。

なお、次のことを知っておくこともまた有益である。すなわち精神に、ある対象を表象させる

ところの運動は〔腺の運動であれ脳室中の精気の運動であれ〕、精神のうちに、ある一定の情念をひき起こすところの運動と、「自然」によって、結びつけられているが、しかし、「習慣」によって前者は、後者から分離され、他の非常にちがった運動に結びつけられることができる。そしてさらに、この習慣は、ただ一つの行為によっても獲得されることができ、そんな場合には長い間に慣れるということを必要としないのである。たとえば、好んで食べる食物の中に、突然に何か非常にいやなものにぶつかり、このできごとの衝撃が脳の状態をひどく変じて、その食物を前には喜んで食べたのに、のちには嫌悪の情をもってしか見ることができない、ということがある。

そしてまた同じことを、動物においても認めることができる。というのは、動物は理性をもたず、おそらくは思考をももたないであろうが、われわれにおいて情念をひき起こすところの、精気や腺の運動はすべて、やはりそなえており、動物では、われわれの場合のように、情念を維持し強める役をするのではないが、われわれにおいて情念にともなうのをつねとする神経や筋肉の運動を、維持し強める役をしているのである。たとえば犬は鷓鴣《しゃこ》を見ると、もちまえの性質によってそのほうにかけつける傾向をもち、また鉄砲を射つ音をきくと、やはりもちまえの性質によって、逃げ去る傾向をもっている。けれども、それにもかかわらず、通常、猟犬を訓練して、鷓鴣を見るとふみとどまり、そのあとで、鷓鴣を撃つ銃声をきくと、鷓鴣のほうにかけつけるようにさせるのである。

さて、これらのことは、すべての人に、みずからの情念を統制しようとする勇気を与えるために、知っておくのが有益なことなのである。なぜなら、理性を欠いた動物においてさえ、脳の運動をわずかのくふうで変えることができる以上、人間においてはもっとうまくそれができることは明らかであり、最も弱い精神をもつ人々でも、精神を訓練し導こうとして十分なくふうを用いるならば、みずからのすべての情念に対して、ほとんど絶対的な支配を獲得できるであろうことは、明らかだからである。

第二部

諸情念の数と順序について、ならびに六つの原始的情念の説明

五一　情念の第一原因は何か

さきに（三四節）述べたことから、精神の諸情念の最後の「最近の原因」は、脳の中央にある小さな腺を動かすところの、精気の激動、であることが知られる。しかし、それを知っただけではまだ、もろもろの情念を互いに区別することはできない。そこでさらに情念の源を求め、情念の「第一の原因」を調べなければならない。ところで、情念はときに、何か一定の対象を自発的に考えるところの、精神の活動によって、ひき起こされることがあり、また、悲しくあるいはうれしく感じながら、何が悲しいのかうれしいのかいえない場合にそうであるように、たんに身体状態によって、あるいは脳のうちに偶然的に生ずる印象によって、ひき起こされることがあるけれども、すでにいったことから明らかなように、これらすべての情念はまた、感覚を動かす対象によってもひき起こされることができ、こういう感覚の対象が、情念の最も普通な最も主要な原因

なのである。それゆえ、情念を残らず見いだすためには、これら対象のおよぼすすべての結果を注視すれば十分なのである。

五二　情念の効用は何か、情念をどのようにして数えあげうるか

なおまた、私は次のことを認める。すなわち、感覚を動かす対象は、それらのうちにある種々異なる性質のすべてに応じて、種々異なる情念をわれわれのうちにひき起こすのでなく、ただ、それら対象がわれわれを害したり利したりする種々異なるしかたに応じて、いいかえれば、一般にそれら対象がわれわれに重要である種々なるしかたに応じて、であること。かつまた、あらゆる情念の効用は、もっぱら、われわれにとって有益であると「自然」の示してくれる事がらを、精神が意志し、かつこの意志をもちつづける、ということにあり、また通常情念をひき起こすところの、精気の激動は、身体をしてそれらの事がらを実行するに役だつ運動へ向かわしめる、ということ。こういうわけで、諸情念を数えあげるには、われわれにとって重要な、どれだけの数の異なるしかたで、感覚がその対象によって動かされうるかを、順序だてて調べればよい、ということになる。

それで私は、ここに、すべての主要な情念を、それらが上述のやり方で見いだされる順序に従って、枚挙することにする。

情念の順序と枚挙

五三 「驚き」

なんらかの対象の最初の出現が、われわれの不意を打ち、それをわれわれが新しいと判断するとき、すなわち、以前に知っているもの、あるいはわれわれがかくあるべしと想定していたもの、とは非常にちがっていると判断するとき、われわれはその対象に驚き、驚愕《きょうがく》する。そしてこのことは、その対象がわれわれにとってつごうのよいものか、そうでないか、をわれわれが知る前に、起こりうるのであるから、「驚き」はあらゆる情念の最初のものであると私には思われる。そして、驚きはそれに反対の情念をもたない。なぜならば、現われる対象がわれわれの不意を打つ点を何ももたないならば、われわれはそれに少しも動かされず、情念なしにそれを見ることになるからである。

五四 「尊重」と「軽視」、「高邁《こうまい》」générositéと「高慢」、「謙遜《けんそん》」と「卑屈」

「驚き」には、われわれが対象の大きさに驚くか小ささに驚くかに従って「尊重」と「軽視」とが結びつく。したがってまた、われわれはわれわれ自身を尊重し、あるいは軽視することができる。そこから、「大度」magnanimitéまたは「高慢」、および「謙遜」または「卑屈」という情念が生じ、さらには、それぞれ同じ名の習慣が生ずる。

五五 「尊敬」と「軽蔑《けいべつ》」

しかし、われわれが善または悪をなすことのできる自由な原因とみなすところの、われわれ以外の対象（すなわち他の人間）を、尊重しまたは軽視するとき、「尊重」からは「尊敬」が生じ、たんなる「軽視」からは「軽蔑」が生ずる。

五六 「愛」と「憎み」

ところで右にあげたすべての情念は、それらを生む対象が善《よ》いか悪いかをわれわれが少しも気づかないでも、われわれのうちに起こされうる。しかし、あるものがわれわれにとって善いものとして示されるとき、すなわち、われわれにつごうのよいものとして示されるとき、われわれはその物に対して「愛」をもつことになる。そして、そのものがわれわれに悪いもの、すなわち有害なものとして示されるとき、そのことはわれわれに「憎み」を起こさせる。

五七　「欲望」

善と悪との同様な考慮から他のすべての情念が生まれる。しかし、それらに順序をつけるため、私は時間を区別し、かつ情念が現在や過去よりもはるかに多く未来へわれわれを向かわせることを考慮して、私は「欲望」からはじめる。というのは、われわれがまだ手に入れていない善を得ようとか、また現われるかもしれぬ悪を避けようとか欲する場合のみならず、ただ善きものの保存または悪しきものの不在を望むのみである場合にも――これがこの欲望という情念のおよびうる最大限なのであるが――、欲望はいつも未来に向かっていることが明らかであるから。

五八　「希望」「懸念」「執心」「安心」「絶望」

ある善の獲得またはある悪の回避が可能であると考えるだけで、それらへの欲望を起こさせるに十分である。しかし、なおそのうえに、欲望の対象を獲得する見込みが多いか少ないかを考慮するとき、見込みが多いことを示すものは、われわれのうちに「希望」を起こさせ、見込みが少ないことを示すものは「懸念」を起こさせる。「懸念」の一種が「執心」である。「希望」が極度に達すると性質を変えて「安心」または「確信」とよばれ、反対に極度の「懸念」は「絶望」となる。

五九　「不決断」「勇気」「大胆」「負けぎらい」「臆病《おくびょう》」「恐怖」

それゆえわれわれは、われわれの期待するものが、われわれの力では全然左右できない場合でも、上述のような「希望」や「懸念」をもちうるのである。けれども、そのものがわれわれの力に依存するものとして示される場合、それに達するための手段の選択またそれの実現において、困難がありうる。前者すなわち手段の選択の困難から「不決断」が生じ、これはわれわれに、あれこれ思量させ、人の相談を求めさせる。後者すなわち目的の実現の困難に対抗するものが、「勇気」または「大胆」であり、それの一種が「負けぎらい」である。「臆病」は「勇気」の反対であり、「恐れ」または「恐怖」が「大胆」の反対である。

六〇　「内心の不安」

さらに、「不決断」が除かれないうちに、ある行動をすることにきめた場合、そのことは「内心の不安」を生む。しかしこれは、上述の諸情念のように未来に向かうものでなく、現在または過去に向かうものである。

六一　「喜び」と「悲しみ」

さらに善や悪が、われわれに属するものとして示されている場合、現在の善の考慮はわれわれのうちに「喜び」を起こさせ、現在の悪の考慮は「悲しみ」を起こさせる。

六二 「嘲《あざけ》り」「羨《うらや》み」「憐《あわ》れみ」

しかし、善や悪が他の人々に属するものとしてわれわれに示されているとき、われわれはその人々がその善や悪をもつにふさわしいと考えることもあり、ふさわしくないと考えることもある。ふさわしいと考える場合には、そのことがわれわれのうちに起こす情念は、事物が起こるべきように起こるのを見ることはわれわれにとってある善きことであるかぎり、「喜び」にほかならない。その際、しかし善から生ずる「喜び」はまじめなものであるが、悪から生ずる「喜び」は、「笑い」と「嘲り」とをともなっている。しかし、もしその人々がその善や悪にふさわしくないとわれわれが考えるとき、善は「羨み」を起こし、悪は「憐れみ」を起こす。「羨み」も「憐れみ」も「悲しみ」の一種である。

なお、注意すべきは、現在の善や悪に関係する上述の諸情念は、しばしば未来の善や悪にも関係づけられうることである。ただし、これはそれらの善や悪が現われるだろうというわれわれの考えが、それら善悪をすでに現在せるもののごとく示すかぎりにおいてである。

六三 「自己に対する満足」「後悔」

われわれはまた、現在ならびに過去の、善と悪との原因を考慮することもできる。そして、われわれ自身によってなされた善は、われわれに内的満足を与え、これはあらゆる情念のうちで最も快いものである。これに反してわれわれ自身によってなされた悪のほうは「後悔」をひき起こし、これは最も苦いものである。

六四 「好意」と「感謝」

しかし、他人によってなされた善は、それがわれわれ自身に対してなされたのでなくとも、われわれをしてその人に「好意」をもたしめる。そしてその善がわれわれ自身に対してなされた場合には、われわれは「好意」に「感謝」を加える。

六五 「憤慨」と「怒り」

同様にして、他の人々によってなされた悪は、われわれに関係のない場合には、その人に対する「憤慨」を起こさせるだけであるが、その悪がわれわれに関係している場合には、「怒り」をもひき起こす。

六六 「誇り」と「恥」

なおまた、われわれのうちに現在あり、あるいは過去にあった善は、それについて他の人々がもちうる考えに関係づけられるとき、われわれのうちに「誇り」を起こさせ、悪の場合は「恥」を起こさせる。

六七「いや気」「残りおしさ」「うれしさ」

そして、ときとしては善が長くつづくことは、「倦怠《けんたい》」あるいは「いや気」を起こし、悪の長くつづくことは「悲しみ」を減少させる。最後に、過ぎ去った善からは「悲しみ」の一種である「残りおしさ」が生じ、過ぎ去った悪からは、「喜び」の一種である「うれしさ」が生ずる。

六八　諸情念のこの枚挙が、普通に行なわれている枚挙とちがうのはなぜか

以上が、諸情念を枚挙するのに最もよいと私に思われる順序である。この点で私は、以前に情念について書いたすべての人々の考えから離れていることをよく知っている。しかし、それには大きな理由があるのである。というのは、彼らは、精神の感覚的部分において、彼らのいわゆる「欲望に属するもの」concupiscibleと「怒りに属するもの」irascibleとの二つの欲求を区別し、これをもとにして、情念を枚挙しているからである。ところで、すでにいったように、私は精神のうちに部分の区別を認めないから、彼らの考えは、精神が二つの能力、すなわち一つは欲望の

能力、他は怒りの能力、をもつということを意味するよりほかはないと私には思われる。しかし、それならば精神は同様に、驚く能力、愛する能力、希望する能力、懸念する能力、つまり他の一つ一つの情念をみずからのうちに受け入れる能力をもち、またはこれらの情念が精神に促す行為をする能力をもつわけであるから、彼らがなぜこれらの能力をすべて「欲望」と「怒り」とに帰着させようとしたか、私にはわからない。そのうえ、彼らの情念の枚挙は、主要な情念のすべてを含んでいるとはいえない。しかし、私の枚挙はそのすべてを含んでいると思う。ただし私は、ただ主要な情念だけのことをいっているのである。なぜなら、いっそう特殊な他の多くの情念を区別でき、その数は限りないからである。

六九　基本的情念は六つしかない

しかしながら、単純で基本的な情念の数はたいして多くない。というのは、右に数えあげたすべての情念を見直すと、単純で基本的なものは六つしかないこと、すなわち、「驚き」「愛」「憎み」「欲望」「喜び」「悲しみ」の六つしかないこと、そして他のすべての情念は、これら六つの情念のいくつかから複合されていること、あるいはむしろ六つの情念の種《しゅ》であることが、たやすく気づかれるからである。それゆえ、他の複合情念の数多いことに読者が悩まされないように、私はここで、まず六つの基本的情念を別に論ずるであろう。そして、そのあとで他のすべての情念がどのようにしてこの六つの情念から由来するかを示すであろう。

七〇　「驚き」について、その定義とその原因

「驚き」とは、精神が受ける突然の不意打ちである。それは精神をして、まれで異常なものと見える対象を注意して見ることに向かわせるものである。

そこで「驚き」の原因は、まず第一に、対象をまれなものとして、したがって注目に値するものとして示すところの、脳のうちなる印象であり、第二には、その印象に促されて、その印象の存在する脳の局所へ勢いよく流れ、その印象を、その場所に保存しかつ力づけるところの精気の運動である。そして、その精気はまた、その印象に促されて、その場所から、感覚器官をそれが現にある状態のままに保つに役だつ筋肉のほうに流れてゆき、はじめに印象をつくりだした当の感覚器官が、さらにその印象を保持しつづけるようにはからうのである。

七一　この情念においては、心臓にも血液にも、なんの変化も起こらないこと

また、この情念は、他の情念のように心臓と血液とに起こる変化をともなうことが認められない、という特徴をもっている。このことの理由は、驚きが善と悪とを目ざさず、ただ驚かれるものの認識のみを目ざすものであって、身体の善の全体が依存する心臓や血液には関係をもたず、

かの認識に役だつところの感覚器官をいれている脳にのみ関係をもつからである。

七二 「驚き」の力はどういう点にあるか

しかし、それでもこの情念は、精気の運動を変えるところの印象の不意打ち、すなわち突然の思いがけない出現のゆえに、やはり大きな力をもつ。そしてこの不意打ちは、この情念に固有な特有なものである。それで、この不意打ちということが、他の情念にも見いだされるときには——実際ほとんどすべての情念において、不意打ちという特徴は見いだされ、それら情念の力を増すのがつねであるが——「驚き」がそれら他の情念と結合していることになるのである。そして、驚きの力は、二つのことにもとづく。一つは新しさであり、他は驚きの起こす運動が、はじめから全力をだすということである。

実際、そういう運動は、はじめ弱くて、ただだんだんに強くなってゆくために容易に方向を変えられるような運動よりも、大きな効果を生む、ということは確かである。また、新しい感覚の対象は、脳のうちの、ふだんはあまり触れられない部分に触れるのであり、これらの部分は、しばしばゆり動かされて固くなっている部分よりもやわらかく、動かされやすいから、その結果、対象が脳のその部分にひき起こす運動の効果が増大される、ということもまた確かである。そして、このことは次のような事実を考慮すれば、納得できるであろう。すなわち、われわれの足の裏は、それが支える身体の重みのために相当強い接触に慣れっこになっていて、われわれが歩くとき、その接触をわずかしか感じないが、足の裏をくすぐる場合の、はるかに弱い柔らかな接触のほうは、つねに与えられるものとはちがっているということだけで、われわれにとって、ほとんど耐えがたいほどの効果をもつ、というのもまったく同様な理由によってであること。

七三　「驚愕」とは何か

また、この不意打ちは、脳の空室にある精気を、大きな力で、驚きの対象の印象が存する場所へ流れてゆかせるので、ときには精気をすべてその場所へおしやることになり、そのため精気は、この印象を保存することにかかりきりになって、脳から筋肉に流れる精気がなくなり、それどころか脳の中で、はじめにたどった径路から少しもはずれずに同じ所をぐるぐるまわるだけになる。そのために全身が彫像のように静止し、人は対象についてはじめに示された面しか知覚できず、したがっていっそう詳しい認識をうることもできなくなる。これが普通に驚愕とよばれる状態である。驚愕は過度の驚きであって、どんな場合でも悪いものである。

七四　あらゆる情念は何に役だち何に害があるか

ところで、右に述べたことからたやすく知られることであるが、あらゆる情念の効用は、精神にとって保存することが有利であり、かつ情念なくしては容易に精神から消え去るであろうような思想を、情念が精神のうちで強化し長つづきさせるということ、にほかならない。また情念のひき起こしうる害はすべて、情念がそういう思想を必要以上に強化し保存すること、あるいはまた、精神が気をとられてはよくないような、ほかの思想を強化し保存すること、にある。

七五　「驚き」は特に何に役だつか

特に「驚き」については、その有用性は、それがわれわれをして、以前に知らなかった事がらを、学ばせ、記憶にとどめさせる、ということにある。というのは、われわれが驚くものは、われわれにとってまれで異常に見えるものであり、ものがまれで異常に見えるのは、われわれがそれを知らなかったゆえであり、さらにまた、それがわれわれのすでに知っているものとは相違するがゆえであるからである。そして実際この相違こそ、そのものが異常とよばれる理由なのである。ところで、われわれの知らないあるものが、新たにわれわれの悟性または感覚に現われても、もしそれについてわれわれのもつ観念が、脳の中でなんらかの情念によって強められないならば、あるいはまた、意志によって特別な注意と反省とに向けられるところの悟性のはたらきによって強められないならば、その観念をわれわれが記憶のうちに保持することはやはりないであろう。そして驚き以外の諸情念は、ものが善《よ》く見えまたは悪く見えることを注意させるに役だちうるが、たんにまれだとのみ見えるものに対しては、われわれは「驚き」の情念をもつだけなのである。それゆえに、この情念への生まれつきの傾向をもたない人々は、通常きわめて無知であることが認められるのである。

七六　どういう点で「驚き」は害があるか。またどのようにして「驚き」の不足を補い、その過度を正すことができるか

しかしながら、われわれが驚きたりない場合よりもむしろ、考慮する値うちのほとんどまたはまったくないようなものを知覚して驚きすぎる、すなわち驚愕する場合のほうが、はるかにしばしば起こるのである。しかもこのことは、理性の使用をまったく失わせたり、誤らせたりしうるのである。

そういうわけで、驚きへの傾向を生まれつきもっていることは、知識の獲得を促すゆえに、善いことであるとはいえ、われわれは年とともに驚きの生来の傾向を、できるかぎり脱しようと努めねばならない。というのは、眼前に現われたものが注目に値するとわれわれが判断するとき、われわれの意志は悟性を強制して特別な反省と注意とに向かわせることがいつでもできるのであり、そういう特別な反省と注意とによって、驚きへの傾向の不足を補うことは容易であるからである。しかし、過度の驚きをとどめる手段としては、多くの事物の認識を獲得し、最もまれで最

も異常だと見られるようなすべてのものを、よくよく見る練習をするよりほかはない。

七七　最も驚きやすい者は、最も愚かな者でも最も賢い者でもない

なおまた、生まれつき驚きに向かう性質をまったくもたぬ者は、鈍く愚かな者よりほかにないが、だからといって、最も知力に富んだ者が、必ずしも最も驚きやすい者だとはいえない。最も驚きやすい者は、主として、相当な良識をそなえながらも、自分の精神能力に十分な自信をもたない人々なのである。

七八　驚きの過度はそれを正さないでおくと、習慣になりうる

そして、人は珍しいものに出会って驚くことがたび重なると、次第にそれに驚かなくなり、次に現われうるものはありふれたものだと考えるようになるのだから、この驚きの情念は慣れるに従って、力を失っていくように見える。しかしながら、驚きが過度である場合、すなわち、そのため眼前に現われた対象の最初の像にのみ注意を奪われてしまい、その対象について他の認識を獲得することができないようになる場合には、この情念はほかのどんな対象が現われても、それが少しでも自分にとって新しいと見えるならば、同じように気をとられてしまうという習慣をあとに残すのである。

そしてこのことが、盲目的な好奇心をもつ人々の悪癖、すなわち珍しいものを、認識するためでなく、ただそれに驚くために、求める人々の悪癖を、いつまでもつづかせるのである。なぜなら、彼らはだんだんに驚きやすくなって、最もつまらぬものでも、求めて益あるものと同様に、彼らの心を奪うことができるほどになるからである。

七九　「愛」と「憎み」との定義

「愛」は、精気の運動によってひき起こされた精神の、ある感動であって、精神を促してみずからに適合していると思われる対象に、自分の意志で結合しようとさせるものである。また「憎み」は、精気によってひき起こされたある感動であって、有害なものとして精神に現われる対象から、離れていようと意志するように精神を促すものである。

これらの感動が「精気によってひき起こされる」というのは、情念(受動)であって身体に依存するところの愛や憎みを、次のものから区別するためである。すなわち、精神をして、善いと思う事物にみずからの意志によって結合させ、悪いと思う事物から離れようとさせるところの判断や、この判断のみによって精神のうちにひき起こされる感動(能動的知的な愛や憎み)から区別するためである。

八〇　みずからの意志によって合一したり分離したりするとはどういうことか

なおまた、「みずからの意志によって」という語によって、私はここで欲望のことをいおうとしているのではない。〔欲望は愛や憎みとは別の一つの情念であって、未来に向かうものである。〕われわれがいますでに、みずからが愛するものと結合しているとみなすところの同意のことをいうのである。このときわれわれは一つの全体を想像しており、自分はその全体の一部分にすぎず、愛せられるものがその全体のもう一つの部分であると考えているのである。これに反し、「憎み」においてはわれわれはみずからを、われわれの嫌うものからまったく離れた一つの全体とみなしているのである。

八一　普通に行なわれている「欲望の愛」と「好意の愛」との区別について

ところで、普通二種の愛が区別されている。その一方は「好意の愛」amour de bienveillanceとよばれる。すなわち、自分の愛するもののために善を意志することを促す愛である。他方は「欲望の愛」amour de concupiscenceとよばれる。すなわち、自分の愛するものを欲望せしめる愛である。けれども私の考えでは、この区別はただ愛の生む結果に関してのみなされる区別であって、愛の本質に関してなされる区別ではない。なぜなら、それがどういうものであれ、なんらかの対象に、人が自分の意志によって結合するやいなや、人はその対象に対して好意をもつことになる。すなわち、その対象に適すると思われるものを、自分の意志によってその対象に結合させるのである。これは愛の生むおもな結果の一つである。また、愛するものを、意志による以外のしかたで、所有したりあるいはそれと結合したりすることが善であると判断するとき、人はそのものに対して欲望をもっているのである。これもまた愛の生む最も普通な結果の一つなのである。

八二　非常に異なる多くの情念が愛を分有する点で一致すること

なおまた、人の愛しうる種々ちがった対象と、同じ数だけの愛の種類を分かつことも必要ではない。なぜなら、たとえば、功名心盛んな者が名誉に対してもつ情念、貪欲《どんよく》な者が金銭に対してもつ情念、酒飲みが酒に対してもつ情念、乱暴者が犯そうとする婦人に対してもつ情念、紳士が自分の友人または愛人に対してもつ情念、よき父が子供たちに対してもつ情念は、互いに非常にちがってはいるが、しかし、それらが愛を分有しているという点では相似ているのである。しかし、はじめの四人は、彼らの情念が向かう対象の所有に対する愛のみをもち、対象そのものに対する愛をもたず、対象そのものに対しては、彼らは、他の特殊な情念をもまじえた欲望のみをもっている。これに反して、よき父がその子供たちに対してもつ愛は、きわめて純粋であって、子供たちから何ものかを得ようとする欲望をもつのでなく、すでに子供たちを所有しているのとはちがったしかたで彼らを所有しようとか、すでに子供たちと結合している以上に密接に結合しようとか求めず、子供たちを第二の自己とみなして、彼らの善を自己自身の善と同様に、あるいはそれ以上の心づかいをもって、求める。なぜなら、自分と子供たちとが一つの全体をなしていて、しかも自分はそのよりすぐれた部分ではないと考えるので、彼はしばしば自分の利よりも子供たちの利のほうを重視し、子供たちを救うためには自分の命を失うことをも意としないのである。紳士たちが友人に対していだく愛情は、父の愛ほど完全なものである場合はめったにないにしても、父の愛と同じ性質のものである。そして彼らが愛人に対してもつ愛情も同じ性質をたぶんにもっている。けれども、これはまた、もう一方の愛の性質をもいくぶんもっているのである。

八三　たんなる愛情と友情と献身との区別について

われわれは、自己との比較において、みずからの愛の対象についてくだす評価にもとづいて、愛を区別することができ、このほうが（上述のように対象にもとづいて愛を区別するよりも）いっそう理にかなっていると思われる。すなわち、われわれがわれわれの愛の対象を自己よりも低く評価するとき、われわれはその対象に対してたんなる「愛情」affection をもつだけである。われわれが対象と自己とを同等と評価するとき、それは「友情」amitié とよばれる。対象のほうが自己より高いと評価するとき、われわれのもつ情念は「献身」dévotion と名づけうる。

たとえば、われわれは一つの花、一羽の鳥、一匹の馬に対して「愛情」をもつことができる。

しかし、たいへん度はずれの考えをもつのでないかぎり、「友情」を人間以外のものに対してももつことはできない。そして、人間こそこの情念の対象であって、われわれがある人から愛せられ、かつわれわれ自身がのちに一五四節および一五六節において説明するような意味で真実にけだかい高邁な精神をもっているならば、その人がどんなに不完全な人間であっても、われわれはその人に対してきわめて完全な友情をもちうるのである。「献身」についていえば、そのおもな対象は疑いもなく至高の神であり、神を正しく認識するならば神に対して献身的であらざるをえない。しかし、われわれは君主に対しても、国に対しても、町に対しても、さらには一人の個人に対してすらも、もし彼を自己より高いと評価する場合には、献身の情念をもちうるのである。

ところで、これら三種の愛の間にある相違は、主としてそれらの結果によって明らかに認められる。すなわち、それらすべてにおいてわれわれは、自己が愛の対象に結合し合一しているとみなすのであるゆえ、われわれはつねに、その全体を構成する二つの部分のうち、価値のより低い部分を、他の部分の保存のために、進んで捨てる用意があるのである。したがって、「たんなる愛情」においては自己の愛するものよりも自己のほうをわれわれはつねに選ぶが、「献身」においては自己の愛するもののほうを自己よりもたいせつと考えて、自己の愛するものを保存するためには死ぬことをも意としない。その例はいままでたびたび、君主を守るために、町を守るために、さらにはときとしてみずからの献身的に愛している個人のために、確実な死に身を投じた人々において認められたところである。

八四 「憎み」には「愛」ほど多くの種類はない

なお、「憎み」は愛の正反対のものではあるが、しかし「憎み」は愛と同じ数の種《しゅ》に区別せられていない。なぜなら、われわれは、自分が一体となっているもろもろの善の間の相違に気づくほどには、自分の意志によって離れているもろもろの悪の間の相違には気づかないからである。

八五 「愛好」と「嫌悪」

さて、愛にも憎みにも同様に見いだされる注目すべき区別は、ただ一つだけである。それは、愛にしても憎みにしてもその対象が、精神に対して与えられうるのは、外的感覚によってか、あるいは内的感覚と精神自身の理性とによってか、いずれかであるということである。というのは、われわれは普通、われわれの内的感覚または理性が、われわれの本性に適合しているとか、あるいはそれに反しているとか、われわれに判断させるものを、それぞれ「善」または「悪」とよんでいるが、われわれの外的感覚によってわれわれの本性に対する適不適が示されるものを、「美」または「醜」とよんでいるからである。そしてその場合、外的感覚とは主として視覚をさすのであって、視覚だけで他の感覚のすべてを合わせたもの以上の重要性をもつと認められている。さて、右のことから、二種の愛が生ずる。すなわち、善いものに対する愛と美しいものに対する愛とであり、この後者には「愛好」agrément という名を与えて、前者との混同を避け、また、われわれがしばしば愛の名を与えるところの「欲望」との混同をも避けることができる。同様にしてまた、右のことから二種の憎みが生ずる。その一は悪いものに向かい、他は醜いものに向かう。この後者は「嫌悪」または「忌避」とよんで前者と区別することができるのである。

ところで、このことについて最も注目すべきは、感覚を通じて精神にくるもののほうが、理性によって示されるものよりも強く精神を動かすがゆえに、この「愛好」と「嫌悪」との情念は、愛と憎みとのもう一つの種類のものよりも強烈であるのがつねであること、しかもそれにもかかわらず「愛好」と「嫌悪」とは通常もう一方のものよりも真理性を欠いていること、である。それで愛好と嫌悪とは、あらゆる情念のうち最も多く欺くものであり、われわれが最も心を用いて避けねばならぬものなのである。

八六　「欲望」の定義

「欲望」の情念は、精気によって起こされた精神の動揺であって、精神が自分に適合していると想像する事がらを、未来に向かって意志するように促すものである。そこで「欲望」の対象は、いま存在しない善の現存のみならず、また現にある善の保存でもありうる。さらにまた、悪の不在、すでにもっている悪の不在のみならず、将来受けることがあるであろうと考えられるところの悪の不在でもありうるのである。

八七　「欲望」は反対をもたない情念であること

学院（スコラ哲学）では通常、善の追求に向かうところの情念のみを「欲望」とよび、悪の回避に向かう情念、すなわち「忌避」とよばれるものに対立させていることを、私はよく知っている。しかしながら、いかなる善でも、その欠如は必ず悪であり、また積極的なものと見られている悪ならば、その欠如は必ず善なのであり、たとえば富を求めることによってわれわれは必然的に貧乏を避けており、病気を避けることによって健康を求めており、その他同様なのであるから、いつでも同一の運動が善の追求と同時に、その善に反対する悪の回避に向かっているのだと私には思われる。ただし、そこに私は、次の相違は認める。すなわち、われわれがなんらかの善のほうへ向かうときにもつ欲望は、愛をともなっており、さらに希望と喜びをともなっているに対して、同じ欲望は、われわれがその善に反対する悪から遠ざかろうとする場合には、憎みをともない、懸念と悲しみとをともなうということ。そしてこの相違が、われわれをして、欲望は相反する二つのものからなっていると判断せしめるのである。しかしながら、もし欲望というものを、それがある善を眼中においてそれを求め、同時にその善に反対の悪を眼中においてこれを避ける場合についてよく見るならば、善の追求と悪の回避とを促すのは、ただ一つの情念にほかならないことは、きわめて明らかに認めうるのである。

八八　「欲望」のさまざまな種類は何々か

（欲望を二つに分けるよりも）欲望を、われわれが追求する種々異なる対象と同数の異なった種類に分かつことのほうが理にかなっていると思われる。というのは、たとえば、認識の欲望である好奇心は、名誉欲とは大いに異なるし、名誉欲はまた復讐欲とも異なるし、その他同様であるからである。けれどもここでは、愛と憎みの種類の数だけ欲望の種類があること、および、最も注目すべく最も強い欲望は、愛好と嫌悪から生ずる欲望であることを、知るだけで十分である。

八九　「嫌悪」から生まれる欲望はどういうものか

ところで、すでにいったように、ある善の追求に向かう欲望と、その善の反対者である悪の回避に向かう欲望とは、同一の欲望にほかならないのであるが、しかし、「愛好」から生まれる欲望は、「嫌悪」から生まれる欲望とはやはり大いに異なるのである。なぜならば、愛好と嫌悪とは真の意味で互いに対立する二つのものであって、それら自身が欲望に対する対象の役をする善と悪となのではなく（もしそうなら、愛好と嫌悪とが欲望を二つの種に分化させることはないはずである）、たんに精神の二つの感動であり、この二つの感動が精神を促して内容上非常に異なる二つの事がら（すなわち死の回避と異性への愛と）を追求させることになるのである。

すなわち、「嫌悪」は、精神に対して、不意の思いがけない死を示すために自然の設けたものであって、嫌悪を起こさせるものは、ときには蛆虫《うじむし》に触れることとか、ゆれ動く葉の音とか、自分の影とかにすぎないが、それでもやはりわれわれは、そういう刺激を与えられたその瞬間からすでに、きわめて明らかな死の危険が感覚に示された場合と同じくらいに強い感動を感ずるのであり、その感動はたちまちに、精神をして全力をあげてそういう目《ま》のあたりに存する悪を避けしめるところの（精気の）動揺を生みだすのである。そして、こういう種類の欲望が、普通「回避」または「忌避」とよばれるものなのである。

九〇 「愛好」から生ずる欲望はどういうものか

これに反して「愛好」は、気に入ったものの享受を、人間のもちうるあらゆる善のうちで最も大きな善として示すために、自然がわざわざ設けたものであり、そのゆえにわれわれは、この享受をきわめて熱烈に欲するのである。

そして愛好には種々異なる種類があり、愛好から生ずる欲望はすべてひとしく力強いものだとはいえないことは事実である。たとえば、花の美しさは、われわれにただ花を見ることを促すだけであるが、果実の美しさは果実を食べるようにわれわれを促すのである。

　しかしながら、愛好から生ずる欲望のうち最も重要なものは、第二の自己となりうると考えられる人間のうちに思い描かれる数々の完全性から生ずるものである。というのは、自然は、理性をもたぬ動物のうちにと同様、人間のうちにも、性の区別を設けたが、それとともにまた脳のうちに、ある種の印象をつくっておいたのであって、この印象は人をして、ある年齢に達しある時期に達すると、みずからが何かを欠いていると思わせ、自分は一つの全体の半分にすぎず、異性の一人の人間が、他の半分を占めねばならぬかのように思わせる。そこでこの半分を手に入れることが、あらゆる善のうちに最大のものとして、自然によって漠然と示される。そして人々は、異性の人間を数多く見るけれども、だからといって、同時に多くの異性の人間を望むことはない。自然は人々が自分の半分を一つ以上必要とするとは思わせないからである。そこで、ある一人の人間において、同じときに他の人において認めるよりもいっそう自分に気に入る何かを認めると、人の所有しうる最大の善として自然が示すところの善を追求しようとする、自然の与えた傾向の全体を、精神はそのただ一人の人間に対して感ずるようになるのである。こういうわけで、愛好から生ずるこの傾向、すなわち欲望のほうが、すでに述べたような愛の情念よりももっと普通に「愛」（「恋」）の名でよばれている。この愛はまた前に述べた愛よりもいっそう異常な効果を示し、物語作者や詩人におもな材料を提供しているのである。

九一 「喜び」の定義

「喜び」とは、精神の快い感動であって、精神による善の享受の基礎をなすものなのであり、その善とは脳の諸印象が精神自身のものとして示すところの善なのである。

私は「この感動が善の享受の基礎をなす」という。なぜなら、事実、精神が、みずからの所有するすべての善から受けとる果実は、喜びという感動以外にはないのであって、善についての喜びをもたないかぎり、善の享受は成立せず、善を所有しないのも同然だからである。

私はまた、「脳の諸印象が精神自身のものとして示すところの善」の享受であるとつけ加える。これは、一つの情念(動受)であるところの、ここでいう「喜び」を、純粋に知的な喜びから区別するためである。この「知的な喜び」のほうは、精神の活動からのみ生じ、「精神自身のうちに起こされた快い感動であって、悟性が精神に対して精神自身のものとして示すところの善の享受の基礎をなす」ということができる。

もっとも、精神が身体に合一しているかぎり、このような知的な喜びも、情念としての喜びをともなわないわけにはゆかない。というのは、われわれがなんらかの善を所有していることを、われわれの悟性が気づくやいなや、この善そのものは身体に属するすべての事がらとはまったく異なっていて、想像力に描くことのまったく不可能なものであるにしても、やはり想像力はただちに脳中にある印象をつくりだすのであり、この印象から精気の運動が生じ、この運動が喜びの情念を起こすのである。

九二 「悲しみ」の定義

「悲しみ」は、いやな無活動状態であって、脳の印象が精神自身のものとして示すところの悪から、精神が受けとる不快の基礎をなすものである。そしてこのような情念(受動)ではないところの知的な悲しみもまた存在するが、やはり情念としての悲しみを、たいていはともなっているのである。

九三 これら二つの情念の原因は何々か

さて、知的な喜びや悲しみが、右のように情念としての喜びや悲しみをもひき起こす場合には、これら情念の原因はまことに明らかである。すなわち、それら情念の定義からして、喜びは、なんらかの善を所有しているという考えから生じ、悲しみは、なんらかの悪または欠陥をもっているという考えから生ずるのである。しかし、悲しみや喜びを感じながら、その原因である善や悪を右のように判明に認めることができない場合もしばしばある。すなわち、その善や悪が、精神の介入なしに、脳のうちに印象を生ずる場合である。そして、それはときには、善と悪とが身体にのみ属するがゆえであり、またときには、善と悪とが精神に属していても、精神がそれらをはっきり善や悪と見ず、何かほかの形において見ていて、しかもその形を精神に呈示するところの脳内の印象が、善や悪の印象と結合しているがゆえである。

九四 「喜び」と「悲しみ」との情念が、身体にのみ関係する、善と悪とによってひき起こされるのは、どうしてか。「快感」と「苦痛」とはどういうものか

たとえば、自分が申し分なく健康であり、天気がいつもよりよく晴れているとき、われわれは心のうちに快活さを感ずるが、これは悟性のなんらかのはたらきから生ずるのでなく、精気の運動が脳のうちに生ずる印象からのみ生ずるのである。そして、身体のぐあいが悪いときには、たとえそのことを知らないでいても、やはりなんとなく悲しく感ずる。また諸感覚の与える「快感」（くすぐり）にはすぐに「喜び」がつづいて生じ、「苦痛」には「悲しみ」がすぐつづくので、たいがいの人々は、快感と苦痛とを、喜びと悲しみとから区別しないほどである。しかし、それらは実は非常にちがうものであって、われわれはときには「苦痛」を「喜び」をもって耐えることがあり、「快感」を受けてしかも不愉快であることもある。

しかし、通常、快感には喜びがつづいて生ずる理由はといえば、われわれが「快感」または「快い感覚」とよぶものはすべて、次のような場合に起こるからである。すなわち、諸感覚の対

象が神経のうちに、ある種の運動を起こし、この運動は、もし神経がそれに対抗するに十分な力をもたないなら、あるいは身体がよい状態にないなら、神経にとって有害でありうるような運動であるという場合である。そこでこのことは、脳の中に、ある印象を生み、しかもその印象は、身体のよい状態と神経の力強さとを明示するように、自然によって定められているので、それを精神――身体と合一しているかぎりでの――の所有する善として精神に示すことになり、かくて精神のうちに「喜び」を起こすのである。そして、これとほとんど同じ理由によって、われわれはみずからがあらゆる種類の情念に動かされること、「悲しみ」や「憎み」にさえも動かされることを、自然の定めにより、快く感ずるものである。ただしこれは、それらの情念が、舞台で上演される異常な事件やその他同様な事がらによってひき起こされるにすぎぬ場合である。この場合、それらの事件は、われわれに少しも害を与えることができず、いわばわれわれの精神に触れて、それを快くくすぐっているのである。

次に「苦痛」が通常「悲しみ」を生む理由はといえば、苦痛とよばれる感覚はつねに、神経を害する何かはげしい作用を受けることから生ずるものであり、かつ自然の定めによって、苦痛は、身体がかの作用から受ける損害と、身体がその作用に対して対抗できなかったという弱さとを、精神に対し表示するようにできているから、この二つのことを、苦痛は、精神にとってつねに不愉快な悪として精神に示すことになるのである。ただし、これら二つの悪が、それらよりも重要だと精神が判定するような善を生むという場合は別である。

九五 「喜び」と「悲しみ」とはまた、精神のものでありながら精神の気づいていない善や悪によっても、ひき起こされうる。たとえば、危険をおかす快さとか過去の悪を思い起こす快さとか

たとえば、若い人々が、なんの利益も名誉も期待せずに、困難な事がらを企て大きな危険に身をさらすことを、しばしば快とするのは、一方自分たちが企てる事がらは困難であると彼らが考えることから彼らの脳中に生ずる印象と、他方、それほどの危険をあえておかしうるほどに自分が勇敢であり、幸運であり、腕も力もあるのだと感ずることは善《よ》いことだと考えて、彼らがつくりだしうる脳内の印象とが結びつき、その結果、彼らは快を感ずることになるからである。

また老人たちが、過去に経験した数々の悪を思い起こすときに感ずる満足は、そういう悪にもかかわらず生きつづけてきたのは善いことであると考えることから生ずるのである。

九六 右の五つの情念をひき起こすところの、血液と精気との運動はどういうものか

ここで説明をはじめた五つの情念（すなわち、はじめの「驚き」を除いた残りの「愛」「憎み」「欲望」「喜び」「悲しみ」の五つの情念）は、互いに結びついたり対立したりしていて、「驚き」について論じた場合のように一つ一つ別々に分けて論ずるよりも、五つをいっしょにして考察するほうが容易である。

また、五つの情念の原因は、「驚き」の原因のように脳のうちのみに存するのではなく、心臓にも脾臓《ひぞう》にも肝臓にも、さらには身体の他のすべての部分にさえも——その部分が血液、したがって精気の産出に役だつかぎりにおいて——存する。なぜならば、静脈はすべてそれの入れている血液を心臓のほうへ運ぶが、しかし、ある静脈内の血液は、他の静脈の血液よりも勢いよく心臓におしやられるということがときにはあるからであり、また、血液が心臓にはいったりでたりする通り口が、あるときには、他のときよりも広げられたりせばめられたりすることがあるからである。

九七　「愛」における血液と精気との運動を知るに役だつ主要な経験的事実

さて、われわれの精神がさまざまな情念に動かされている間に、われわれの身体について、経験によって認められるさまざまな変化を注意してみるとき、「愛」において私の認めることは、愛がそれだけで存するとき、すなわち強い「喜び」や「欲望」や「悲しみ」をともなっていないときには、脈搏《みやくはく》の打ち方は一様であって、普通よりもはるかに大きく強いこと、胸におだやかなあたたかさが感ぜられること、食物の消化は胃においてたいへん速く行なわれていること、結局、この情念は健康のために有益であるということ、である。

九八 「憎み」についての同様な事実

これに反して、「憎み」において私の認めるのは、脈搏がふぞろいであり、普通よりも小さく、往々より速いこと、胸に何かはげしい刺すような熱をまじえた冷たさを感ずること、胃はそのはたらきをやめ、食べたものを吐きだそうとし、あるいは少なくとも食べたものを腐らせて有害な体液に変えようとすること、である。

九九 「喜び」についての同様な事実

「喜び」において認められるのは、脈搏が一様で、普通より速いが、「愛」の場合ほどには強く大きくはないこと、快いあたたかさが感ぜられ、しかもそれは胸にあるばかりでなく、豊かに流れる血液とともに身体の外的部分のすべてに広がること、しかもその間、消化力が普通よりも弱まるために、ある場合には食欲がなくなることがあること、である。

一〇〇 「悲しみ」についての同様な事実

「悲しみ」において認められるのは、脈搏が弱くおそくなること、紐《ひも》が心臓をまいてしめつけるかのように、また氷片が心臓を冷やし他の身体部分にも冷たさをおよぼすかのように感ぜられること、しかもその間、憎みが悲しみにまじりさえしなければ、われわれはときには盛んな食欲をもち、胃が十分にその任務を果たしていると感ずること、である。

一〇二 「欲望」についての同様な事実

最後に「欲望」においては、次のような特徴を私は認める。すなわち、欲望は心臓を他のどの情念よりも強くゆり動かし、脳に精気を他の情念よりも多く供給し、その精気は心臓から筋肉へ流れて、すべての感覚をより鋭くし、身体のすべての部分をより動きやすくする、ということである。

一〇二 「愛」における血液と精気との運動

これらの観察および、ここで述べるとあまり長くなるその他多くの観察は、私に次のように判断する理由を与えた。すなわち、悟性がなんらかの愛の対象を思い浮かべると、この思いが脳のうちにつくりだす印象は、動物精気を第六対の神経(1)によって、腸や胃のまわりにある筋肉のほうへ送りだす。すると、新たな血液に変わるべき食物の液が、肝臓にとどまらずにすみやかに心臓のほうに流れ、身体の他の部分にある血液よりも強い力で心臓へおしやられるので、より多量に心臓にはいることになり、かつこの新たな血液は、心臓をなんども通って、すでにたびたび希薄化された血液よりも粗いために、心臓内でより大きな熱をひき起こす、ということになる。そこでまた血液は、普通より粗くて活発な粒子からなる精気を、脳のほうに送ることになる。そして、この精気は、愛すべき対象についてのはじめの思いが脳内につくりだした印象を強めることによって、精神を長くこの思いにとどまらせる。かくして情念としての愛が成立するのである。

(1) ガレノス以来、デカルトの時代にも認められていた考えでは、脳から七対の神経がでており、その第六対が胸と腹にゆく「迷走神経」であると考えられており、かつこれは現在のように交感神経と区別されてはいなかった。

一〇三 「憎み」における血液と精気との運動

反対に、「憎み」においては、嫌悪をもよおす対象についての最初の思いは、脳のうちにある精気を胃や腸の筋肉のほうへ送って、食物の液が血液とまじらないように、いつもは食物の液が血液の中へ流入している入口をすべて閉ざしてしまう。また、その思いは、精気を脾臓および肝臓下部(そこに胆汁の袋がある)に送って、通常、血液の成分中でこの脾臓や肝臓下部にうちすてられているところの粒子をして、そこからでて静脈の枝脈中の血液とともに心臓のほうに流れしめるのである。その結果、血液の温度にはなはだしいむらを生ずることになる。なぜならば、脾臓からくる血液は、容易に熱せられず、また希薄にならぬのに対し、いつも胆汁をいれている肝臓下部からくる血液は、きわめて速く熱をおび、膨張するからである。このことの結果として、脳に行く精気もまた、はなはだふぞろいな粒子をもち、はなはだ異常な運動をすることになる。そこで、これら粒子は、脳のうちにすでに印象を印しているところの憎みの諸観念を強め、精神を酸味と苦味とにみちた思いのほうへ傾かせるのである。

一〇四 「喜び」における血液と精気との運動

「喜び」において活動するのは、脾臓や肝臓や胃や腸にある神経よりもむしろ、それ以外のあらゆる身体部分にある神経であり、特に心臓のもろもろの出入口のまわりにある神経である。これら心臓にある神経は、心臓の出入口を開きかつ広げて、ほかの神経によって静脈から心臓のほうへおしやられてくる血液に、つねよりも多量に心臓へはいり、かつ、でることをゆるすのである。このとき、心臓へはいる血液は、動脈から静脈へうつってきたものであって、もうなんども心臓を通ったことのある血液であるから、はなはだ容易に膨張し、それの生みだす精気も、その粒子がよくそろっていて細かであるので、精神に気楽なおだやかな思いをもたせるような脳内の印象を、形成し強化するに適しているのである。

一〇五 「悲しみ」における血液と精気との運動

これに反して「悲しみ」においては、心臓の出入口は、それをとりまく小さな神経によってはなはだせばめられ、かつ、静脈の血液は少しもゆり動かされていないから、血液が心臓にはいる量ははなはだ少ない。しかもその間、食物の液が胃と腸とから肝臓のほうへ流れる通路は開かれたままになっている。この結果、食欲は減少しない。ただし「悲しみ」にしばしば結合する「憎み」がその通路を閉ざす場合は別である。

一〇六　「欲望」における血液と精気との運動

最後に「欲望」の情念は、次のような特徴をもっている。すなわち、なんらかの善を得ようとし、またはなんらかの悪を避けようとする意志は、それに必要な行為に役だちうる身体部分へ、ことに心臓と、心臓へ最も多くの血液を供給する身体部分へ、脳の精気をすみやかに送りだすのである。そうすると心臓は、つねよりもはるかに多量の血液を受けとって、より多量の精気を脳に送ることになる。これは、精気がかの意志の観念を脳のうちで維持し強めるようにするためであり、また、あらゆる感覚器官および、欲望の対象の獲得に用いられうるあらゆる筋肉へ、精気が脳から流れてゆくようにするためである。

一〇七　「愛」における血液と精気との運動の原因はどういうものか

さて、私はこれらすべてのことの理由を、すでに述べたことだが、次のことから導きだす。すなわち、われわれの精神と身体との間には、われわれがある身体的活動とある思考とをひとたび結びつけてしまうと、あとになってこれら二つの一方がわれわれに現われれば必ず他方もまた現われずにはいない、ということである。それはたとえば、次のような例に認められる。病気のときに大きな嫌悪をもって何かの水薬を飲んだ人々は、その飲物と味の似ているものを飲んだり食ったりすると、必ずふたたび同じ嫌悪をもつ。同時に、そういう人々が薬に対してもつみずからの嫌悪を考えるとき同じ味が彼らの思いのうちに必ずふたたび現われるのである。

（そこでこのことから、右の諸事実の理由をどのようにして導きだすことができるかといえば）私の考えでは、われわれの精神が身体に結びつけられたはじめの時期に、心臓にはいってきた血液あるいは他の液が、生命の原理である熱を心臓において維持するのに、普通よりもずっと好適な養分を与えるということがときとしてはあったに相違ない。そこで、精神がみずからの意志により、この養分を自己に結びつけるにいたった、いいかえれば、精神はその養分を「愛し」たのである。また、同時に、心臓へきたその養分の源となっている身体部分を、圧迫したりゆり動かしたりして、さらに多くその養分を心臓へ送ってくれるように促すところの筋肉のほうへ、精気が脳から流れたのである。その身体部分とは、まず胃と腸とであって、これをゆり動かすと食欲が増すのであり、さらにはまた、肝臓と肺臓とであって、これは横隔膜の筋肉によって圧迫することができるのである。そしてこういうわけで、同じ精気運動が、それ以来ずっと、愛の情念にともなうことになったのである。

一〇八　「憎み」における血液と精気との運動の原因

ときとしては反対に、心臓内で熱を維持するに不適当な、いな、その熱を消してしまうような、異常な液が心臓に流入することがあった。そこで、心臓から脳にのぼってくる精気は、精神のうちに「憎み」の情念をひき起こすことになったのである。同時にまた、これら精気は、脳から、脾臓の血液と肝臓の小さな静脈内にある血液とを心臓へおしやることによってかの有害な液が心臓にはいるのを妨げることのできる神経のほうへ、流れてゆく。そしてさらに、この有害な液を腸や胃のほうへおしもどすことができ、ときには胃をしてその液を吐きださせることのできるところの、神経のほうへ、精気が流れるのである。このゆえにこれらの運動が、「憎み」の情念に通常ともなうことになったのである。

そして、肝臓の中には、眼で見ることができるが、多くの相当大きな静脈または脈管があって、これらを通って食物の液が肝臓に停滞することなしに、門脈から大静脈へうつり、そこから心臓にはいることができる。しかしまた、肝臓にはもっと細い無数の静脈があって、そこへ食物の液が停滞することができ、そこにはいつも予備の血液があることになる。このことはまた脾臓についてもいえる。そこで、胃や腸が心臓に血液を供給しえない場合には、そういう予備の血液は、身体の他の部分にある血液よりも粗いから、心臓のうちにある火に対する養分として、よりよく役だつことができるのである。

一〇九　「喜び」における血液と精気との運動の原因

さらにまた、われわれの生のはじめには、ときとして、静脈に含まれる血液が心臓の熱を維持するのに十分に適した養分であって、しかも静脈はそういう血液を多量に含んでいるので、心臓は静脈以外から養分をとる必要がない、というような状態が生ずる。そこで、精神のうちに「喜び」の情念が生ずることになったのである。そして精気は脳から、心臓の出入口を開く神経のみならず、一般に静脈の血液を心臓へおしやるはたらきをするあらゆる神経に豊かに流入し、しかも肝臓、脾臓、腸、胃からは、新たな血液が心臓にこないようにする。こういうわけで、これらの運動がそのままずっと「喜び」にともなっているのである。

一一〇　「悲しみ」における血液と精気との運動の原因

しかし、ときとしては反対に、身体が養分を欠くことがあった。これが精神に、最初の「悲しみ」を、少なくとも、「憎み」と結合していなかった最初の「悲しみ」を、生ぜしめたに相違ない。そして、このことの結果、心臓の出入口は少ししか血液を受け入れないために狭くなり、かつまた血液の相当多くの部分が、脾臓からくるということになった。なぜなら、脾臓は、心臓へほかからくる血液が不足するとき、心臓に血液を供給する役目をもつ最後の貯蔵庫のようなものなのだからである。このゆえに、心臓の出入口をこのようにせばめ、かつ脾臓から心臓へ血液を送る、という役目をもつところの、精気や神経の諸運動が、いつも「悲しみ」にともなうこととなっているのである。

一一二 「欲望」における血液と精気との運動の原因

最後に、精神が、新たに身体に結合されたときに、もったであろうと思われる最初の「欲望」はすべて、自分に適したものを受けとり有害なものをつきかえすという欲望であった。そして、このことを果たすため、精気はそのときすでにあらゆる筋肉と感覚器官とを、動かしうるあらゆるしかたで動かすことをはじめたのである。このゆえに現在、精神が何かを欲望するとき、身体全体が、欲望のないときよりも活気をおび、動きやすくなるのである。そしてまた、身体がこういう状態になると、そのことがまた、精神の欲望を、より強い熱烈なものにするのである。

一一三 これら情念の外的表徴は何か

以上述べたところによって、さきに諸情念に属せしめた脈搏のちがいや、その他のあらゆる特性の原因を十分に理解できるであろう。それでさらに、それら特性を立ち入って説明する必要はないであろう。けれども、いちいちの情念について私が注目したのは、その情念が他と無関係にあるときに、それについて観察されうる事がらのみであり、かつ諸情念を生むところの、血液と精気との運動を知るに役だつ事がらのみであったから、ここでなお、情念にともなうことをつねとする多くの外的表徴について述べることが残されている。そして、このような外的表徴は、諸情念がいくつかいっしょに混ざっている場合（通常はそうである）のほうが、それらが互いに離れて独立している場合よりも、より明らかに認められるのである。

情念のこれら外的表徴のおもなものは、眼と顔のはたらき、顔色の変化、ふるえ、無気力、気絶、笑い、涙、うめき、ためいき、である。

一一三　眼と顔とのはたらきについて

どのような情念でも眼のある特殊なはたらきにそれと現われるものである。このことは、ある種の情念の場合にはきわめて明らかであって、最も愚かな下男でも主人の眼つきに、主人が自分に怒っているか、怒っていないかを見てとることができる。しかしながら、こういう眼のはたらきはたやすく認められ、その意味するところも知られるにしても、だからといって、そういう眼のはたらきを記述することはたやすいとはいえない。なぜならば、眼のはたらきのおのおのは、眼の運動と形とに現われる多くの変化から構成されており、これら変化はきわめて特殊な小さなものであって、それらの協同から生ずる結果はたやすく気づかれるが、それのいちいちは独立に知覚されえないのである。やはり情念にともなうところの顔のはたらきについてもほとんど同じことがいえる。というのは、顔のはたらきは眼の変化よりも大きいけれども、顔のはたらきのいちいちを区別することはやはりむずかしい。かつ、それらのはたらきは相互にわずかの差異しかもたず、ある人は、泣くときに、他の人なら笑うときにする顔つきとほとんど同じ顔つきをする。もっとも、顔のはたらきにも、よく眼につくものもあることは事実である。たとえば、「怒り」における額のしわ、「憤慨」と「嘲り」とにおける鼻や唇のある運動がそれである。けれども、そういう顔のはたらきは、自然に生まれついたものというより、意志的につくられるものなのである。そして、一般的にいえば、顔のはたらきも眼のはたらきも、精神が自分の情念を隠そうとして反対の情念を強く思い浮かべるなら、精神によって変えられうる。したがって、顔や眼のはたらきは、情念を外にあらわすために用いうると同様、情念を隠すためにも用いうるのである。

二一四　顔色の変化について

しかし、何かの情念に促されて、赤くなったり青くなったりすることは、それほどたやすくとどめられない。なぜなら、これらの変化は、前の眼や顔のはたらきのように、神経と筋肉とに依存するのではなく、もっと直接に心臓に由来するからである。そして心臓は、情念を生ずるための血液と精気とを用意するものであるかぎりにおいて、情念の源とよぶことができるのである。ところで、顔の色はただ血液に由来するものであることは確かである。すなわち、血液はたえず心臓から動脈を通ってあらゆる静脈に流れ、静脈から心臓に流れ、顔の表面近くにある細い静脈をみたすことの多少によって、顔をあるいは多くあるいは少なく色づけるのである。

一一五　「喜び」はどうして顔色を赤くするか

たとえば「喜び」は顔色を、より生き生きと、より赤くする。なぜならば「喜び」は、心臓の水門を開くことによって、血液があらゆる静脈によりすみやかに流れるようにし、かつ、血液がより熱く、より微細になって顔のあらゆる部分を少しふくらますようにする。これが顔の表情をいっそうにこやかに、いっそう明るくならせるのである。

一一六　「悲しみ」はどうして顔色を青くするか

反対に「悲しみ」は、心臓の出入口をせばめて、血液が静脈へふだんよりもゆっくり流れるようにし、血液がより冷たく、より濃厚になって、静脈中に占める場所が小さくてすむようにする。

そこで血液は、心臓に最も近いところにある太い静脈のほうへ退くことによって、心臓から最も遠い静脈——その最も目だったものが顔面の静脈である——から去るのであり、このことにより顔は、青くやつれて見えるのである。特に、悲しみが大きいときとか、また「恐怖」において認められるように、急に襲ってくるときに、そうである。「恐怖」の含む不意打ちという要素が心臓をしめつける作用を強くするのである。

二七　悲しいときでも、しばしば顔が赤くなるのはどうしてか

しかし、悲しんでいて青くならず、かえって赤くなることもたびたびある。このことは、「悲しみ」に加わる他の諸情念、すなわち「愛」あるいは「欲望」、さらにときとしては「憎み」、のせいであるとすべきである。

これら「愛」や「欲望」や「憎み」の情念は、肝臓や腸やその他身体の奥まった部分からくる血液を熱し、あるいはゆり動かして、心臓のほうへおしやり、そこから大動脈を通って顔の静脈へ流れしめる。そしてこのことを、心臓の出入口をあちらこちらでせばめるところの「悲しみ」は、非常に過度の「悲しみ」でなければ、妨げえないのである。けれども、「悲しみ」は、たとえ弱いものであっても、「愛」や「欲望」や「憎み」が内臓のほうから血液を次々に顔の静脈に送りこんでいる間に、そのように顔の静脈にはいってきた血液が心臓のほうへさがって行くのを

とめることは、たやすくできるのである。そこで血液は顔のまわりに停滞することになって、顔を赤くならせ、しかも「喜び」の場合よりもいっそう赤くならせることもある。なぜなら、血液の色はそれがゆっくり流れるほどよく目だつからであり、また血液はそのために（喜びの場合のように）心臓の出入口がもっと大きく開いている場合よりも、多く顔の静脈に集まりうるからである。このことは特に「恥」の情念の場合に明らかである。この場合は、自己に対する「愛」と、現在の不名誉を避けようとするさしせまった「欲望」とを含んでおり、このことが、身体の奥まった部分にある血液を心臓へこさせ、次いでそこから動脈によって顔のほうへこさせているのであるが、さらに、弱い「悲しみ」をも含んでいて、それが血液の心臓へかえることを妨げているのである。また同じことが、人が泣く場合にも普通に認められる。というのは、のちに述べるように、涙を生ずるのはたいていは「悲しみ」と結びついた「愛」であるからである。さらに同じことが「怒り」にも認められる。「怒り」においては、多くの場合、すぐにも復讐《ふくしゅう》したいという「欲望」が、「愛」や「憎み」や「悲しみ」と混ざっているのである。

一二八　「ふるえ」について

「ふるえ」は、二つのちがった原因をもっている。一はときとして脳から神経に行く精気が少なすぎて、前に、一一節でいったような、筋肉のうちにあって手足の運動を決定するために閉じねばならない通路を、十分に閉じることができない場合であり、他はときとして脳から神経に行く精気が多すぎて、同じことができない場合である。最初にあげた原因は「悲しみ」と「恐れ」においで、さらにまた、寒さにふるえる場合において、認められる。というのは、「悲しみ」や「恐れ」の情念は、空気の冷たさと同じく、血液をはなはだ濃くしてしまい、脳から神経へ送りだすにたるだけの精気を脳に供給しえないことがあるからである。もう一つの原因のほうは、はげしく何かを「欲望」する人々や、「怒り」にひどく動かされている人々や、また酒に酔っている人々において認められる。なぜなら「欲望」と「怒り」は、酒と同様に、ときとしてはあまり多量の精気を脳に送りこんで、そこから精気が筋肉のほうへ正しく導かれえないようにしてしまうからである。

二九 「無気力」について

「無気力」とは、身体の力が抜けて動かなくなる傾向である。それは身体のすべての部分に感ぜられる。無気力の生ずる原因は、「ふるえ」の生ずる原因と等しく、神経に十分な精気が行かないことであるが、その様子はちがっている。というのは、ふるえの原因は、腺《せん》が精気をどれかの筋肉におしやる場合に、腺のその決定に従うに十分な量の精気が、脳のうちに存しないということであるが、これに反して、無気力の原因は、腺が精気をどれか一定の筋肉のほうへ行くように決定するはたらきをしないということだからである。

三〇　無気力は「愛」と「欲望」とによって起こされる

無気力という結果をもっとも普通に生むところの情念は、「愛」が、さしあたって獲得可能とは思われないものへの「欲望」に結びついている場合である。なぜなら、「愛」はその向かう対象を注視することに精神をまったく没頭させるので、精神は脳のうちにあるあらゆる精気を用いて、その対象の像をみずからに示させ、このことに役だたぬあらゆる腺の運動を停止してしまうからである。そして「欲望」については次のことを注意する必要がある。すなわち、前に「欲望」には身体をつねよりも動きやすくするという特性があるといったが、この特性は、「欲望」の対象がそれを獲得するために、すぐにも何かをすることができるようなものであると考えられる場合にのみ、欲望に所属するということである。なぜならば、反対に、それを獲得するに役だつことはさしあたって何もできないと考えられる場合には、欲望の動きの全体は、脳の中だけにとどまって神経のほうに少しもうつって行かず、脳の中で欲望の対象の観念を強めることにのみ用いられるので、身体の他の部分を無気力の状態におくことになるのである。

三一　無気力はまた他の情念によっても起こされうる

「憎み」や「悲しみ」や、さらには「喜び」さえ、それらが非常にはげしい場合には（愛の場合と同様）やはり一種の無気力を生じうることは事実である。なぜならば、これらの情念は、その対象を注視することに精神をまったく没頭させるからである。特にいまのところ、これの獲得のために何ごともなしえないようなものへの欲望が、それら情念に結びついている場合がそうである。しかしながら、みずからの意志によって自己に結合しようとする対象（「愛」の対象）を注視することのほうが、自己から離そうとする対象（「憎み」の対象）や、他のすべての対象を注視することよりも、強くわれわれをひきつけるがゆえに、そしてまた無気力は、不意打ちによってすぐ生ずるのでなく、若干の時を費やして徐々に生ずるものであるゆえに、無気力は他のすべての情念におけるよりも「愛」においてはるかに多く起こるのである。

一二二　「気絶」について

「気絶」は「死」とひどくかけはなれたものではない。というのは、人が死ぬのは心臓の中にある火がまったく消える場合であるが、ただ気絶するだけというのは、心臓の火が窒息させられ、しかも熱がいくらか残っていて、のちにもう一度火をもえあがらせうる場合であるからである。ところで、人をそのように失神させうる身体の失調には、多くのものがあるけれども、情念のうちでは、そういう力をもつと認められるものは、極度の「喜び」以外にないのである。そして、極度の喜びが気絶を起こすしかたは、私の考えでは次のようである。すなわち、静脈の血液は心臓の出入口を異常に広く開いて、心臓にははなはだ突然に、しかも多量に流入するので、その血液を心臓の熱によって急速に希薄化し、静脈の入口を閉じるいくつかの小さな弁をたてる、ということができない。そのために、適度にさえ心臓にはいれば心臓の火を維持するのをつねとする血液が、その火をおし消してしまうのである。

一三三　なぜ人は悲しみによっては気絶しないか

思いがけなく襲う大きな「悲しみ」も、心臓の出入口をせばめることによって、やはり心臓の火を消すことができるようにも思われるのだが、しかし、そういうことが起こるのは認められない。あるいは起こってもきわめてまれである。その理由は、私の考えるところでは、たとえ心臓の出入口がほとんど閉じられても、心臓の中にはその熱を維持するにたりるくらいの血液は、やはり必ず存在する、ということである。

一三四　「笑い」について

「笑い」は、心臓の右心室から、動脈性静脈（肺動脈）を通ってきた血液が、肺臓を突然に、しかもなんどもくりかえして膨張させることによって、肺臓に含まれる空気を気管を通じてはげしくおしだし、このとき気管の中で空気が不明瞭《ふめいりょう》な爆発的な声を生む、ということである。そして膨張する肺臓も、外にでる空気も、横隔膜や胸や咽喉《のど》のすべての筋肉を圧迫し、そうすることによって、これらの筋肉といくらかつながっている顔の筋肉を動かすことになる。そこで、この顔のはたらきと、かの不明瞭な爆発的な声とをいっしょにしたものが、「笑い」とよばれるものにほかならないのである。

一二五　笑いが最も大きな喜びにはともなわない理由

ところで、笑いは喜びのおもな表現の一つだと思われているが、しかし「喜び」はあまり大きくないときにのみ、そしてなんらかの「驚き」または「憎み」がまざっているときにのみ笑いをひき起こしうるのである。というのは、経験によってわかることだが、なみはずれて喜んでいるときには、この喜びの原因が大笑いを起こさせることはけっしてない。それどころか、われわれが悲しんでいるときにこそ、最も容易に、何か他の原因によって笑いに誘われるものなのである。その理由は、大きな喜びにおいては肺臓がつねに血液にみたされていて、さらになんども膨張させられることはできないからである。

一二六　笑いの主要な原因は何々か

そして私は、そのように突然に肺を膨張させる原因を、次の二つしか認めえないのである。第一は、「驚き」の不意打ちであって、これが「喜び」に加わることによって、心臓の出入口を急に開くことができるので、多量の血液が大静脈から心臓の右心室へ、たちまちにはいり、そこで希薄になり、そこから動脈性静脈（肺動脈）を通って流れでて、肺臓を膨張させるのである。

第二の原因は、血液の希薄化を促進するある液が混じることである。そういう液としては、脾臓[1]からくる血液の流動的な部分以外に、適切なものを私は見いださない。血液のこの部分は、「驚き」の不意打ちによって加勢された憎みの軽い感動により、心臓のほうへおしやられ、一方で、「喜び」が多量に心臓に送りこんでいるところの、身体の他の部分からきた血液のうちに混入して、この血液を普通よりもはるかに大きく膨張させるのである。それはあたかも、いろいろな液体が多量に火にかけてあるとき、それらのはいっている容器の中へ少量の酢を投げ入れると、それらの液体が急に膨張するのと同様である。なぜなら、脾臓からくる血液の流動的な部分は、酢に似た性質のものだからである。

経験はまた、次のことをもわれわれに示している。すなわち、肺臓からでる爆発的な笑いを生じうるあらゆる事件の中には、つねに、「憎み」あるいは少なくとも「驚き」を起こさせるような小さな材料が含まれているということである。また、脾臓があまり健全でない人々は、他の人よりも「悲しみ」に陥りやすいのみならず、またときどきは、他の人よりも陽気でよく笑うものである。なぜなら、脾臓は二種の血液を心臓へ送るのであって、一は、はなはだ濃くて粗であり、「悲しみ」を起こすが、他は、はなはだ流動的で微細であって「喜び」を起こすのである。そしてしばしば、大いに笑ったのち、悲しい気持になる生来の傾きをわれわれは感ずるが、これは、脾臓の血液の、より流動的な部分が使い尽くされると、つづいてもう一方のもっと粗い部分が心臓にくるからである。

（1）脾臓は古来「笑いの座」と考えられてきた。「脾臓をふくらませる」épanouir la rate とは、愉快に笑うことである。

一二七 「憤慨」における笑いの原因は何か

ときとして「憤慨」にともなう笑いについていえば、それは普通は人為的な、つくった笑いである。しかし、それが自然なものである場合、それは、憤慨の種《たね》となっている悪によって、自分は害を受けることがありえぬのを認める「喜び」から、さらにまた、その悪の新しさ、すなわち思いがけない出現によって驚かされることから生ずるように思われる。それで、「喜び」「憎み」「驚き」が、そういう笑いを生むのに協力しているのである。

しかしながら、笑いはまた、なんら「喜び」なしに、「嫌悪」の運動だけによって生みだされうる、と私は信じたい。嫌悪の運動は、脾臓の血液を心臓のほうに送り、それが希薄にされて心臓から肺臓へおしやられ、肺臓がたまたまほとんど空虚であればそれを容易に膨張させる。そして一般に、肺臓をこのように突然膨張させうるものはすべて、笑いという外的行動をひき起こすのである。ただし、「悲しみ」がそれを変じて、涙をともなううめきや叫びの行動にしてしまう場合は別である。この点に関してヴィヴェス[1]は、彼自身のことをこう書いている。すなわち、長い間食物をとらなかったときには、食物を口に入れるとすぐ笑わずにおれなかった、と（ヴィヴェス『精神について』第三巻、笑いについての章）。これは、血液を欠いていた彼の肺が、胃から心臓へきた最初の液――それは、彼の食べた食物そのものの液が、まだ心臓に達しないうちに、食べることを想像するだけで心臓に流入することのできた液である――によって急に膨張させられたためであろう。

（1）ヴィヴェス（一四九二～一五四〇）はスペインの人文学者。ルーヴァン大学に教え、一時、イギリスのヘンリ八世の宮廷教師ともなったが、一五二九年後はブリュージュに住み、ドイツ皇帝兼スペイン王であったカール五世につかえた。デカルトはヴィヴェスの著『精神について』（一五五八年刊）から多くを得ている。

一三八　「涙」のでる源について

「笑い」が最も大きな「喜び」によって起こされることがないように、「涙」も極度の「悲しみ」からは生まれず、あまり大きくない「悲しみ」であって、いくらか「愛」の感情さらに「喜び」

の感情をすらもともなうもの、から生ずる。

そして、涙の原因をよく理解するためには、次のことを注意せねばならない。すなわち、われわれの身体のあらゆる部分から、多量の蒸気がたえずでているのであるが、しかし、蒸気を眼に運ぶところの視神経の太いこと、および同じはたらきをする細い動脈の多数であることにより、眼ほど多量の蒸気をだす部分はない、ということ。かつ汗は、身体の他の部分からでる蒸気が、身体の表面で水に変わって生じたものにほかならないのと同様、涙も眼からでる蒸気から生ずるのであること。

一二九　どういうふうにして蒸気は水に変わるか

さて私は、『気象学』において、空中の蒸気がどのようにして雨に変わるかを説明し、そのことの理由は、蒸気がつねよりも動揺の少ないこと、またはつねよりも多量にあること、であると述べたが、同様にして私の考えでは、身体からでる蒸気がつねよりもはるかに動揺の少ない状態にあるとき、たとえそれがそれほど多量でなくても、やはり水に変わるのであって、これが病気になったときに身体の衰弱からときどき生ずる、冷たい汗の原因である。また蒸気がつねよりも多量であるとき、同時につねよりもはげしく動揺しているのでないならば、蒸気はやはり水に変わるのであり、これが何か仕事をするときに生ずる汗の原因なのである。しかしそのとき眼に汗がでないわけは、身体をはたらかせている間、精気の大部分が、身体を動かす筋肉のほうへ流れていて、視神経を通じて眼に流れることが少ないからである。そして、同じ一つの物質が、静脈や動脈のうちにあるときは血液となり、脳や神経や筋肉のうちにあるときは精気となり、気体という形で身体外にでるときは蒸気となり、最後に、身体の表面または眼において濃縮されて水となるときは、汗または涙となっているのである。

一三〇　眼に痛みを起こさせるものが涙を流させること

さて、眼からでる蒸気を涙に変わらせる原因を、私はただ二つ認めうるだけである。第一は、蒸気がでてくる多くの孔《あな》の形が、なんらかのできごとによって変えられた場合である。というのは、そのことは、もろもろの蒸気の運動をおそくし、その順序を変えることにより、蒸気を水に変わらせうるからである。たとえば、一片のわらくずが眼にはいるだけで、眼から涙をださせるには十分である。なぜならば、わらくずは苦痛を起こして、眼の孔の状態を変じ、孔のあるものは狭くなってそこを通る蒸気の粒子の速度が減ることになり、しかも以前には、粒子は互いに等しい距離を保ってそこからでていて、したがって互いに離れていたのに対し、いまや多くの孔の秩序が乱されたために互いに衝突し合うことになり、その結果粒子は結合し合って、涙に変ずるのだからである。

一三一　「悲しみ」が涙を流させること

もう一つの原因は、「悲しみ」が、「愛」または「喜び」をともなう場合、あるいは一般に、心臓をして多量の血液を動脈に送らせるようななんらかの原因をともなう場合である。涙が生ずるには、「悲しみ」は必要である。「悲しみ」が血液全体を冷やし、眼の孔をせばめるのだからである。けれども「悲しみ」は、眼の孔をせまくするに応じて、またその孔からでる蒸気の量をも減らすから、もしこれら蒸気の量が、同時に何か他の原因によって増大されなければ、涙を生ずるに十分ではない。そして、その蒸気の量を最も増大するものとしては、「愛」の情念において、心臓に送られる血液よりほかにないのである。

それゆえ、悲しんでいる人々は、たえず涙を流すわけではなく、ただ間歇《かんけつ》的に、彼らが愛情をよせている対象を新たに考えるときに、涙をだすのである。

一三二　涙にともなう「うめき」について

そしてそのとき、肺臓も多量の血液を受けて突然に膨張することがあり、このとき血液は肺臓内にあった空気を追いだすのであるが、その空気が、気管を通って外にでるときに、涙によくともなう「うめき声」や「泣き声」を生むのである。

泣き声は、笑いにともなう声とほとんど同じしかたで生ずるが、笑い声よりも鋭いのがつねである。そのわけは、発声器官を広げたりせばめたりして、声を太くしたり鋭くしたりする役をもつ神経が、「喜び」に際しては心臓の出入口を開き、「悲しみ」に際してはそれをせばめるところの神経と結合しており、かくて心臓を開閉する神経が、同時に発声器官をも広げたりせばめたりするからである。

一三三　どうして子供と老人は泣きやすいか

子供と老人とは、中年の人よりも泣きやすい。しかし、子供と老人とではちがった理由からそうなっているのである。

老人は、しばしば愛情と喜びがもとで泣く。というのは、この二つの情念がいっしょになると、彼らの心臓に多量の血液が送られ、そこから多量の蒸気が眼に送られるが、この蒸気の動きは、老人のもちまえの冷たさによっていちじるしく緩慢になるから、悲しみの情念が介在せずとも蒸気はたやすく涙に変わるのである。

しかし、老人のうちには怒りによってはなはだたやすく泣く者もあるが、彼らにそういう傾向を与えるのは、彼らの身体の体質というより、彼らの精神の気質なのである。それは、心が弱くて、苦痛や懸念や憐れみを起こす小さな事がらに、まったく圧倒せられてしまうような人々においてしか起こらない。

同じことが子供に起こるのである。子供は「喜び」によって泣くことはまれであって、はるかに多く「悲しみ」によって泣く。しかも、「悲しみ」が「愛」をともなわぬ場合でも、泣くのである。というのは、子供は多くの蒸気を生みだすに十分な血液をいつももっているからであって、蒸気の運動が「悲しみ」によっておそくされると、蒸気は涙に変わるのである。

一三四　どうしてある子供は泣かずに青くなるのか

しかしながら、子供の中には、怒ったときに泣かずに青くなる者がある。そのことは、彼らが異常な判断力と勇気とをもつことを証すると認めてよい場合もある。すなわち、そのことが、もっと年をとった者におけると同様に、害悪の大きいことを注視し、強い反抗を用意していることから生ずる場合である。しかしながら、それは、通常は、悪い生まれつきの印なのである。すなわち、彼らが「憎み」と「恐れ」に傾きやすいことから生ずる場合である。というのは、「憎み」と「恐れ」とは涙をつくる物質を減らす情念なのだからであり、反対に、はなはだたやすく泣く者は、「愛」と「憐れみ」とに傾くことが見られるのである。

一三五　「ためいき」について

「ためいき」は、「涙」と同じく、悲しみを前提としているが、「ためいき」の原因は「涙」の原因とはたいへんちがっている。というのは、人が泣くように促されるのは、肺臓が血液でみちているときであるが、「ためいき」をつくように促されるのは、肺臓がほとんど空《から》であって、「希望」または「喜び」のなんらかの思いが、「悲しみ」のせばめていた静脈性動脈（肺静脈）の出入口を広げるときなのである。というのは、そのとき、肺臓のうちに残っているわずかな血液は、この静脈性動脈を通って心臓の左心室に急にはいるが、それは右の「喜び」に達しようとする「欲望」によって、左心室におし入れられたのであって、この「欲望」は、横隔膜と胸とのすべての筋肉を同時に動かすから、空気は急に口を通って肺臓に吸い入れられ、血液の残した場所をみたすことになる。これが「ためいき」とよばれるものなのである。

一三六　ある個人に特有な情念の結果はどうして生ずるか

なおまた、情念のさまざまな結果やさまざまな原因について、まだいいたりないすべてのことを、ここで手短に補うために、それらについて私がいままで述べたすべてのことの基礎になっている原理を、もう一度くりかえして述べておくことで満足しよう。すなわち、その原理の示すところ、われわれの精神と身体との間に存在するつながりの特性は、第一に、われわれがひとたびある身体的活動とある思考とを結びつけると、のちに、両者のいずれかがわれわれに現われれば必ずもう一方もまた現われる、ということであり、第二に、必ずしも同一の身体的活動が同一の思考に結びつけられるわけではない、ということなのである。そしてこの原理が、いままでに述べたことの補いになると私がいうわけは、各人が自己あるいは他人において、情念に関して認める特殊な事実で、いままでに説明されなかったすべての事実は、上述の原理によって十分に説明がつくからである。

たとえば、ある人々がバラの香りをかぐことや、猫を見ることなどを我慢できぬという、異常な嫌悪は、彼らが生のはじめの時期に何か同様な対象によって、ひどく害せられたということの結果であるか、あるいは彼らの母親が彼らを孕《はら》んでいたときにそれらの対象に害せられ、母親のその感情に彼らが共感したためである、と考えることは容易である。というのは、母親のすべての動きと、その胎内にいる子供の動きとの間にはつながりがあって、一方に有害なことは他方にも有害である、ということは確かだからである。そしてまた、バラの香りが、まだ揺籃《ゆりかご》にいる子供に大きな頭痛を起こさせたかもしれず、また猫がその子供をひどく恐ろしがらせたかもしれないが、そのとき、だれもそれに気づかず、また子供自身もそのことを少しも記憶せず、しかもそのとき、そのバラや猫に対していだいた嫌悪は、子供の頭脳に刻印されて、一生涯存続するということがありうるのである。[1]

（1）フランス王アンリ三世が猫をきらい、王妃マリー・ド・メディシスがバラをきらったという話がある。デカルトの説明は、現在の精神分析学者の見方を思わせるところがある。

一三七　右に説明した五つの情念の身体に関するかぎりでの効用について

「愛」「憎み」「欲望」「喜び」「悲しみ」の定義を示し、それらをひき起こしあるいはそれらにともなうあらゆる身体的運動を述べたので、残る仕事はそれらの効用を考えてみることだけである。さて、五つの情念の効用に関して注意すべきは、自然の定めたところにより、それら情念はすべて身体に関係しており、身体に合一しているかぎりでの精神に対してのみ与えられているということである。したがって情念の自然的な効用は、精神を促して、身体を保存し、またはそれをあるしかたでいっそう完全にするのに役だちうる行動に、同意させ協力させることである。そして、この意味においては「悲しみ」と「喜び」とがまず用いられる二つの情念である。というのは、精神が、身体を害する事物について直接に警告をうけるのは、ただ苦痛の感覚によってであり、これは精神のうちにまず「悲しみ」の情念を生みだし、つづいてその苦痛をひき起こすものに対する「憎み」、そして第三にそのものから免れようとする「欲望」を生む。同様にまた、精神が身体に有益な事物について直接に知らせをうけるのは、ただある種の快感（くすぐり）によってであり、この快感は精神のうちに「喜び」を生み、次いでその快感の原因と考えられるものに対する「愛」を生み、最後に、この喜びをもちつづけること、またはのちにも同じような喜びを享受することを可能にするようなものを獲得しようとの「欲望」を生む。かくて明らかなことは、五つの情念は五つとも身体に関してははなはだ有益であること、しかも「悲しみ」はある意味で第一のものであり、「喜び」よりも不可欠であり、「憎み」は「愛」よりも不可欠であることである。なぜなら、身体に害を与え、さらには身体を破壊するかもしれぬようなものをおしのけることのほうが、なくても生きてゆけるなんらかの完全性を身体に加えるところのものを獲得することよりも、重要だからである。

一三八　情念の欠陥とそれを正す手段とについて

情念のこのような効用が、それらのもちうる最も自然な効用であって、われわれにおいてこれらの情念につづいて起こるのをつねとする運動、しかも情念がわれわれの精神に同意を促すところの運動、に似た身体的運動のみによって、理性をもたぬ動物もまた、生を営んでいるのである。しかしながら、やはり情念はいつでも善であるとはいえないのである。なぜならば、身体にとって有害な多くのもので、はじめにはなんの「悲しみ」をもひき起こさず、それのみか「喜び」を与えさえするものがあり、また他方、身体に有益であってしかもはじめは不愉快に感ぜられるものもあるからである。また、このことのほかに、情念は、ほとんどつねにそれの示す善も悪も、実際にある以上にはるかに大きく重要に見せるのである。その結果、情念は、われわれが善《よ》いものを求め、悪いものを避けるにあたって、過度の熱意と心づかいとをもってするように促す。それは、動物が、しばしば餌《えさ》によって欺かれ、小さな悪を避けようとしてより大きな悪にとびこむのが見られると同様である。このゆえに、われわれは経験と理性とを用いて、善きものを悪《あ》しきものから分かち、善きものと悪しきものとの正しい価値を知らねばならない。それは、善を悪ととりちがえたりせぬように、また何ごとにも過度に傾かぬように、するためである。

一三九　同じ五つの情念の、精神に属するかぎりでの効用について、第一に「愛」について

もしわれわれが、身体しかもっていないならば、あるいは身体がわれわれの、より善い部分なのであるならば、以上のことで十分であろう。けれども身体はわれわれの、より劣った部分なのであるから、われわれは諸情念を主として、われわれの精神に属するものとして考慮しなければならない。そして精神に関しては、「愛」と「憎み」が認識から生ずるのであって、それらは「喜び」と「悲しみ」とに先行する。ただし「喜び」と「悲しみ」とがそれぞれ認識の一種となって、本来の認識にとってかわる場合は別である。そこで、この認識が真であるなら、いいかえればその認識がわれわれをして愛せしめるものが、真に善いものであるならば、またその認識がわれわれをして憎ましめるものが、真に悪いものであるならば、愛は、憎みより、比較にならぬほど善いものである。愛はいくら大きくとも大きすぎることはない。そして、愛が喜びを生まぬ

ことはけっしてないのである。この愛はきわめて善いと私がいうのは、それが真の善きものをわれわれに合一させ、われわれをそれだけ完全にするからである。また、この愛はいくら大きくとも大きすぎることはないと私のいうのは、極度の愛がなしうることは、われわれをそれらの善きものにまことに完全に合一させて、われわれが特にわれわれ自身に対してもつ愛が、そこでは特別な意味をもたなくなるということである。これはどんな場合にも悪いはずはない、と私は思う。そして、「愛」は必然に「喜び」をともなう。なぜならば、愛はわれわれの愛するものを、われわれの所有する善として示すからである。

一四〇 「憎み」について

反対に、「憎み」はどれほど小さくともやはり有害であり、「悲しみ」をともなわないことはけっしてない。「憎み」がいくら小さくとも小さすぎることはない、と私がいうのは、悪の憎みに促されてなんらかの行為に向かうとき、必ずその悪の反対である善への愛によって、いっそう適切に、同じ行為に向かいうるのだからである。少なくとも、その善とその悪とが十分に認識せられている場合にはそうである。というのは、痛みによってのみ明示される悪を憎むということが、身体に関しては不可欠であることは私も認めるけれども、ここで私がいっているのは、（そういう感覚に促された憎みでなく）さらに明晰《めいせき》な認識から生ずる「憎み」のみであり、かつそれをただ精神にのみ関係づけているのだからである。私がまた「憎み」が「悲しみ」をともなわずにいない、といったのは、次のような意味である。すなわち、悪はたんなる欠如にすぎぬゆえに、それの帰属する何かの実在的主体なしには理解できず、しかもいやしくも実在的なものであれば必ず、みずからのうちになんらかの善性をもっているのであるから、したがって、なんらかの悪かられわれわれを遠ざからせるところの「憎み」は同時に、その悪が結合している善からも、われわれを遠ざけることになり、そしてこの善の欠如は、われわれの精神に所属する欠陥として示されるから、それはわれわれの精神のうちに「悲しみ」をひき起こすのである。たとえば、誰かの不品行から、われわれを遠ざける憎みは、同時に彼の談話をきくことからもわれわれを遠ざけるが、そういうことにならなかったなら、彼の談話のうちにわれわれはなんらかの善を見いだすこともできたと考えられ、われわれはその善を奪われたことを悲しむのである。同様にして他のあらゆる「憎み」のうちにも、なんらかの「悲しみ」の原因となるものを認めうるのである。

一四一　「欲望」「喜び」「悲しみ」について

「欲望」についていえば、それが真なる認識に由来する場合、それが過度でなく、かつその認識にのっとっておりさえすれば、悪いものではありえない。また「喜び」は精神にとって必ず善いものであり、「悲しみ」は必ず悪いものである。なぜならば、精神が悪からうける不都合はすべて「悲しみ」からなり、精神の所有する善の享受はすべて「喜び」からなるからである。それで、もしかりにわれわれが身体をもたぬとしたならば、われわれはどれほど「愛」と「喜び」に自己をゆだねてもゆだね過ぎるということなく、どれほど「憎み」と「悲しみ」を避けても避けすぎるということはない、と私はあえていうであろう。しかしながら、これら情念にともなう身体的運動は、それらがはなはだはげしいときにはすべて健康に有害でありうるし、反対に適度をはずれることがなければ、健康に有益でありうるのである。

一四二　「喜び」および「愛」を「悲しみ」および「憎み」と比較すること

なおまた、「憎み」と「悲しみ」とは、真の認識に由来する場合でも、精神によって退けられねばならないのであるから、ましてそれらが、偽なる意見から生じている場合にはなおさら退けられねばならない。しかし、それでは「愛」と「喜び」とが、同じように不十分な知識にもとづく場合、善いのか善くないのかと問いうるであろう。それに対しては、もし愛と喜びとを、精神に対してそれ自体において、ある相においてのみ、他ときりはなして考慮するならば、次のようにいえると思う。すなわち、その場合「喜び」は、それがよりよい根拠をもつ場合よりは、不確かであり、「愛」も益するところ少ないが、しかし、やはり両者は、同様に不十分な知識にもとづいている場合の「悲しみ」や「憎み」よりもまさっている、と。したがって、われわれが偶然誤りに陥るということを避けえないこの人生の、さまざまな状況においては、善に向かう情念のほうに傾くほうが、悪を眼中におく情念のほうに傾くよりは善い。悪を眼中におく情念がたとえただ悪を避けるためのものであっても、やはりそうである。そして、誤った「喜び」が、真なる理由にもとづく「悲しみ」よりも善い場合さえもたびたびあるのである。

しかしながら、同じことを、「憎み」との対比において、「愛」についてもいうこと（正しい「憎み」よりも誤った「愛」のほうがよいということ）は、私にはできない。というのは、「憎み」が正しいとき、それは、当然遠ざけるべき悪を含んでいるところのものから、われわれを遠ざけるだけであるが、正しくない「愛」のほうは、有害であるかもしれないものへ、あるいは少なくとも、それほど重要視する値うちのないものへ、われわれ自身を合一させるのであって、このことはわれわれを卑しくし、われわれの品位をさげるのだからである。

一四三　「欲望」に関係するかぎりでの右の四つの情念について

そして、ここにはっきりと認めておかねばならないことは、私が四つの情念についていまいったことは、ただそれら情念が他からきりはなされて、それ自体において見られる場合、かつそれが、われわれをいかなる行為にも向かわせない場合にのみあてはまるということである。なぜならば、それら情念が、われわれのうちに「欲望」を生じ、欲望を介してわれわれのふるまいを導くものであるかぎり、その原因（その基礎にある認識）が誤っている情念はすべて有害でありうること、反対にその原因が正しい情念は有益でありうることは、確かだからである。のみならず、「喜び」と「悲しみ」とがいずれも誤った理由にもとづいている場合は、喜びは普通、悲しみよりも有害であるということさえも確かである。なぜなら、「悲しみ」は、慎みと心配とを与えて、ある意味で人々を思慮深くするに対し、「喜び」は、それに耽《ふけ》る人々を、無思慮な向こう見ずな者たらしめるからである。

一四四　その目ざす結果が、われわれ自身の力にのみ依存するところの「欲望」について

しかしながら、これら（愛・憎・喜・悲の四つ）の情念は、それらが起こす「欲望」を介してのみわれわれを、なんらかの行為に向かわせうるのであるから、われわれが、心を用いて統御しなければならないのは、特に「欲望」であり、「欲望」の統御というこのことにこそ、道徳の主要な用途は存するのである。ところで、欲望は、それが真なる認識に従う場合はつねに善である、と私はさきにいったが（一四一節）、同様にまた、欲望はなんらかの誤謬《ごびゅう》にもとづいている場合、必ず悪いのである。

そして、「欲望」について最も普通に人の陥る誤りは、まったくわれわれに依存する事がらと、われわれに依存しない事がらとを、十分に区別しないことである、と私には思われる。というの

は、われわれにのみ依存する事がら、すなわち、われわれの自由意志にのみ依存する事がらは、それが善いと知られたなら、いくら熱烈に「欲望」されても、されすぎることはないのだからである。その理由は、われわれに依存するところの善なる事がらをなすことこそ、徳に従うということであり、徳に対する欲望が熱烈すぎるということがありえないのは確かだからである。そのうえ、われわれがこのようなしかたで欲望するところは、それがもっぱらわれわれのみに依存するものである以上、必ずうまく実現されるのであって、われわれはそのことから、われわれの期待した満足の全体を、つねに与えられるからである。実にこの点に関してわれわれの通常おかすあやまちは、あまりに多くを欲しすぎるということではけっしてなく、欲したりない、ということにほかならない。そして、これに対する最上の救治法は、精神をあまり有益でないあらゆる種類のほかの欲望からできるかぎり脱却させたうえで、欲望すべきものの善さを十分、明晰に認識し注意深く考慮するに努めることである。

一四五　他の原因にのみ依存する欲望について。「偶然の運」とは何か

さて、われわれに少しも依存しない事がらは、それらがいかに善であっても、けっしてそれらを強く欲望してはならない。その理由は、それらが実現されないかもしれず、したがって、それを強く希望したのであれば、それだけわれわれを悲しませるであろうということのみでなく、主

としてそういう事がらが、われわれの思いを独占して、われわれの力で獲得できる他の事がらに、われわれの愛を向けさせないようにする、というところにある。

さて、これら空《むな》しい欲望に対して、二つの一般的な救治法がある。第一は、「高邁の心」であり、これについてはあとに述べる。第二は、われわれがしばしば「神の摂理」についてよく考え、いかなる事がらも、この摂理によって永遠の昔から決定せられているとはちがったしかたで起こることは不可能である、ということを思い浮かべるようにすべきだ、ということである。すなわち、摂理は宿命あるいは不変の必然性のごときものであることを考え、これを「偶然の運」に対抗させ、「偶然の運」とはわれわれの悟性の誤りからのみ生まれた幻にすぎぬものとして打破すべきなのである。

そのわけを考えると、もともとわれわれは、ある意味で可能だとわれわれが認める事がらでなければ欲望しえないのであり、かつわれわれは、われわれの力に依存しない事がらを、可能だと認めることはできない。そういう事がらを可能だと認めることがあるとすると、それはただ、その事がらが「偶然の運」に依存すると考えるためである。いいかえれば、そのことは起こりうるし、かつ以前に似たことが実際起こった、と判断するからである。ところで、こういう判断は、ただわれわれが、いちいちの結果を生むことに与《あずか》っている、あらゆる原因を知り尽くしていないということにもとづいているだけである。なぜなら、われわれが「偶然の運」に依存するものと認めた事がらが、実際に起こらない場合、それは、その事がらを生ずるに必要であった諸原因のどれかが欠けていたことを証拠だてるのであり、したがってその事がらは絶対に不可能であったこと、またそれと同様な事がら、すなわち、同様な原因がやはり欠けていたような事がらは、いまだかつて起こらなかったこと、を証拠だてるのである。そこでもしわれわれが、以前にこの点に無知でなかったとしたら、われわれはそのような事がらを、可能とはけっして認めなかったろうし、したがって欲望もしなかったであろう。

一四六　われわれ自身にも他のものにも依存する「欲望」について

それゆえ、われわれの外に、「偶然の運」なるものがあって、好むがままに事物を起こらせたり起こらせなかったりしているのだ、という通常の見解をまったく捨て去らねばならない。そして、次のことを知らねばならない。すなわち、すべては神の摂理に導かれており、摂理の永遠の決定は、まったく不可謬《ふかびゅう》かつ不可変であり、したがって、この決定そのものによってわれわれの自由意志に依存せしめられた事がら以外は、われわれにとって、必然的でいわば宿命的でないようなことは何も起こらず、ちがったしかたで起こってくれるようにと願えば必ず誤る、と考えねばならないこと。

しかし、われわれの欲望の大部分は、まったくわれわれに依存するのでも、まったく他のものに依存するのでもないような事がらにおよぶのであるから、こういう事がらにおいて、われわれにのみ依存する部分をはっきりとりだして、この部分以上にわれわれの欲望が広がらないようにしなければならない。そして、その他の部分については、そのなりゆきは、まったく宿命的で変更不可能であると認めて、われわれの欲望がそれにかかわらないようにすべきなのではあるが、しかしやはり、そのことのなりゆきにかけるわれわれの希望を、あるいは大きく、あるいは小さくするさまざまな理由というものを考慮に入れずに捨ておくべきではないのである。これは、それらの理由をわれわれの行為を統御することに役だてるためである。たとえば、ある場所に用事があって、しかも二つのちがった道を通ってそこに行くことができ、その一は他よりも通常はるかに安全なのであるが、しかし、おそらく摂理の決定によれば、より安全だとわれわれの考える道を行けば必ず強盗に出会い、反対にもう一方の道を危険なしに通りうることになっているであろう、と思われるような場合があるとしても、だからといってわれわれはそのどちらかを選ぶことに無関心であってはならず、また、摂理の決定の不可変な宿命性をたのみにすべきでもない。理性は、通常他より安全であるところの道をわれわれが選ぶことを要求する。そして、われわれの欲望が、理性の命令に従ったうえは、そのためどういう悪がわれわれにふりかかったにせよ、われわれの欲望はこのことに関しては、もう達すべきところに達しているのだ、と認められねばならない。なぜなら、この悪はわれわれにとって、不可避なものであったのだから、われわれはその悪を免れたいと望むべき理由はもたなかったのであって、ただ、われわれの悟性の認識しえた最善を尽くすべきであったのであり、上述の想定では、事実われわれはそうしたのだからである。

そして、このように必然の宿命を偶然の運から区別する練習をつむならば、われわれは、自分の欲望を統御する習慣を容易に獲得することは確かであり、しかも、それら欲望の達成は、ただわれわれ自身にのみ依存するのであるから、それらはいつも完全な満足をわれわれに与えることができるのである。

一四七 精神の内的感動について

しかし、私はここになお、諸情念にわずらわされることを防ぐために、大いに役にたつと思われるもう一つの考えをつけ加えよう。それは、われわれの幸福と不幸とが、精神のうちに精神自身によってのみひき起こされる内的感動に主として依存しているということである。内的感動は、それが精神自身によってのみ起こされるという点で、いつも精気のなんらかの運動に依存する(受動的)情念とは異なっている。そして、この精神の感動は、しばしばそれに似た情念と結びついてはいるが、またしばしば他の情念とともにありうるのであり、さらには反対の性質をもった情念から生まれることすらもある。

たとえば、一人の夫が妻の死をなげき、しかも（ときどき実際あるように）妻がふたたび生き返ってくれることを迷惑に感じているとき、葬式の道具だてや、いつもいっしょにいた人間の不在が、彼のうちによび起こす悲しみによって、彼の心臓がしめつけられることはあり、愛や憐れみの残りが、彼の想像に現われて、彼の眼に本当の涙を流させることはあるが、しかし同時に彼は、彼の精神の奥底では隠れた喜びを感じており、この喜びの与える感動はたいへん強い力をもっていて、それにともなっている悲しみや涙もその力を減ずることはできないのである。

またわれわれが、書物の中に異常なできごとのことを読んだり、それが舞台に上演されるのを見たりするとき、それは、われわれの想像に与えられる対象の多様性に従って、ときには「悲しみ」を、ときには「喜び」を、あるいは「愛」を、あるいは「憎み」を、一般にあらゆる情念を、われわれのうちにひき起こす。けれども同時にわれわれは、それらの情念がわれわれのうちでひき起こされることとそのことを感じて、快感をもつ。この快感は「知的な喜び」であって、喜びではあるが、他のすべての情念からと同様、悲しみからも、生まれることができるのである。

一四八　徳の実行は情念に対する最高の救治法であること

さて、これら内的感動は、それとは性質がちがっていてそれと共存している情念よりも、はるかに直接にわれわれを動かすものであり、したがってわれわれをはるかに強く支配するものであるから、われわれの精神がその内奥において、みずから満足すべき理由をつねにもっていさえするならば、ほかからくるあらゆる混乱は、精神を害する力を少しももたず、むしろ、そういう混乱によってみずからが傷つけられえないのを見ることによって、精神はみずからの完全性を知るのであるゆえ、かえって精神の喜びを増すのである。そして、われわれの精神がこのようにみずから満足すべきものをもつためには、忠実に徳に従いさえすればよいのである。なぜなら、自分が最善と判断したすべての事がらをなすこと〔それが私のここでいう「徳に従う」ことである〕において、なまけるところがあったと良心にとがめられないように生きてきた人ならばだれでも、そのことから一つの満足を受けとるが、これはその人を幸福にするきわめて強い力をもっていて、情念の最もはげしい衝撃も、彼の精神の平和を乱すほどの力をけっしてもたないのである。

第三部

特殊情念について

一四九　「尊重」と「軽視」とについて

六つの基本的情念は、他のすべての情念を「種《しゅ》」としてもつ「類」のようなものであるが、これら基本的情念についての説明を終わったので、私はこれから、簡潔に、その他の情念のいちいちにおいて認められる特殊性について述べることにする。そして、前にそれを枚挙したときにとった順序をそのままとることにする。

最初の二つの情念は「尊重」と「軽視」とである。というのは、これらの名は普通、いちいちのものの価値についての、情念をまじえない意見をさすけれども、しかし、それらの意見からしばしば情念が生まれ、しかもこれら情念には特別な名が与えられていないゆえ、これら情念をも「尊重」と「軽視」という名でよんでもよいと私には思われるからである。そして情念であるかぎりの「尊重」とは、尊重せられるものの価値を精神が思い浮かべようとする傾向であって、しかもこの傾向は、精気のある特殊な運動によってひき起こされ、かつその精気は、脳内でそのものを思い浮かべるのに役だっているところの諸印象を、強めるように方向づけられているのである。反対に「軽視」の情念は、軽視されるもののつまらなさ、または小ささを注視しようとする精神の傾向であって、この小ささの観念を強めもするところの精気の運動によって、ひき起こされたものである。

一五〇　これら二つの情念は「驚き」の種《しゅ》にほかならないこと

それゆえ、これら二つの情念は、「驚き」の二つの種にほかならない。というのは、われわれが、一つの対象の大きいことや小さいことに「驚き」をもたぬ間は、われわれはその対象について、理性がわれわれになすべしと命ずるとおりの評価、それより大でも小でもない評価をするだけであり、つまりこの場合われわれは情念なしにその対象を、尊重または軽視しているのだからである。そして（「驚き」によってのほかに）、尊重は「愛」により、軽視は「憎み」によってわれわれのうちにひき起こされることがたびたびあるけれども、これはいつでもそうだとはいえない。それは、対象に対してわれわれのいだく愛情の大小に応じて、その対象の大きさまたは小ささを注視するわれわれの傾向も、大きくあるいは小さくなるということから生ずるにすぎないのである。

一五一　人は自己自身を「尊重」し、または「軽視」することができること

さて、この「尊重」と「軽視」との二つの情念は、あらゆる種類の対象に、一般的に関係づけられることができる。けれども両者は、われわれ自身に関係づけられるとき、すなわち、われわれの尊重し軽視するものがわれわれ自身の価値であるとき、特に注目に値する。それら情念をひき起こす精気の運動もこの場合はたいへん目だったものであって、つねよりも自己を重んじ、または軽んじている人々の、顔つきや身ぶりや歩きぶりまでも、一般に彼らの行動のすべてを、変えるのである。

一五二　いかなる理由によって人は自己を尊重しうるか

そして、知恵の主要な部分の一つは、各人がどのようなしかたで、かつ、どのような理由で、みずからを尊重または軽視すべきか、を知ることであるから、私はここでそのことについての、私の考えを述べてみよう。

われわれに、みずからを尊重する正しい理由を与えうるものとしては、ただ一つのものしか私には見あたらない。すなわち、われわれの自由意志の使用であり、われわれがみずからの意志作用に対してもつ支配である。事実われわれが理由ある賞賛や非難をうけうるのは、この自由意志

に依存する行為についてのみである。そして、この自由意志がわれわれに与える権利を臆病《おくびょう》のゆえに失うことさえなければ、自由意志はわれわれをわれわれ自身の支配者たらしめるのであり、そのことによって、自由意志は、われわれを、ある意味で神に似たものにするのである。

一五三　「高邁《こうまい》」とはどういうことか

それゆえ私の考えでは、人間をして正当に自己を重んじうる極点にまで自己を重んぜしめるところの真の「高邁」（けだかさ）とは、一方では、自己が真に所有するといえるものとしては、自分のもろもろの意志作用の自由な使用しかなく、自己がほめられとがめられるべき理由としては、意志をよく用いるか悪《あ》しく用いるかということしかない、と知ることであり、また他方、意志をよく用いようとする確固不変の決意を自己自身のうちに感ずること、すなわち、みずから最善と判断するすべてを企て実現しようとする意志を、どんな場合にも捨てまいとするところの、いいかえれば、完全に徳に従おうとするところの、確固不変の決意を自己自身のうちに感ずることである。

一五四　「高邁」の心は他人を軽視せしめない

自己自身についてこういう認識とこういう感情とをもつ人々は、他の人もまたおのおのそういう自己認識と自己感情とをもちうることをたやすく確信する。なぜなら、このことにおいては、誰も他人に依存するところはないのだからである。それゆえ、そういう人々は、だれをも軽視しない。そして、他の人がその弱点を暴露するようなあやまちをおかすのをたびたび見ても、その人を責めるよりは、ゆるすほうに傾き、他人があやまちをおかすのは、善き意志《よ》の欠如によるよりはむしろ、認識の欠如によると考えることに傾く。また、そういう人々は、みずからよりも多くの財産や名誉をもつ人々に対し、さらには自分よりも多くの知力、知識、美しさをもつ人々、また一般に他のなんらかの完全性において自分よりすぐれている人々に対してさえも、自分がひどく劣っているとは考えないが、同時にまた、自分よりも劣っている人々に対して、みずからをひどく高く評価することもないのである。なぜならば、これらすべての事がらは、彼らにとっては、善き意志に比すれば、まことにとるにたらぬ事がらだと思われるからである。善き意志こそ、彼らが自己を重んずる唯一の理由であり、かつ他人の一人一人にもまたあり、あるいは少なくともありうる、と彼らの考えるところのものなのである。

一五五　「善き謙遜《けんそん》」とはどういうことか

それゆえ、最も高邁な人々は、普通、最も謙遜である。そして「善き謙遜」とは、ただ次のことにのみもとづく。すなわち、われわれが人間性の弱さについて反省し、また自分が過去におかしたかもしれず、また未来におかすかもしれぬあやまちは、他人のおかしうるあやまちに劣らず大きい、ということを反省し、その結果、われわれが自分を、他のだれに対しても、まされりとは考えぬようになり、他人もわれわれと同様自由意志をもつのだから、われわれ同様それを善く用いうるはずだと考えるようになることである。

一五六　「高邁」の特性は何か。それはいかにして情念のあらゆる錯誤を救いうるか

このような意味で、高邁な人々はそのもちまえからいって、偉大なことをしようという心組みでいるが、しかし、自分にできると感じないことは企てようとはしない。そして彼らは、他の人々に善いことをし、そのために自分自身の利害を軽視する、ということを最も偉大であると考えるから、彼らはだれに対しても、申し分なく礼儀正しく愛想よく、親切である。そのうえ、彼らは自分の情念を完全に支配している。特に、彼らは自分の力で獲得しえないもので、自分が大いに望むだけの値うちのあるものはない、と考えるから、「欲望」や「執心」や「羨《うらや》み」に動かされず、また他の人間をすべて重んじているから、人間に対する「憎み」に動かされず、さらに自分の徳に対する信頼が彼らを安心させているので、「恐れ」に動かされず、最後に、他人に依存するすべてのものをただ軽くしか見ず、敵の優越性によって自分が傷つけられると認めるほど、敵に優越性をゆるすことはけっしてないのであるから、彼らは「怒り」にも動かされないのであ

る。

一五七　「高慢」について

何ごとであれ、そのほかのことのためにみずからを重しとする人々はすべて、真の高邁の心をもたず、高慢の心をもつだけである。高慢はつねにきわめて悪い。もっとも、人がみずから重んずる理由が、より不当であれば、高慢もそれだけよけいに悪いということにはなるが。そして、すべてのうち最も不当な高慢は、なんの理由もないのに高慢であること、すなわち、自分が、当然重んぜられてしかるべきなんらかの美点が自分にはあると考えるのでなく、ただ美点などいうものをまったく無視することによって高慢であること、すなわち、名誉は人から横領すべき何ものかであって、最も多くの名誉を自分にとりこむ者が事実それを最も多くもつのだ、と考えることである。

この悪徳は、きわめて不合理なばかげたものであるから、もしだれも不当な賞賛を受けることがないのならば、こういう悪徳に耽《ふけ》る人間があるなどとは私はほとんど信じないであろう。けれども事実、阿諛《あゆ》はいたるところにいくらでもあり、どのように欠陥のある人間でも、たびたび、ほめられるに値せぬことのゆえに人に重んぜられたり、それどころか、とがめられてしかるべきことのために、人に重んぜられたりする経験をもつ。このことが、無知な者や、愚かな者に、こういう種類の高慢に陥る機会を与えるのである。

一五八　「高慢」の生む結果は、「高邁」の生む結果とは反対であること

しかしながら、みずから重んずる理由がどんなものであろうと、もしそれが、みずからの自由意志をいつも善く用いようとする、自己のうちに感ぜられる意志――そこから高邁の心が生ずると右に述べた――よりほかのものであるならば、そういう理由の生むものはつねに、大いにとがめらるべき高慢であって、まったく反対の効果をもつところの真の高邁とはきわめて異なったものである。なぜならば、知力とか美とか富とか名誉など、他のすべての善は、それをもつ人の数が少なければ少ないほどよけいに重んぜられるのをつねとし、しかもそれらの善は大部分、多くの人に伝えうつすことのできぬような性質のものであるから、その結果、そういうものによって高慢に陥った者たちは、他のすべての人をさげすむことに熱心であり、かつみずからの情念のとりこになっていて、精神をたえず「憎み」や「羨み」や「執心」や「怒り」によってかきたてられている。

一五九　「悪しき謙遜」について

「卑屈《いやしさ》」、いいかえれば「悪しき謙遜」は、主として次のことにある。すなわち、自分が弱く、

または不決断であると感じ、自分の自由意志の全き使用の能力をもたぬかのように、のちに後悔するぞとはっきりわかっている事がらを、なさずにおれないということ。さらにまた、自分だけでは生きてゆけず、他人にたよってはじめて獲得しうる多くのものを、なしですますことができぬ、と考えること。

それゆえ、「卑屈《いやしさ》」は高邁《けだかさ》の正反対である。また、最も高邁な者が、最も控えめで最も謙遜であるのと同様に、しばしば最も卑屈な精神をもつ者が、最も傲慢《ごうまん》で尊大である。しかし、強い高邁な精神をもつ者が、自分の身のうえに起こる繁栄や不運のゆえに、気持を変えることはないのにひきかえ、弱く卑しい者は偶然の運によってのみ導かれ、不運が彼らをへりくだらせると同じく、繁栄は彼らを高ぶらせる。のみならず彼らは、自分に何かの利益を与えてくれそうな人、または自分が何かの悪をこうむらせられるかもしれぬ人の前では、恥ずべき卑下のふるまいをし、同時に自分がなんの利も期待できず、なんの害を受けるおそれもないような人に対しては、無礼な高ぶった態度をとることがしばしばある。

一六〇　これらの情念における精気の運動はどういうものであるか

なおまた、高慢と卑屈とが悪徳であるばかりでなく、また情念でもあることは容易に知られる。なぜならば、それら情念の動きは、何か新たなできごとによって急にとくいになったり、また落胆したりする人々において、はなはだあらわに外に現われるからである。けれども、徳であるところの高邁と謙遜のほうも、やはり情念でありうるかどうかは疑わしいと思われるかもしれない。なぜならば、これらの動きはあまりあらわに認められず、悪徳が情念と適合するにしても、徳のほうは情念とそれほど適合せぬように思われるからである。しかしながら、ある考えがまちがった根拠をもつ場合に、その考えを強めるのに役だつところの精気の運動は、正しい根拠をもつ考えをも同じく強めることが当然できるはずだと私は思う。そして、高慢と高邁とは、いずれも人がみずからについていだく高い評価にほかならず、ちがう点はその評価が、高慢においては正しくなく高邁においては正しいというだけのことであるから、高慢と高邁とは同一の受動に帰することができるように思われる。その受動とは、自己自身にも自己がとくいとするものにも向けられる「驚き」と「喜び」と「愛」とのおのおのがもつ精気運動から合成された一つの運動、によって起こされるものなのである。これに反して、徳であるところの「善き謙遜」も悪徳であるところの「悪しき謙遜」も含めて一般に「謙遜」のもつ運動は、人が自己自身に対してもつ「驚き」と「悲しみ」と「愛」とに、自己の欠陥に対してもつ「憎み」(これが自己に対する軽視の原因である)のまじったものの、それぞれのもつ精気運動から合成された一つの運動である。

これらの運動において私の認める相違は、ただ次の点である。すなわち、「驚き」の情念に対応する運動が二つの特性をもつということである。その特性の第一は、不意打ちということが、その運動を、はじめから強いものにしていることであり、第二はその運動は一様に継続されるということ、すなわち、精気が脳のうちで同じ調子で動きつづけるということである。これら特性の第一のものは「高邁」と「善き謙遜」によりも「高慢」と「卑屈」とにおいてはるかに多く現われる。反対に第二の特性は、「高慢」と「卑屈」によりも、「高邁」と「善き謙遜」において、よりはっきり認められる。このことの理由は、悪徳が通常、無知から生じること、自己を知ることと少ない人々こそ、不当に高慢になったり卑屈になったりしやすいことである。なぜなら、彼らに新たに起こることは、彼らには不意打ちのように受けとられ、この新たな事件を自分のせいにして、彼らは自己に驚くが、しかもそのできごとが自分の利益になるかならないかの判断に従って、彼らは自己を重視したり、軽視したりするのだからである。

しかし、しばしば彼らを高慢にした事がらのあとに、彼らを卑下させる別の事がらが現われるために、彼らの情念の運動は変動しやすい。

これに反して「高邁」の中には、「善き謙遜」と調和せぬものは見いだされず、また、何かほかのものがこれらを変化させることはありえない。このゆえに、これらの情念のともなう運動は、むらがなく、不変で、つねにきわめて一様である。そして、この運動は不意を打たれて起こるという点をたいしてもたない。なぜならば、このようなしかたで自己を評価する人々は、自分が自己をそのように評価するようになった原因がなんであるかをよく知っているからである。しかし、それでもやはり、これらの原因自体はたいへん驚くべきものであるといえる。〔すなわちそれらの原因とは、第一にみずからの自由意志を用いる能力であり、これが、彼をして自己を重んぜしめる原因であるが、第二には、この能力が属する主体のもつさまざまな弱さであり、これあるがゆえに彼らは自己を高く評価しすぎることがないのである。〕そこで、それらを新たに思い浮かべるたびごとに、つねに新たな驚きを与えられるのである。

〔一六一〕　いかにして「高邁」の心は獲得されうるか

ここで注意すべきは、普通に「徳」とよばれているものが、精神をしてある種の考えへ傾かしめるところの、精神のうちにある「習慣」であって、したがって、そういう傾向はその考えそのものとは異なるものではあるが、その考えを生みだしうるのであり、また逆にその考えによって生みだされうるものである、ということである。

さらに注意すべきは、それらの考えは精神のみによって生みだされうるが、しかし、精気の運動がその考えを強めることがたびたびあり、そうなると、その考えは、「徳の活動」(能動)であると同時に「精神の情念」(受動)でもあることになる、ということである。

それゆえ、なるほど徳のうちで善い生まれという条件が最も有力にはたらくものは、自分を正しく評価する徳であり、したがって神がわれわれの身体のうちに宿らせる精神はみながみな、等しく高貴で強いとはいえぬことはたやすく納得できるけれども〔このゆえに私はこの徳をわれわれの国語のいい方に従って、「高邁」（高貴の生まれ）とよび、学院（スコラ哲学）のいい方で――学院はこの徳を正確には知っていない――「大度」とよぶことをひかえたのである〕、しかしながら、やはり次のことは確かである。すなわち、善い教育が生まれつきの欠陥を矯正《きょうせい》するのに大いに役にたつということ。そして、自由意志とはなんであるか、自由意志を善く用いようとする確固たる決意をわれわれがもつということから生ずる利益がいかに大きいか、また他方、功名心にとりつかれている人を悩ます心づかいがすべていかにむなしい無用なものであるかを、よくよく考えることにたびたび心を用いるならば、われわれは自己の中にまず高邁の「情念」をかきたてることができ、次いで高邁の「徳」をわがものにすることができるということ。そして、この高邁の徳は、いわば、すべての他の徳の鍵《かぎ》であり、あらゆる情念の迷いに対する万能の薬であるから、右の知見は心にとどめる値うちが大いにある、と私には思われるのである。

一六二　「尊敬」について

尊敬または敬意とは、尊ばれる対象を尊重するのみならず、その対象をして自分に好意をもたしめるように、いくらかの懸念をもってその対象に服従しようともする、精神の傾向である。それでわれわれが尊敬をいだくものは、自由原因（人間や神）、すなわち、われわれに善きことまたは悪しきことをしかけることができると判断されるが、そのいずれをなすであろうかは知られないような原因、に対してだけである。(「いずれをなすであろうかは知られないような」)というわけは、われわれに善きこととしかなさないと期待される自由原因に対しては、たんなる「尊敬」よりはむしろ「愛」と「献身」の感情をもつのであり、悪しきこととしかわれわれになさないと期待される自由原因に対しては、「憎み」をいだくのだからである。また、こういう善や悪の原因が、自由な原因であると判断されるのでなければ、それの好意を得るために、それに服従するということもないからである。たとえば、異教徒たちが森や泉や山に対して「尊敬」をささげたとき、彼らはこれら生命のない物そのものをあがめたのでなくて、それらを支配していると異教徒たちの考えていた神々をあがめたのである。

そして「尊敬」を起こす精気の運動は、「驚き」を起こす精気の運動と「懸念」を起こす精神の運動とから合成されている。この「懸念」についてはのちに述べる。

一六三 「軽蔑《けいべつ》」について

同様にして、私が「軽蔑」とよぶものは、精神が一つの自由原因について、それがその本性上、善または悪をなしうるが、しかし、それはわれわれよりもきわめて劣っていて、われわれに対しては善も悪もなしえない、と判断し、その自由原因を軽視しようとする傾向をもつときの、その傾向のことである。そして、これを起こす精気の運動は、「驚き」を起こす精気の運動と「安心」または「大胆」を起こす精気の運動とから合成されている。

一六四　「尊敬」と「軽蔑」との二つの情念の効用について

「尊敬」と「軽蔑」というこの二つの情念を善く用いるか悪しく用いるかを決定するものは、「高邁」と、「精神の弱さ」すなわち「卑屈」とである。人は高貴で高邁な精神力をもてばもつほどますます、すべての者に彼の当然与えらるべきものを与えようとする傾向をもつ。したがって、人は神に対してきわめて深い「謙遜」をもつのみでなく、また人間に対しても、当然与えらるべき名誉と尊敬を、各人にそれぞれがこの世でもつ地位と権力とに応じて、快く与え、悪徳以外の何ものをも軽蔑しない。

これに反して卑しく弱い精神の持ち主は、度を過ごしてあやまちやすい。すなわち、ときには軽視にしか値しないものを尊敬し恐れるし、ときには最も尊敬に値するものをおうへいに軽蔑するのである。そして彼らはしばしば、極度の不敬虔《ふけいけん》からたちまちに盲目的信仰へ、さらにまた盲目的信仰から不敬虔へとうつるのであって、彼らがもちえない悪徳や錯乱は存在しないほどなのである。

一六五 「希望」と「懸念」とについて

希望とは、精神が欲するところのものが起こるであろうと信じようとする傾向である。それは、精気の特殊な運動、すなわち、「喜び」と「欲望」とのいっしょに入りまじっている情念のもつ精気運動によって起こされる。

また、「懸念」とは、欲するところのものが起こらないであろうと信じようとする精神の傾向である。そして、注意すべきは、これら希望と懸念の二つの情念は反対者であるが、われわれは二つをともにもつことがあるということである。すなわち、欲望の実現が容易であるとわれわれに判断させる理由と、それが困難であると思わせる理由との二種のちがった理由を、同時に心に思い浮かべる場合である。

一六六 「安心」と「絶望」とについて

しかも、これら二つの情念の一つが「欲望」にともなうとき、その情念は必ずもう一つの情念にもいくらかの場所を残しているのである。というのは、反対に、もし「希望」が非常に強く、「懸念」をまったく追いはらうときは、希望はその性質を変じて「安心」とか「確信」とよばれるものになってしまう。そして自分の「欲望」するものが起こるであろうと「確信」するときには、われわれはそれが起こることを「意志」することはつづけるにしても、われわれにその結果を心配しつつ求めさせていた「欲望」という情念にはもはや動かされなくなるのである。同様にして「懸念」が極端になって、あらゆる希望のはいる余地をうばってしまうと、懸念は「絶望」に変じ、この絶望はことの不可能を示すから、可能なことにのみ向かうところの「欲望」というものをまったく消滅させるのである。

一六七　「執心」について

「執心」というのは、なんらかの善の所有をつづけたいという欲望に関係する「懸念」の一種である。執心は、その善を失うかもしれぬと判断せしめるもろもろの理由のせいで生ずるというよりは、むしろその善を非常に尊重することから生ずる。そして、その尊重の念の結果、人はまったくつまらぬ疑いの種《たね》をもいろいろ詮索《せんさく》し、それをたいした理由であるかのように思うのである。

一六八　いかなる場合に執心は適切でありうるか

そして人は、小さな善よりは非常に大きな善を保存するよう心を用いるのが当然なのであるから、この執心という情念は、ある場合には正しく適切なものでありうる。たとえば非常にたいせつな陣地を守る隊長が、この陣地に執心するのは当然である。すなわち、この陣地を不意打ちすることのできるあらゆる手段に対して用心するのは当然である。また、淑女がその貞操に執心すること、すなわちただ非行を慎むばかりでなく、悪い評判の種になることはどんなに些細《ささい》なことでも避けるということは、なんら非難すべきことでもないのである。

一六九 いかなる場合に執心はとがめらるべきであるか

しかしながら、守銭奴がその宝に執心するとき、すなわち財宝を奪われはせぬかと恐れて片時もそれから目を離さず、それからけっして離れようとしないとき、われわれは彼を嘲《あざけ》る。というのは、金銭はそれほど心を用いて守る労に値するものではないからである。また人は、自分の妻に執心する人間を軽蔑する。なぜならば、このことは、彼が正しいしかたで妻を愛しておらぬこと、また自身ならびに妻を軽んじていることの証拠だからである。彼が妻を正しいしかたで愛しておらぬ、というのは、もし彼が妻に対して真の愛をもっているのならば、妻に不信をいだくという気持など起こらぬはずであり、彼の愛しているのはもともと彼女自身ではなくて、彼女を独占することのうちにありとみずから想像するところの善であるからである。また（自身ならびに妻を軽んじている、とここでいう理由は）、もし彼自身がこの善に値しないと判断するか、あるいはむしろ妻が不実であると判断するのでなければ、彼はその善を失うかもしれぬなどと懸念することはないはずだからである。ともかくも、この情念は疑念や不信にのみもとづくものである。なぜなら、ある悪を懸念する正しい理由をもつ場合に、その悪を避けようと努めることは、本来の意味で「執心」するということではないからである。

一七〇　「不決断」について

「不決断」もまた一種の「懸念」であって、精神がなしうる多くの行為の間に、どっちつかずの状態に精神をおき、精神をしてどの行為も実行させないことになり、したがって、決心するまえに選択をするための時を精神がもつようにする。そして精神が選択に時をもつというこの点では、この情念は確かにある善い用途をもっているのである。けれどもこの情念が必要以上に長くつづき、行為のために必要な時間を、思案のために費やさせるようなことになると、たいへん有害なのである。

ところで、私は不決断が「懸念」の一種であるといったが、しかし、どれもこれもまったく等しく善い多くのものの間から選択できるという場合に、不確かで不決断の状態にとどまりながら、別になんの「懸念」もいだかないでいる、ということがありうるのである。というのは、こういう種類の不決断は、目前に現われる対象のみから生ずるのであって、精気のなんらかの運動から生ずるのではないからである。それゆえ、そういう不決断は情念ではないのである。それが情念であるのは、自分の選択において誤りはしないかとの「懸念」が、その選択の不確かさを増大する場合だけである。しかし、こういう懸念は、ある人々においてはまことによくあることであり、また力強いものであって、彼らが選ぶべき多くのものをもたず、ただ一つのものをとるか、捨てるかということだけが問題である場合でも、懸念が彼らをひきとめ、彼らをして無益な足踏みをして、何か他のものを求めしめることがたびたびあるのである。この場合は、過度の不決断であって、それはよく行為しようとする欲望の大きすぎることと、明晰《めいせき》判明な観念をもたずたんに多くの不判明な観念のみをもつ悟性の弱さとから生ずるのである。それゆえ、この過度に対する救治法は、現われでるすべてのものについて確かなきっぱりした判断をくだすことに慣れることであり、さらに、最善と判断したところを実行しさえすれば、たとえその判断がときとしてたいへんまちがっていても、やはり自分の義務を果たしているのだ、と考えることに慣れることである。

一七一　「勇気」と「大胆」とについて

「勇気」は、それが情念であって、習慣や生来の傾向ではない場合には、何ごとであろうと精神のしようとすることの実行へと力強く精神を向かわせるところの、ある種の熱、すなわち激動である。そして「大胆」とは勇気の一種であって、最も危険な事がらの実行へと精神を向かわせるものである。

一七二　「負けぎらい」について

「負けぎらい」もまた「勇気」の一種であるが、「大胆」が勇気の一種であるのとはちがった意味においてそうなのである。というのは、勇気を一つの「類」とみて、これをその相異なる対象の数だけの「種《しゅ》」に分かつこともできるし、そのさまざまな原因の数だけの他の「種」と分かつこともできるからである。「大胆」が「勇気」の種であるのは、対象に即しての分類によってであり、「負けぎらい」が「勇気」の種であるのは、原因に即しての分類によってである。すなわち「負けぎらい」は、自分がやりとげうると希望するところのことを企てることに精神を向かわせる熱であるが、それを自分がやりとげうると希望するのは、他の人々もやりとげるのをみるからなのである。したがって「負けぎらい」は、他人の例を外的原因にもつ勇気の一種である。特にこのとき「外的」原因というのは、そのほかにやはり「内的」原因もなければならないからであって、その内的原因とは、そのとき欲望と希望が多量の血液を心臓に流入させる力のほうが、懸念と絶望とがそうさせまいとする力にまさっているという状態に身体がある、ということである。

一七三　「大胆」は「希望」にもとづくこと

　というのは、次のことに注目すべきだからである。すなわち「大胆」の対象は困難さということであり、普通その結果として「懸念」、さらには「絶望」が生ずるのであり、したがって最も危険で最も絶望的な事がらにおいて「大胆」と「勇気」が最もよく発揮されるわけであるけれども、しかし、目前の困難に力強くたち向かうためにはやはり、みずからの目ざす目的は実現されるであろうという「希望」をもち、さらには「確信」をもつことが必要なのである。

しかし、この「目的」は、かの「対象」とはちがったものである。なぜなら同時に同じものについて確信するとともに絶望することはできぬからである。たとえば、デキウス家の人々(1)が敵中に身を投じて確実な死におもむいたとき、彼らの大胆さの「対象」はこの行動の間にみずからの生をもちつづけることの困難さであり、このことに対しては、彼らは「絶望」しかもたなかった。彼らは死ぬ覚悟だったからである。けれども彼らの「目的」は、味方の軍勢を、みずからの示す模範によって元気づけることであり、味方に勝を得させることであって、このことに対しては、彼らは「希望」をもっていた。あるいはまた、彼らの目的は死後の栄誉を得ることでもあって、このことについては彼らは「確信」をもっていたのである。

(1) ローマの古史によれば、紀元前四世紀から三世紀にかけて、デキウス Decius 家の三人(父と子と孫)が戦いで身を犠牲にした。

一七四 「臆病」と「恐れ」とについて

「臆病」は「勇気」の正反対であって、「臆病」という情念をもたなかったならなすであろう事がらの実行に、精神が向かうことを妨げるところの、無気力または冷たさである。そして「恐れ」または「恐怖」〔これが「大胆」の反対である〕はたんに冷たさでなくて、精神の混乱または驚《きょう》愕《がく》であり、近づいていると わかっている悪に対して抵抗する力を、精神から奪うものである。

一七五　「臆病」の効用について

ところで、自然が人間に、どんな場合にも悪くて、善きほむべき効用を何ももたないような、情念を、与えたと私は信ずることができないのであるが、それでも「臆病」と「恐れ」ということの二つの情念がなんの役にたつかをつきとめることは、私にはたいへんむずかしいのである。

ただしかし、次の場合には「臆病」にもいくらか効用があるように私には思われる。すなわち、あることを試みる骨折りが無益であると判断させる相当確実な理由があって、それがそのことの実行に対する「臆病」の情念を生んでいる場合、その臆病の情念は、より不確実な理由に促されて、同じ骨折りをするようになることから、われわれを免れさせている、ということである。というのは、この情念は、精神をその骨折りから免れさせるばかりでなく、精気の運動をおそくすることによって、われわれが自分の力をむだに費やさないようにするという点で、身体にも役だつからである。

しかしながら、普通、「臆病」は、意志を有益な行動からしりごみさせるゆえに、きわめて有害なのである。そして「臆病」は、「希望」と「欲望」との不足からのみ生ずるのであるから、「臆病」を矯正するには「希望」と「欲望」とを自分のうちで増大させさえすればよいのである。

一七六　「恐れ」の効用について

「恐れ」または「恐怖」についていえば、それが有益でほむべきでありうる場合はまったく見あたらない。してみるとそれは、一つの特殊情念ではないのであって、ただ臆病と驚愕と懸念との過度にほかならず、そういう過度はつねに悪いのである。あたかも大胆が勇気の過度であって、目ざす目的さえ善ければつねに善であるのと同様である。そして「恐れ」の主要な原因は、不意を襲われるということにあるから、「恐れ」を免れるには、熟慮によってあらゆる結果——結果に対する懸念が「恐れ」を生むのである——に対して心のそなえをすること以上に、よい策はないのである。

一七七　「内心の不安」について

「内心の不安」とは、みずからのなすこと、またはなしたことが、善くはないのではないか、という疑いから生ずる一種の「悲しみ」である。それは必ず「疑い」を前提とする。というのは、もし自分のなすことが悪いということを全面的に確信するなら「意志というものはなんらかの善の見こみを示す事がらでなくてはとりあげないものゆえ」、それをなすことをひかえるであろうからである。またすでになしたことが悪かったと確信する場合は、たんに「内心の不安」をもつのでなくて「後悔」をもつであろう[1]。

ところで、この「内心の不安」という情念の効用は、疑わしい事がらが、善いか善くないかを吟味させ、事がらが善いと確信できぬ間は、それを今後二度としないようにすることである。しかしながら、この情念は悪を前提するものであるから、最善のことはこの情念を感ずる機会をまったくもたぬことであって、この情念は不決断を避けるための手段と同じ手段によって防ぐことができるのである。

(1)「内心の不安」と訳した原語はremords de conscienceで、普通は「良心の呵責《かしやく》」という強い道徳的意味をもつが、ここでは、デカルトの説明するように、それほど強い道徳的意味はない。conscienceという語の意義は、古い「良心」という意義から、新たな「意識」という意義に転じてゆくが、デカルトにすでにそのけはいが認められるわけである。

一七八 「嘲り」について

「嘲笑《ちようしよう》」すなわち「嘲り」は、「憎み」をまじえた「喜び」の一種であって、ある小さな悪を、それを当然受くべき人において認めることから生ずる。この悪に対しては「憎み」を、悪を当然受くべき人が悪を受けているのを見ることにおいては「喜び」を、人は感ずるのである。そしてこのことが、思いがけなく起こるとき、「驚き」の不意打ちは、われわれをどっと笑わせる。これはさきに「笑い」について述べたところ（一二六節）によって理解できる。けれどもこの場合、悪は小さいものでなくてはならない。もし悪が大きければ、その悪を受ける者が当然それを受くべきだと考えられなくなる。それでもそう考える人は、非常に悪い生まれつきの者であるか、あるいは大きな憎みをその者に対していだいているかであろう。

一七九　最も欠陥ある人々が嘲りを最も好むのがつねであるのはなぜか

また非常に目だった欠陥をもつ人々、たとえば、足が不自由であったり、片方の目が不自由であったり、背がひどく曲がっている人だとか、人々の間で何か恥ずかしめを受けた人だとかは、特に「嘲り」を好む傾向をもつことがみられる。そのわけは、彼らは他のすべての人が自分と同様、醜くあればよいと望むので、他人に悪がふりかかるのを愉快に感じ、かつその悪は他人が当然受けてしかるべきものとみなすからである。

一八〇　「からかい」の効用について

上品な「からかい」は、悪徳を笑うべきものと見えしめることによって有効に懲らしめるのであり、しかし、その際、みずからはそれを嘲笑せず、かつ、だれにも憎みを示さないでそうするのである。これは一つの情念ではなくて、紳士の美質である。それは、その人の気分の明るさと精神の平安〔これらは徳のしるしである〕とを示し、また多くの場合、「嘲り」の対象に快い外観を与えうるという点で、その人の機知をも示すものである。

一八一　「からかい」における「笑い」の効用について

そして、他人の口にするからかいを聞いて笑うのは不作法ではない。のみならず、笑わないのはふきげんのせいだととられるような場合すらある。しかし、自分がからかいのことばをいう場合、自分は笑わないでいることのほうが上品である。それは自分のいうことによってみずから驚いていると見られないようにするためであり、そういうからかいを考えついた自分の機知を自賛することのないようにするためである。そして自分が笑わないことは、からかいを聞く人々をよけいに驚かすことになるものである。

一八二　「羨《うらや》み」について

普通に「羨み」（ねたみ）とよばれるものは、他人に善いことが起こるのをみてふきげんになるという、本性の倒錯にほかならぬところの悪徳である。しかし、ここでは私は「羨み」という語を用いて、必ずしもつねに悪徳ではないところの一つの情念を意味させることにする。

さて、一つの情念としての「羨み」は、ある善が、それに値しないと思われる人々に起こるのをみることとから生ずるところの、「憎み」をまじえた一種の「悲しみ」である。ところである善が、ある人に与えられるに値せぬと考えることは、（その人が生まれて後に）偶然の運によって与えられる善についてのみ、正当に考えられることである。なぜなら、精神の善にせよ、身体の善にせよ、生まれながらにしてもっているかぎりの善はどうかというならば、人がなんらの悪をもおかしえない前に、それらの善を神から受けたということで、その人がその善に十分値すると認めてよいからである。

一八三 「羨み」はどのようにして正しくあったり、不当であったりしうるか

しかし、運がだれかに、彼の実際受けるに値しない何かの善を与えた場合、そしてただわれわれが生来正義を愛するゆえに、善の分配において正義が守られていないのを不快に思うという理由のみによって、われわれのうちに「羨み」が起こる場合には、その羨みは恕すべきところをもつ熱意である。特に他の人々に対してわれわれの羨む善が、その人々の手にはいれば、悪に変ずるかもしれぬような性質のものである場合は、そうである。たとえば、その善がある役目または職務であって、その人々がその役を果たすにあたって善からぬふるまいをするかもしれぬような

場合である。さらに、同じ善を自分も欲し、自分よりもそれに値しない他の人々が、その善を手に入れたがために、自分がそれを得ることができなくなった場合、この情念は一段とはげしいものになるが、しかしこの場合でも、その「羨み」の含む「憎み」が、自分の羨む善の不正な分配のみに向けられて、それを手に入れた人またはそれを分配した人に向けられないならば、その「羨み」は、やはり恕すべきものなのである。

しかしながら、多くの人に同時に与えるわけにはゆかず、しかも自分自身もほしいと思う善を、自分より先に手に入れた人々に対して、その善を実際に得た人々が、自分と同じくらい、あるいは自分以上に、その善に値する場合でも、憎みをいだかない、というほどに正しい高邁な人間はめったにない。そして普通、最も羨まれるのは、名誉である。というのは、他人が名誉を得ることは、自分もそれを望むことを妨げはしないけれども、やはり自分がそれを手に入れることを一段とむずかしくし、それの値を高くするからである。

一八四　「羨み」をいだく人々の顔色が鉛色になりがちなのはなぜか

なおまた「羨み」(ねたみ)という悪徳ほど、人間の幸福を害する悪徳は存しない。なぜならば、この悪徳になじんだ人々は、みずからを苦しめるのみならず、全力をあげて他人の楽しみをもそこなうからである。彼らは普通、鉛色の顔色をしている。すなわち黒と黄とのまじった青色、皮下出血のような色をしている。このゆえに、ラテン語では「羨み」は livor（鉛色）とよばれるのである。そしてこのことは、前に「悲しみ」と「憎み」とにおける血液の運動についていったこととはなはだよく合致する。というのは「憎み」は肝臓の下部からくる黄胆汁《おうたんじゅう》を、また脾臓《ひぞう》からくる黒胆汁を、心臓から動脈を通じてすべての静脈にゆきわたらせ、「悲しみ」は静脈の血液の熱を減らし、普通よりもゆるやかに流れしめるが、これらのことは、顔色を鉛色にするに十分なのである。

けれども、黄胆汁も黒胆汁も、他の多くの原因によってもまた、静脈内に送りだされうるのであるから、かつ「羨み」は、はなはだ大きくて長い間つづくのでなければ、顔色を変えうるほど多量に黄胆汁や黒胆汁を静脈中に送りださないのであるから、顔色が鉛色である人のすべてが「羨み」に傾いていると考えてはならない。

一八五　「憐《あわ》れみ」について

「憐れみ」とは、なんらかの悪を、それに値せぬとわれわれには思われるにもかかわらず、こうむっている人々に対していだかれる、「愛」または善意をまじえた「悲しみ」の一種である。したがって、「憐れみ」は対象（善や悪）に関して「羨み」の反対であり、人々を異なるしかたでみる（人々を善悪に値するかせぬかに関してちがった見方をする）という点では、「嘲り」の反対である。

一八六　「憐れみ」に最も動かされやすい人々はどういう人々か

みずからがはなはだ弱く、偶然の運の与える苦難にたやすく負けると感ずる人々は、他の人々よりも、この「憐れみ」の情念をもちやすいように思われる。それは、彼らが他人の受ける悪は自分にもふりかかりうる、と思うからである。したがって彼らは、他人に対してもつ愛によってよりも、むしろ自己自身に対する愛によって、「憐れみ」へと心動かされるのである。

一八七　最も高邁な人々もこの情念に動かされるのはどうしてか

しかし、それにもかかわらず、最も高邁で最も強い精神をもつ人々、したがって、自分に関してはいかなる悪を受けることも心配せず、偶然の運の支配をこえでている人々も、他人の弱さを見、その嘆きを聞くとき、憐憫《れんびん》の情をもたないわけではない。なぜなら、だれに対しても善意をもつことが、高邁の心の一部なのであるから。けれども、この「憐れみ」の含む「悲しみ」は、もはや苦いものでなく、舞台の上で演ぜられるいたましい事件のひき起こす悲しみと同様、精神の内面よりも外面に、感覚のうちにあり、精神はその間、苦しんでいる者に同情することにおいて、みずからのなすべきことをなしていると考える満足をもっている。そしてまた、次のような相違もある。すなわち、普通の人が、嘆いている人々に同情するのは、彼らの受けている悪がたいへんつらいものであると考えるからであるに対して、最もすぐれた人々のいだく「憐れみ」のおもな対象は、嘆いている人々の弱さである。なんとなれば、すぐれた人々は、人の身にふりかかる偶然事が、いかに悪いものであっても、その悪に平静に耐えることのできない者たちの示す臆病ほどに大きな悪ではありえない、と認めるからであり、また、彼らは悪徳を憎むが、だからといって悪徳に屈する人々を憎むのでなく、ただそういう人々を憐れむのみなのだからである。

一八八　「憐れみ」を感じないのはどういう人々か

しかし、まったく憐れみを感じえない者は、すべての人間に対して生来憎みをもち、悪意とねたみにみちている人々、あるいはまた非常に無感覚であり、かつ善い運によって盲目にされているか、悪しき運によって絶望させられているために、いかなる悪ももはや自分には起こりえないと考えている人々、のみである。

一八九　なぜこの情念は人を泣かせるか

なおまた、この情念によって、人はきわめて泣きやすい。なぜなら、すでに述べたとおり（一二九節）、「愛」が多くの血液を心臓に流入させ、眼から多くの蒸気をださせるが、「悲しみ」のもつ冷たさは、この蒸気の動きをゆるめて、それを涙に変わらせるからである。

一九〇 「自己自身に対する満足」について

不断に徳に従っている人々の、つねにもつ満足は、彼らの精神における一つの習慣であって、良心の平静または安らぎとよばれる。しかし、自分が善いと思う何かの行動をなしたばかりのときに新たに得られる満足は、一つの情念、すなわち一種の「喜び」であって、その原因がただわれわれのみに依存するがゆえに、情念のうちで最も快いものである。

しかしながら、この原因が正しくない場合、すなわち自分に大いに満足を与える行動がたいして重要なものでない場合、さらにそれが悪い行為でさえある場合には、そういう満足は笑うべきものであり、高慢とけしからぬ思いあがりを生むだけのことである。そういうことは特に、みずから信仰あついと思いこみながら、実は偽善者であり、迷信家であるにすぎぬ者たちに認められる。すなわち、彼らはたびたび教会にゆき、多くの祈りを唱え、髪を短く切り、断食をし、施し物をする、ということにかこつけて、自分はまったく申し分ない者であると考え、自分は神の有力な味方であるから、自分のなすことは神の意にさからうはずはなく、自分の情念の命ずることはすべて正しい熱意であると思いこむ。しかし、彼らの情念はときに人間のおかしうる最大の罪を彼らにおかさせるのである。たとえば、自分の意見に賛成しないというだけの理由で、町を敵の手に渡したり、君主を殺したり住民全体をみな殺しにしたりするのである。

一九一 「後悔」について

「後悔」は、「自己自身に対する満足」の正反対であり、自分が何か悪い行動をしたと信ずることから生ずる「悲しみ」の一種である。それは、その原因が、ただわれわれ自身から生ずるゆえにたいへん苦いものである。しかし、それにもかかわらず、われわれの後悔する行為の悪いということが真実であって、そのことをわれわれが確実に知っている場合には、この情念はきわめて有益なのである。われわれは今後はより善く行動するようにこの情念によって促されるからである。

しかし、よくあることであるが、弱い精神の人は、自分のなしたことが悪いということを確かには知らずに、そのことを後悔する。彼らは、悪かったのでないかと懸念するだけで、もう悪かったと思いこんでしまうのであって、かりに自分のしたことと反対のことをしていたとしても、同じように後悔したであろう。これは、いかにも憐れむべき欠点であって、この欠陥を直す策は、不決断を除くに役だつ策と同じものである。

一九二 「好意」について

「好意」とは本来、自分がよくしてやりたいという意志をもっている人に、善いことが起こるのを見たいという「欲望」であるが、ここで私は、この語をもって、その善き意志そのものを、ただし相手のなんらかの善き行為によってわれわれのうちにひき起こされたものであるかぎりの善き意志を、さすことにする。というのは、われわれは、われわれが善いと判断する事がらをなす人々を、たとえそのことからわれわれ自身になんの利益も生じなくとも、愛する傾向を、生まれつきもっているからである。この意味での「好意」は一種の「愛」であって、「欲望」ではない。もっとも、この「愛」には、われわれの好意をもつ相手の人に、善いことが起こってほしいという「欲望」がいつもともなってはいるが。そしてそういう好意は、普通「憐れみ」といっしょになっている。なぜなら、不幸な人々に起こる災難は、われわれに彼らのなした善行を、いっそう強く顧慮させるからである。

一九三 「感謝」について

「感謝」とは、われわれが愛をいだく人のなんらかの行為によって起こされ、かつその行為がわれわれ自身になんらかの利益を与えたか、または少なくともそういう意図をもってなされた、とわれわれが信ずる場合の「愛」の一種である。それゆえ感謝は、好意についていわれたことすべてを含むとともに、さらにそのうえに、われわれ自身にかかわり、われわれがそれに報いたいと思うような行為にもとづいている、ということを含んでいる。そういうわけで、感謝は、特に少しでも高貴な高邁なところのある人々において、普通よりもはるかに力強いものとなるのである。

一九四　「忘恩」について

「忘恩」はといえば、これは情念ではない。というのは、自然は「忘恩」をひき起こすような、いかなる精気の運動をもわれわれのうちに設けていないからである。「忘恩」は、「感謝」が徳であり、人間社会の主要なきずなの一つであるかぎりにおいて、「感謝」の正反対であるところの悪徳である。それゆえこの悪徳は、ただ次のような人間にのみ属する。すなわち、どんなものでも自分は受ける資格があると考えているような、無感覚でひどく思いあがった人間とか、自分が人から受ける恩恵について何も考えない愚かな人間とか、また弱く卑しくて、みずからの弱さと不足とを意識しつつ、卑しいやり方で他人の助力を求め、しかも助力を受けたのち、それを与えた人を憎むような人間とか。なぜ恩人を憎むようなことになるかといえば、彼らは受けた恩恵に等しいものを返す意志をもたず、あるいは返す能力が自分にないとはじめから見切っており、かつまた世の人はみな自分と同様利欲ずくめで動いていて、恩恵を施す場合には必ず報酬を期待しているはずだ、と想像し、自分は恩人をうまくだましおおせたと考えるのだからである。

一九五　「憤慨」について

「憤慨」は、どういう性質の悪であれ、なんらかの悪をなす人々に対して、生まれつきわれわれがもつ一種の「憎み」または嫌悪である。そして「憤慨」は、しばしば「羨み」や「憐れみ」をまじえている。しかしながら、「憤慨」は「羨み」や「憐れみ」とはまったくちがった対象をもつ。というのは、われわれは善または悪を、それに値せぬ者になすところの人々に対して「憤慨」するのであるが、われわれが「羨み」をもつのは、善を受ける人に対してであり、「憐れみ」をもつのは悪を受ける人に対してであるから。

しかし、自分がそれに値せぬ善を所有する（つまり、受けている）ということは、ある意味で悪をなすことである（したがって、憤慨の対象になる）ということは真である。おそらくこのことのゆえに、アリストテレスとその追随者たちは(1)――「羨み」がつねに悪徳であると考えていたから――悪徳でないほうの「羨み」を「憤慨」の名でよんだのであろう。

（1）『ニコマコス倫理学』第二巻第七章。

一九六 「憤慨」がときには「憐れみ」と結合し、ときには「嘲り」と結合するのはなぜか

また悪をなすことは、ある意味で悪を受けることである、ともいえる。そこである人々は、「憤慨」に「憐れみ」を加え、また他の人々は「憤慨」に「嘲り」を加える。そしてこのとき、憤慨に加わるものが「憐れみ」であるか「嘲り」であるかは、あやまちをおかす者（他人に善または悪を不当に

加える者》に対して人々が善意をいだいているか、悪意をいだいているかによってきまる。そして、そういうわけで、デモクリトスの笑いとヘラクレイトスの涙とが、同一の原因から生まれえたのである。(1)

(1) ヴィヴェス『精神について』第三巻の四二三ページに次の句がある。「デモクリトスは、人間のいつも変わらぬ愚かさと無能とをつねに笑っていた。ヘラクレイトスは、人間の絶えざる不幸につねに涙していた」

一九七　「憤慨」はしばしば「驚き」をともない、また「喜び」とも相容《い》れなくはないこと

憤慨はしばしば「驚き」をともなっている。というのは、われわれはすべての事がらが、われわれの善いと判断するしかたでなされるであろうと予想するのがつねであるからである。それゆえ、ものごとがそういう予想とはちがったしかたで起こると、それはわれわれに意外の感を与え、われわれは「驚く」のである。「憤慨」はまた「喜び」とも相容れぬものではない。(もっとも「悲しみ」と合している場合のほうが普通なのではあるが。)というのは、われわれが憤慨する悪は、われわれ自身を害しえず、かつわれわれ自身は同様な悪をすることを欲しない場合、このことはわれわれに、ある快を与える。そして、これはおそらく憤慨の情念にときとしてともなう「笑い」の原因であろうと思われる。(1)

（1）一二七節冒頭参照。

一九八　「憤慨」の効用について

なおまた、憤慨は真実に有徳である人々においてよりも、有徳であるようにみせかけようとする人々において、はるかに多く認められる。徳を愛する人々は、他人の悪徳を見て嫌悪を感ぜずにはおれないが、きわめて大きな異常な悪徳に対してでなければ強い情念を起こさないからである。

たいして重要でもない事がらに対して大いに憤慨するのは、気むずかしくふきげんなことである。とがむべきでない事がらに対して憤慨するのは、不正なことである。また、自分の生まれついた身分にも、のちに得た地位にもけっして満足せず、世のなりゆきや摂理の秘密に文句をつけることをあえてする人々のやるように、この情念を、人間の行為にかぎらずに、神のわざや自然のわざにまでおよぼすことは、不遜《ふそん》で不合理なことである。

一九九　「怒り」について

「怒り」もまた一種の「憎み」あるいは「嫌悪」であって、ただだれにでもというのでなく、特にわれわれ自身に、なんらかの悪をなす人々、あるいは害を与えようとした人々に対して、われわれわれのいだく情念なのである。

したがって「怒り」は、「憤慨」についていわれたことすべてを含むとともに、さらにそのうえに、憤慨を起こさせる行為が、われわれに直接かかわりがあり、われわれはそれに復讐《ふくしゅう》しようという「欲望」をもつ、ということが加わっている。というのは、事実上、この欲望が「怒り」にほとんどつねにともなっているからである。そして「憤慨」が「好意」の正反対であるのと同様に、「怒り」は「感謝」の正反対なのである。けれども「怒り」は他の三つの情念（憤慨・好意・感謝）とは比較にならぬほどはげしい力をもっている。なぜなら、有害なものをつきかえし、そのしかえしをしようとする欲望は、あらゆる欲望のうち最も力強いものだからである。

このように「怒り」においては「欲望」が自己自身への「愛」に加わるから、「怒り」は、「勇気」や「大胆」がひき起こしうるような血液の動揺の全体をもつことになる。かつ、「憎み」の作用により、脾臓および肝臓（下部）の細かい静脈からくる胆汁性血液が、上述の動揺を受けとりつつ、心臓に流入することになる。そして心臓においてこの胆汁性血液は、それの豊富さとそれのまじえている胆汁の本性とにより、愛や喜びが心臓内に起こしうる熱よりもはげしく強い熱を起こすのである。

二〇〇　「怒り」によって赤くなる人々は、「怒り」によって青くなる人々よりも、恐ろしくないの

はなぜか

さて、この怒りの情念の外的表徴は、人々の気質のさまざまであることにより、また怒りを構成し怒りに結合している他の諸情念のさまざまであることによって、いろいろ異なっている。たとえば、怒ると、青くなったり、ふるえたりする人があるとともに、赤くなったり、泣いたりさえもする人がある。そして普通には、青くなる人の怒りは、赤くなる人の怒りよりもこわいと判断されている。そのわけは、顔つきやことば以外のもので復讐しようと思わず、またそう思ってもできないときには、人は怒りはじめからその熱と力との全体をあげて用いることになり、そのために赤くなるのである。そのうえ、ときとしてはほかのしかたで復讐できぬために、自己自身に対してくやしさと憐れみとを感じて、そのために泣くこともあるのである。ところが反対に、おちついて、もっと大きな復讐を決心している人々は、自分の怒りのもととなった行為によって、そういう復讐をせざるをえなくなったことを考えて、悲しみをおぼえるのであり、またときとしては、自分の決心したことから生じうるさまざまな悪に懸念をいだくのであって、そういうわけで彼らははじめは青くなり、冷たくなり、ふるえもするのである。けれどもあとになって、復讐を実行する段になると、寒気《さむけ》ではじまった熱病が、通常、最もはげしいものであるのと同様に、彼らははじめに冷たかっただけ、それだけより熱くなるのである。

二〇一　二種の怒りがあり、善意の人は第一種の怒りに傾く

そこでわれわれは、怒りに二種を区別しうることに気づく。一は、はなはだ急に起こるものであり、外に強く現われるが、しかしたいした結果は生まず、たやすくしずめることができる。他は、はじめはたいして目だたないが、実は第一のものよりも深く心にくい入り、危険な結果を生むものである。

善意と愛とを多くもつ人々は、第一種の怒りのほうをいだきやすい。というのは、第一種の怒りは、深い憎みから生ずるのでなく、そういう人々を不意に襲う急な嫌悪から生ずるのであるからである。彼らは万事がみずからの最善と判断するようなしかたで起こるはずだと想像しがちであるので、それとはちがったしかたで何ごとかが起こるやいなや、彼らは驚きを感じ、しばしばそれが彼ら個人に直接関係がない場合でさえも、腹をたてる。というのは、彼らは愛情に富むので、自分の愛する人のためを思うこと、自分自身のためを思うのと変わりがないからである。そこで他の人には憤慨の種《たね》にすぎぬことでも、彼らにとっては怒りの種である。そして彼らのそなえている愛への傾向は、多量の熱と多量の血液とを心臓にあらしめるゆえに、彼らを不意に襲う嫌悪の情念がほんのわずかでも胆汁を心臓に送りこむと、たちまち血液中に大きな動揺を起こさずにはいない。けれども、この動揺はあまり長くつづかない。なぜなら、不意打ちの力強さは長くつづかず、かつ、自分を立腹させた事がらが、実はそれほど自分を動かすべきでなかったと気

づくやいなや、彼らは腹をたてたことを後悔するからである。

二〇二　第二種の怒りにとらえられるのは、弱く卑しい精神である

憎みと悲しみとに支配せられている第二種の怒りは、はじめそう目だたないものであって、ただ顔色を青くするくらいのことである。けれどもその力は、復讐しようとする強烈な欲望が血液のうちにひき起こす動揺によって、しだいに増大する。そして血液は、肝臓下部と脾臓とから心臓のほうへおしだされてくる胆汁とまじって、心臓内で、きわめてはげしい刺すような熱をひき起こすのである。そして、最も感謝の念に富むのは最も高邁な精神であるのと同様に、この第二種の怒りに最もとらえられやすいのは、高慢の念を最も多くもつ最も卑しく最も弱い精神なのである。というのは、みずからが他から受ける害というものは、高慢のせいでみずからを重んずれば重んずるほど、またその害によって失うところのもろもろの善を重んずれば重んずるほど、ますます大きく見えるものだからである。そしてそれらの善は、（精神みずからに依存せず）他者に依存する善であるゆえに、弱くて卑しい精神をもつ人ほどよけいにそういう善を重んずることになるのである。

二〇三　高邁の心が、怒りの過度を防ぐ策として役だつ

なおまた、この怒りの情念は、他から受ける害を退ける気力をわれわれに与えるという効用をもつものではあるが、しかし、この情念ほど、その過度を避けるに心を用いねばならぬものもないのである。なぜならば、過度の怒りは、判断力を乱して、あとで後悔するようなあやまちをしばしばおかさせるからであり、それどころかときとしては、他からの害を退けるということをも、心をあまり動かさずにそれをする場合ほど、うまくできなくしてしまうからである。

ところで、怒りを過度ならしめるのは、何よりも高慢の心なのであるから、高邁の心こそ怒りの過度を防ぐためにわれわれの見いだしうる最上の救治法である、と私は信ずる。なぜならば、高邁の心は、他によって奪われうるようなすべての善を軽視せしめ、反対に自由と絶対的な自己支配〔これらはわれわれがだれかに腹をたてるような場合には失われる〕とを重んぜしめるゆえに、高邁の心によってわれわれは他の人々ならば腹をたてるのが普通であるような、他からの害に対しても、軽蔑またはたかだか憤慨しか感じないようになりうるのだからである。

二〇四 「誇り」について

「誇り」（名誉感）と私のよぶのは、人が、自己自身に対してもつ愛にもとづき、だれか他の人にほめられていると思うことまたはそれを希望することから生ずるところの、一種の喜びである。

それゆえ「誇り」は自分が何か善い行為をしたという思いから生ずる「内的満足」とは異なる。

というのは、われわれは自分では善いと思っていない事がらのゆえにほめられることがときにはあり、またもっと善いと思っている事がらのゆえにとがめられることがあるからである。けれども「誇り」も「内的満足」もいずれもそれぞれ「喜び」の一種であるとともに、自己自身に対する尊重の一種である。というのは、自分が他人に尊重されるのを見ることは、みずからを尊重する理由となるからである。

二〇五　「恥」について

反対に「恥」（恥辱感、恥ずかしさ）は、「誇り」と同様、自己自身に対する愛にもとづくが、しかし、非難されているという思い、またはそういう懸念から生ずるところの、一種の「悲しみ」である。そのうえ「恥」は一種の「慎み」すなわち「謙遜」であり、自己に対する不信である。というのは、もし自分をたいへん重んじていて、自分が他人に軽視されるなどということを想像しえないような場合には、恥を感ずることなど容易には起こりえないからである。

二〇六　「誇り」と「恥」との二つの情念の効用について

さて、「誇り」と「恥」とは、一つは「希望」により、他は「懸念」によって、われわれを徳へ向かわせる、という点で、同じ効用をもつ。ただ、何が真実に非難または賞賛に値するかについての知識をみずからの判断力に与えて、よくあるように、善いことをするのを恥じたり、自分の悪行にとくいになったりしないようにしなければならない。けれども、むかしのキニコス派の人々のように、この二つの情念をまったく捨ててしまうことは善くないのである。というのは、世間の人々は判断を誤ることが多いにしても、われわれは彼らと無関係に生きることはできず、彼らに尊重されることはわれわれにとってたいせつであるゆえ、われわれの行為の外面に関しては、われわれはみずからの意見によりも、世人の意見に従わねばならぬことがたびたびあるのだからである。

二〇七 「恥知らず」について

「恥」の軽視であり、また、しばしば「誇り」の軽視でもあるところの「恥知らず」または「鉄面皮」は、情念ではない。なぜなら、それをひき起こす精気の特別な運動は、われわれのうちに存在しないからである。それは一つの悪徳であって、「恥」の反対であり、また「誇り」の反対である。ただし、このとき「恥」も「誇り」も善である場合だけを考えている。その点は「忘恩」が「感謝」の反対であり、「残酷」が「憐れみ」の反対であるのと同様である。そして鉄面皮の主要な原因は、人がたびたび大きな恥辱を受けたということに由来する。なぜならば、だれでも若いときには、賞賛や悪評が人生にとって重要な善であり悪であると思いこまぬ者はないのであるが、のちに何かいちじるしい恥辱を受けてまったく名誉を奪われ、すべての人に軽視されるにいたるとき、人は経験によって賞賛や悪評が前に思っていたよりもはるかにつまらぬものだと知るのだからである。このゆえに、元来、善と悪とをおもに身体の状態をもとにしてはかる人々は、身体の善の享受が、恥辱を受けたのちも、それを受ける以前とまったく同様にできること、いな、ときとしては以前よりもはるかにすぐできることを知って、鉄面皮になるのである。以前よりよくできるというのは、以前に体面上従わねばならなかった多くの束縛をもはや免れており、かつ、たとえ恥辱を受けたことによって金銭をもまた失ったとしても、慈善家というものがあって、金をめぐんでくれるからである。

二〇八　「味気なさ」について

「味気なさ」とは、まず「喜び」をもったのち、それと同じ原因から、のちに生ずるところの一種の「悲しみ」である。というのは、われわれの本性は、われわれの享受するものの大部分が、ただしばらくの間だけ、われわれにとって善であって、のちにはいやになる、というふうにできているからである。このことは、特に飲んだり食ったりすることについて明らかであって、それらは食欲がある間だけ有用であるが、もはや食欲がなくなると有害となる。そしてそうなると、飲んだり食ったりするものは、われわれの味覚にとって不快となるから、この情念は「味気なさ」と名づけられるのである。

二〇九「残念」について

「残念」もまた一種の「悲しみ」であって、その「悲しみ」がいつもある「絶望」に結びつき、かつ、かつての善の享受がわれわれに与えた快感についての記憶と結びついているという点で、特殊な苦さをもっている。というのは、われわれが残念がるのは、かつて享受した善のみであり、しかもその善はもはや失われていて、それを残念がっているときに、かつ、そのときに思い浮かべているような形では、ふたたびそれを得る希望をわれわれはまったくもたないのだからである。

二一〇「うれしさ」について

最後に私が「うれしさ」とよぶものは一種の「喜び」であって、次のような特徴をもっている。すなわち、その「喜び」の快さは、いまはもう免れているが、以前にこうむったことのある悪の思い出によって、増大しているのである。それは長い間肩に負っていた重荷をおろした、と感じている場合と同様である。

なお、「味気なさ」「残念」「うれしさ」の三つの情念には、特にとりたてていうほどのことがあるとは私は考えていないのである。ここにそれらを述べたのも、前に示した情念の枚挙の順序に従ったまでのことである。けれどもあの枚挙は、何か特に考慮に値する点をもつ情念をどれも見落とさなかったことを明らかに示してくれたという点で、有益であったと私は思っている。

二一一　情念に対する一つの一般的な救治法

いまやわれわれは、情念を残らず知ったのであるから、情念のことを懸念する理由は以前よりずっと少なくなったわけである。というのは、情念がその自然の性からいえばすべて善いものであり、情念の誤った使用またはその過度を避けるだけでよい、と知ったからである。そして誤用や過度を防ぐには、すでに述べたさまざまな救治法を各人が注意して実行するなら、それで十分であろう。

しかしながら、私がそれら救治法のうちに、ただ誤用と過度を防ぐことだけでなく、さらに立ち入って、みずからのうちにおいて、血液と精気の諸運動を、それが通常結びついている思いから分離することに努めて、みずからの自然の性の欠陥までを正しうるための計画と、その実現のためのくふうとを、加えておいたので、その点について私は次のことをことわっておく。すなわち、そのようにしてあらゆる種類の偶然のできごとに十分にそなえができている人というものはほとんどないこと。そして情念の対象によって血液中にひき起こされる運動は、精神のはたらきを少しもいれないままに、ただ脳の中にできた印象と身体の諸器官のそのときの状態とだけに従って、はじめから急激に起こるものであって、われわれに十分のそなえができておらねば、人間の知恵ではそういう運動に抵抗することはとてもできないこと。たとえば多くの人は、くすぐられると、たとえこれを快いと感じなくても、笑わずにはおれないものである。なぜならば、以前に同じ事がらについて彼らを笑わせたところの「喜び」と「驚き」との脳内での印象が、彼らの想像の器官[1]のうちにふたたびよびさまされて、その結果、肺臓は心臓からくる血液によって突然に、いやおうなしに膨張させられるからである。さらにもう一つ例をあげれば、生まれつき「喜び」と「憐れみ」に、あるいは「恐れ」に、あるいは「怒り」に、たいへん動かされやすい人々は、そのどれかの情念の対象によって、彼らの想像器官が強く圧《お》されると、気絶したり、泣いたり、ふるえたり、熱病にかかったときのように血液が激動したりするのを、とどめることができないのである。

しかしながら、そういうときに、われわれのつねになしうるところ、しかも情念の過度のすべてに対する最も一般的な最も実行容易な救治法として、ここに述べうると私の考えるところは、次のことである。すなわち、血液が上述のように動揺させられるのを感ずるときには、想像に現われるすべてのものが、精神を欺こうとする傾向があり、情念の対象を善いと信ぜしめる理由を、実際よりもはるかに強いもののように精神に思わせ、情念の対象を悪いと信ぜしめる理由を、実際よりもはるかに弱いものに思わせる傾向がある、ということをよく知って、これを思い起こすようにすべきだということである。そして情念が善としてすすめる事がらが、その実行をいくらか遅らせてもよいようなものであるとき、その事がらについてただちに判断をくだすことをさし控え、ほかのことを考えて心をまぎらせ、時の経過と安静とが、血液の激動をまったくしずめてしまうまで待つべきである。そして最後に、情念の促すところが即座に決心をしなければならぬような行為であるときには、意志は、情念が示す理由とは反対の理由——それがより弱く思えるにしても——を特に注視して、それに従おうとしなければならないのである。たとえば、敵に不意打ちされたとき、どうすればよいかを思慮するに時を費やすことは状況がゆるさない。しかし、自分の行為について反省をおこたらぬ人なら、つねにできると思われることは、たとえば「恐れ」に心がとらえられたときには、逃げるよりも抵抗することのほうが、はるかに安全であり名誉なことであるという理由を考えて、自分の思いを危険についての考慮からそらせるに努める、ということである。そしてこれとは反対に、復讐欲と「怒り」とが、攻撃してくる敵のほうへ無思慮に進みでることを促すのを感ずるとき、彼らは次のことを思い起こすであろう。不名誉なくしてみずからを救いうるのに、命を捨てるのは無思慮であること、敵の力がはるかに大きい場合は、無感覚に確実な死に身をさらすよりは、名誉ある退却をするか、あるいは降参するほうがよいこと、を。

（1）原語は fantaisie で、想像作用における脳内での物質的過程（具体的には脳室の内壁に残っている印象の痕跡《こんせき》と、それによって影響される精気の運動）をさす。（これに対し、精神の内容または作用としての想像は imagination の語をあてている。）このデカルトの用法は『精神指導の規則』（規則第十二）および『方法序説』第五部（中公クラシックスW9『方法序説ほか』六七―六八ページ）にも見られる。

二一二　人生の善と悪とのすべては、ただ情念のみに依存すること

なおまた、精神は身体と独立に自分だけの喜びをもつことができる。けれども、精神が身体と共通にもつ喜びのほうは、まったくもろもろの情念に依存しており、情念によって最も多く動かされうる人々が、この世の生において最も多くの楽しさを味わいうるのである。もっともそういう人々はまた、もし情念を善く用いる術《すべ》を知らず、偶然の運に幸いせられない場合には、この世の生において最も多くの苦さを見いだすかもしれぬ、ということも事実である。けれども、知恵の主要な効用は、それがわれわれをしてみずから情念を支配せしめ、情念をたくみに処理せしめて、もって情念の起こす悪を大いに耐えやすくし、さらには、それらすべての悪から喜びを得ることさえできるようにするということなのである。

書簡集

野田又夫訳

目次

デカルトからエリザベトへ

（エグモント、一六四五年九月十五日）

殿下には、セネカ[1]が最高善についてのみずからの意見を、われわれに明晰《めいせき》に示しえなかった原因のすべてを、きわめて正確にご指摘になり、セネカの書物をきわめて注意深く読む労をおとりになったのでありますから、私がここでセネカのすべての章をつぎつぎに吟味することをつづけますならば、かえってご迷惑であろうと思われます。また、そうしていては、殿下が私に提起された問題――実生活のあらゆる行為において最善なるものがなんであるかを識別するために、悟性の力を強くする方策、についての問い――に、おこたえすることが延引するでありましょう。それゆえ、もはやセネカの議論をたどろうとする考えを捨てて、この問題についての私の意見を明らかにすることをのみ努めましょう。

正しく判断しうる心構えをいつももっているために必要な事がらは、次の二つに尽きると私には思われます。すなわち、一つは真理の認識であり、他は、必要が起こった場合いつでも、この認識を思いだし、それに従うことができるようにする習慣、であります。けれども、あらゆる事がらを完全に知るのは神のみでありますから、われわれとしてはわれわれに最も有益な事がらを知るだけで満足せねばなりません。

それらのうち、第一の主要な事がらは、神が存在するということ、それにすべてのものが依存し、それの完全性は無限であり、それの力ははかり知れず、それの決定は誤ることのない、神が、存在するということであります。なぜなら、そのことは、われわれの身に起こるあらゆる事がらを、神によってわざわざわれわれに送られたものとして、善意に受けとるよう、教えるからであります。そして愛の真の対象は完全性でありますから、われわれが精神を高めて、対象をそれが真にあるとおりにみる場合、われわれはみずからの本性上、その対象を愛するに傾くものであり、その結果われわれは苦悩から喜びを引きだしさえするのであります。その苦悩をわれわれが受けとることにおいて、神の意志が果たされるのだと考えることによって。

さて、第二に知らねばならぬことは、われわれの精神の本性、であります。精神が身体なくして存続し、身体よりもはるかに高貴であり、この現世では見いだされない無限に多くの満足を（来世において）享受しうるものであるかぎりにおける、精神の本性であります。なぜなら、それがわれわれをして死を恐れることのないようにさせ、われわれの愛着をこの世の事物から遠ざけて、偶然の運が支配するすべてのものを軽侮の心をもってしか見ないようにさせるからであります。

そのためにはまた、次のことが大いに役だつと思われます。それは、人が神の作品を正当に判断することであり、私が『哲学の原理』の第三部（「可視的世界について」）において、読者にいだかせるよう努めました、宇宙の延長についての広大な観念を、もつことであります。なぜならば、もし人々が、諸天界のかなたには想像された空間のみしかないと考え、これら天界のすべてが地球のためにのみつくられ、また地球は人間のためにのみつくられていると考えます場合には、それはひとをしてややもすれば、この地上がわれわれの主要な住みかであり、この地上の生がわれわれの最上の生である、と考えさせるからであり、また、われわれの中に真実に存在する完全性を認識するのではなくて、他の被造物に、それらが実はもっていないところの不完全性を帰属させることによって、われわれ自身を他の被造物の上に置くようになり、不都合な傲慢《ごうまん》の心をいだいて、神の計画に介入しようとし、神とともに世界を導く役割をもとうとするにいたり、そこから無数のむなしい不安や不満が生まれるのだからであります。

このように、神の善意とわれわれの精神の不滅と宇宙の大とを知ったのち、それの認識が私にはきわめて有益と思われる真理が、まだもう一つあります。すなわち、なるほどわれわれの一人一人は他の人と分かたれた個人であり、したがって、われわれの利害は世界の他の人々の利害とはある意味で別ではありますが、しかし、ひとはただ独りでは生存できず、実は宇宙の一つの部分であり、さらに立ち入っていえば、この地球の一部分であり、この国の、この社会の、この家族の一部分であり、ひとはそれに、居住により、誓約により、誕生によって結合されている、ということであります。そしてひとはつねに、みずからがその一部分である全体の利害を、個人としての自己の利害よりも、重んじなければなりません。ただし、節度と慎慮とをもって。といいますのは、自分の親族または自分の国のためにたんに小さな善を獲得するために、自己を大きな悪にさらすことは、まちがっているでしょうし、また、一人の人間が、彼だけで、彼の町の他のすべての人々よりも価値がある場合には、町を救うためにみずからを滅ぼすことは、当を得ぬことでしょうから。しかしながら、すべてのことを自己中心的にするならば、自分が何かちょっとした便宜を得られると考えるときには、そのために他人に大きな害を与えることをはばからない、ということになり、本当の友情、誠実、一般にいかなる徳をももたないことになりましょう。これに反して、みずからを公衆の一部と考えるならば、すべての人に対して善をなすことが喜びとなり、場合によっては、他人のためにみずからの生命を危険にさらすことをも恐れなくなり、それどころか、できるものなら、他人を救うために自分は地獄におちてもよい、とまで考えるようになるでしょう。結局、自己を公衆の一部と考えることが、人間のなすすべての最も英雄的な行為の源泉なのであります。それで、死の危険をおかすといっても、虚栄のため、人にほめられたいためにし、あるいは愚鈍のため、危険に気づかぬためにする人々は、尊敬するよりもむしろ憐《あわ》れむべきであると信じます。しかし、それが自分の義務だと信ずるがゆえに、死の危険をおかす場合、あるいは他人に善を得させようとして、死の危険ではなくとも何か他の悪を堪え忍ぶ場合、たとえその人が、自分は自分個人のためによりも、自分がその一部である公衆のために尽くすべきであるがゆえにこうするのだと、反省してはおらぬとしても、やはり彼は、彼の心の中に混雑した状態で存している この考え方によって、行為しているのであります。そしてひとは、正しく神を知り神を愛する場合には、おのずからそういう考えをもつにいたるものであります。なぜならば、その場合、ひとはすべてを神の意志にゆだねて、自分自身の利害を脱却し、神に喜ばれると信ずる事がらをなそうという情念のみしかもたぬからです。そしてその結果、感覚に依存する小さな、つかのまの喜びのすべてよりも、比較にならぬほど大きな価値をもつところの、精神の満足を得るのであります。

さて、われわれの行為のすべてに一般的に関係するこれらの真理のほかに、われわれの行為の一つ一つにさらに特殊的に関係するところの、多くの他の真理をも知らねばなりません。そういう真理の主要なものは、この前の手紙で申しあげましたものであると思われます。すなわち、われわれのすべての情念は、それらがわれわれを促して求めしめるさまざまな善を、その本当の大きさよりもはるかに大きいものとして、われわれに示すものであること。また身体の快楽は、精神の快楽ほどには長つづきするものではけっしてなく、また身体の快楽を手に入れてみれば、まだそれを望んでいた折にそう見えたほどたいしたものではけっしてないということ。このことをわれわれは細心に注意して、なんらかの情念に動かされたと感ずる場合、その情念がしずまるまではわれわれの判断を中止するようにすべきであり、この世の善の偽りの外見にたやすく欺かれることのないようにすべきなのであります。

さて、これにつけ加えて申しあげうることとては、ただ次のことしかありません。すなわち、われわれが住んでいる場所の習俗のすべてをもまた、いちいち吟味して、どの程度にまでそれらに従うべきであるかを知るべきこと、であります。そして、われわれはすべてについて確実な論証をもちえないにしても、行動することが問題である場合、けっして不決断に陥らぬために、やはりどれかに決心すべきであり、実生活にはいってくるあらゆる事がらについて、最も真実らしく思われる意見をとるべきであります。なぜなら、残念とか後悔とかを起こすものはただ不決断のみだからです。

なお、はじめに申しあげましたように、つねに正しく判断する心構えでいるためには、真理の認識のほかに、習慣もまた必要であります。といいますのは、われわれは同一の事がらにたえず注意していることはできないのでありますから、以前にある真理を確信するにいたった理由がいかに明晰な明白なものであったにしても、もしその真理を、長いたびたびの省察によって精神のうちに印刻し、それを習慣に化するのでないならば、のちになって、偽りの外見によって、その真理を信ずることからそらされるおそれがあるからです。学院において（スコラ哲学において）、「徳は習慣である」というのは、この意味で正しいのです。なぜなら、実際のところ、ひとの誤るのは、みずからなすべきことの認識を理論的にもたないためであることはめったになく、ただそれを実践的にもたないため、すなわち、それを信ずる確固たる習慣をもたないためだからであります。そして、いまこれらの真理を吟味いたします間、それらを信ずる習慣をもまた私は、私のうちに増大させるのでありますゆえに、殿下が私にその真理を語る機会をお与えくださいましたことに対して、特にお礼を申しあげねばなりません。また私が殿下のきわめて卑しい、きわめて従順なる僕デカルトであることを殿下にお示しすること以上に有益に、私がみずからの閑暇を用いたと思う事がらはございません。

追伸　この手紙を書き終わりましたとき、十三日付の殿下のお手紙を受領いたしました。しかしお手紙には考えるべききわめて多くの問題があり、いますぐおこたえすることをお控えいたしたく、殿下も、私がそれを考えるにしばらくの時を費やすことをお望みであろうと確信いたします。

（1）ローマのストア哲学者（前四～後六五）。皇帝ネロの教師から執政官となったが、のちネロによって死を命ぜられ自殺した。その諸著は、後世、処世哲学として愛読された。『怒りについて』『幸福な生について』などがある。

エリザベトからデカルトへ

（ハーグ、一六四五年九月十三日）

あなたが私の無知に与えてくださる口実に、無知への対策にと同様、私の良心が満足してくれるのでしたら、私はたいへんありがたく思ったでありましょうし、私がすでに理性の使用を許されていた長い時間を、かくも悪《あ》しく用いたことに対する後悔を、私は免れていたことでありましょう。しかし、その時間は、私の生まれとその後の境遇とがきわめて早くから、生活に処するために、判断力の使用を私に強いましたゆえに、私と同年輩の他の人々におけるよりはずっと長かったのであります。もっとも、その生活というのは、ずいぶん苦しい生活で、私が自己を反省するのを妨げるような繁栄の状態をもたず、また教師の考えにたよることを強いられるような従属の状態をともなうこともない生活ではありましたが。

けれども、そういう繁栄やこれにともなう阿諛《あゆ》などがたとえありましても、それだけで、生まれのよい人々から精神の力を奪い、運命の変化に毅然《きぜん》として堪えることができないようにならせてしまうにたりる、とは私には信ぜられません。かえって、公衆を支配する地位にある人々を襲うところの、無数の偶発事が、彼らにその最も有効な対策を吟味する時間を与えず、しばしば彼らをして〔いかに有徳の人であっても〕、あなたが至福の最大の障害物の一つとしてあげておられる後悔を、のちにともなうような行為をさせるのだ、と私は確信いたします。確かに、もろもろの善をそれが満足に寄与しうる程度に従って評価し、この満足を、快楽の原因である完全性に従ってはかり、これらの完全性と快楽とを、情念を離れて判定するという習慣は、彼らを多くのあやまちから守るでありましょう。けれども、まずそのようにもろもろの善を評価するには、それらを完全に認識せねばなりませず、かつ実生活において選択を強いられるあらゆる善を認識するためには、無限な知識をもたねばならないことになります。これに対してあなたはいわれるかもしれません、自分があらゆる可能な用心をしたことが良心によって証《あかし》される場合には、(結果のいかんを問わず)やはり満足は得られるのだ、と。しかし、事の結着をつけられぬ場合には、そういうふうにはけっしてまいりません。といいますのは、まだ考慮しなかった事がらをたえず思いかえすからであります。

次に満足を、それの原因たる完全性に従ってはかるためには、いちいちの事がらの価値を明らかに見、われわれだけに役だつ事がらか、あるいはそのうえに他人にも有利な事がらか、いずれが選ばれるべきかを分別せねばならないでしょう。ところで、後者は、他人のために心を労する気質の人によって過度に重んぜられ、前者は、ただ自分自身のためにのみ生きる人によってやはり過度に重んぜられているように思われます。

しかも、彼らのどちらも、そういう傾向を、一生涯それをもちつづけさせる有力な原因によって、支持しております。身体ならびに精神の、他のもろもろの完全性についても同様であって、ある隠れた感情が理性をしてそういう完全性を是認させており、その感情は、われわれに生まれついたものですから、情念とはよばれぬものなのであります。それで、生まれつき与えられているこのような感情に、どの程度まで従うべきものか、またいかにしてそういう感情を是正すべきか、お教え願いたく存じます。

なおまた、もろもろの情念を正しく認知するために、それらの定義を示していただきたく存じます。といいますのは、情念を「心の擾乱《じょうらん》」と名づける人々は、情念の力がもっぱら理性を眩惑《げんわく》し服従させる点にあると、私に信じさせようといたしますが、私の経験の示すところでは、情念のうちには、われわれを理性的な行為へ促すものもあるからであります。しかしあなたが、情念が理性に服している場合、情念の力が強ければ強いだけますます有益である所以《ゆえん》を、説きあかしてくださいますならば、私にさらに多くの光をお与えくださるであろうと確信いたします。

そのご好意はリスヴィックで、オレンジ公の家で、お受けすることになりましょう。こちらの家の掃除がすみますまで、そのほうにまいっております。しかしそのために、お手紙の宛名《あてな》をお変えくださる必要はございません。

エリザベトからデカルトへ

（リスヴィック、一六四五年九月三十日）

セネカが最高善についていだいた意見についてあなたのご注意がいただければ、あの書物は私が我流で読んだ場合よりもはるかに有益なものとなるではありましょうが、そういうセネカの意見についてのご注意のかわりに、悟性の力を強めて実生活のあらゆる行為において最善のものを識別せしめる手段を含むところの、きわめて必要なもろもろの真理を、お示しくださったこと、けっこうでございました。ただ、お示しくださった認識の有用さについて、愚鈍な私が必要としますご説明を、なおおつけ加え願いたく存じます。

神の存在とその属性との認識は、自然の通常の経過とそこに確立されている秩序とからわれわれに与えられる不幸、たとえば、暴風雨によって家財を失うとか、空気中の有毒物質により健康をそこなうとか、死によって友人を失うとかの不幸については、われわれに慰めを与えることができます。しかし、その意志がわれわれにとってまったく自由であるとみえる、人間たちによって、われわれに外から与えられる不幸については、慰めとはなりえません。なぜかといえば、神が人々の意志の支配をもつかさどり、各人の運命を、世界の創造以前に決定していると、われわれに信じさせるものとしては、ただ信仰あるのみだからです。

精神の不死、ならびに精神が身体よりもはるかに高貴なものであると知ることは、われわれをして死を軽んぜしめると同様に、さらに死を求めさせることもできるはずです。なぜなら（来世においては）われわれは、身体の病気や受動を脱して、より幸福に生きるであろうことは疑いえぬからです。それで私は、この真理を確信しているとみずから称し、かつ神によって啓示された掟《おきて》なしに生きた人々が、喜ぶべき死よりも苦しい生のほうを選んだことを不思議に思います。

あなたが『哲学の原理』の第三部でお示しになった、宇宙の大なる延長は、われわれの見るところのものに対して愛着を断つことに役だちます。しかしそれはまた、われわれが神についてもつ観念から、神学の基礎であるところの特殊摂理というものを、切り離してしまいます。

われわれが全体の一部であって、その全体のためにはからねばならない、という考えは、なるほどすべてのけだかい行為の源であります。が、私は、あなたがそういう行為に課せられる諸条件について、多くの困難を見いだします。公衆のためをはかってみずから受ける悪を、それから生ずる善との比較において、いかにしてはかることができますか。みずから受ける悪の観念のほうがより判明である以上、われわれには悪のほうがより大きくみえることは避けえないのではないでしょうか。等しい程度にはわれわれに知られていない事がら、たとえばわれわれ自身の価値と、われわれがともに生きる人々の価値とを、比較するために、いかなる規則をわれわれはもつでしょうか。生まれつき高慢な人は、天秤《てんびん》をいつも自分のほうに傾けるでしょうし、謙遜《けんそん》な人は自分をその本当の価値以下にみることでしょう。

あなたのいわれる特殊な真理を活用するには、大部分それと感知できぬような情念と先入見とを、残らず知らねばなりません。また、われわれの住む国の習俗を観察しますと、ときどきたいへん理性に反するものを見いだしますが、より大きな不都合を避けるために、やはりそれに従わねばならぬことがあります。

こちらへまいりましてから、たいへんいやなめにあっております。といいますのは、私は田舎での滞在によって、研究に用いる時間を増したいと願っておりましたのに、手もちぶさたの人々が誘いだしますので、ハーグにいるときとは比較にならぬほど暇が少ないというはめになりました。そして、自身から真実の善を奪って、そういう人々に架空の善を与えるなどということは、きわめて正しくないのですが、敵をつくらぬためには、世に行なわれているやっかいな礼節の掟に譲歩せぬわけにはまいりません。この手紙を書きはじめてから、もう七度以上も、うるさい訪問によってじゃまされました。私の手紙があなたのもとで同様な不快を起こさせず、あなたの知識を私のような頑固な人間にお伝えくださることによって、あなたがご自身の認識の習慣をおましになるようにしむけているといたしましたら、それは過分のご厚意によるものでございます。

デカルトからエリザベトへ

（エグモント、一六四五年十月六日）

私はときどき次のような疑いをいだきました。自分がすでにもっている善を、それが真実にそうあるよりも大きなもの、価値あるものと想像し、わが身に欠けている善を知らず、あるいは考えてみることをせずにいることによって、心たのしく満足しているほうがよいのか、それともももっと思慮をもち知識をもって、みずから有する善と有せぬ善との両方の正しい価値を知り、したがって、いっそう沈んだ気持になるほうがよいのか、ということです。もし私が最高善は喜びにほかならないと考えるのでしたら、どんな値を払ってでも、みずからを喜ばそうと努むべきであろうことを、疑わぬでありましょう。そして、不快を酒に沈めたり煙草《たばこ》でまぎらせたりする人々の粗野なやり方を、是認することでありましょう。しかし私は、徳の実行あるいは〔同じことですが〕われわれの自由意志によって獲得できるあらゆる善の所有ということを本質とするところの、最高善と、そういう善の獲得から生まれるところの精神の満足とを、区別します。それゆえに、真理がわれわれには不利であっても、やはりそれを知ることのほうがそれを知らぬことよりも大なる完全性であるにかんがみて、私は、より沈んだ気持でいてもより多くの認識をもっていることのほうが、値うちがあると認めます。したがって、最も満足せる精神を人がもつのは、心が最もうきうきしているときだとは必ずしもいえません。それどころか、最も大きな喜びは、通常、沈んだまじめなものであって、笑いをともなう喜びなどは、つまらぬ一時の喜びにすぎぬのであります。そういうわけで私は、偽りの想像にふけることによってみずから欺こうと努めることを、よしとするわけにはいきません。なぜならば、そういう偽りの想像から生まれるあらゆる快楽は、心の表面にしか触れえないのであり、心はそれらが偽りのものであることに気づいて、内的な苦痛を感ずるのだからです。そして、心がたえず他に転ぜられて、いつまでもそれに気づかないということがありうるにしても、だからといって、いま問題となっている至福を享受することにはなりません。というのは、至福はわれわれの行為に依存すべきものであり、これに反して、心が偽りに気づかぬのはただ偶然の結果にすぎぬからであります。

しかし、等しく真実な、ちがった考え方をすることができ、そのあるものはわれわれを満足へ導き、他は反対にそれを妨げる場合には、われわれに満足を与えるほうの考えに主としてたずさわることが、分別というものである、と私には思われます。そしてさらに、世のほとんどすべての事物が、それを善いものと思わせる側面からも、またそれに欠陥を認めさせる側面からも、見うるようにできていますゆえ、われわれが如才なくやるべきことが世にあるとしたら、それはまさにこのことにおいてでありまして、みずから欺かずして可能なかぎり、事物をわれわれに最も有利と見えしめるような角度から見ることができるようになるべきだと信じます。

ですから殿下が、理性の開発のために、殿下と同年輩の他の多くの人々よりも、多くの暇をおもちになることができたさまざまの原因に注目される場合、同時にまたご自身が他の人々よりもいかに多くの進歩を示されたかをもお考えになるならば、ご満足がゆくと確信いたします。殿下が他の人々とご自身とを比較になるのに、なにゆえ、みずから満足を得ることができる点においてよりも、みずから不満とされる点においてすることを好まれるのか、私には納得できません。なぜかと申せば、われわれの自然の性からいって、精神は真理の研究に少しの時間を有効に用いうるためには、まず多くの休息を必要とするものであり、あまり研究に没頭しすぎると、精神はみがかれず寝入ってしまうものでありますから、われわれが学問するために用いえた時間をはかるには、われわれが自分のものとしてもっていた時間の数をもってすべきでなく、むしろ、人間精神が通常どこまでおよびうるかを示すところの、他の人々にも普通に起こっていると認められる事がらを標準として、はかるべきだ、と私には思われるからであります。

なおまた、ある事の実行を決心しなければならなかったそのときに、最善と判断したところを、実際に行なったのならば、たとえのちになってもっと時間をかけて考えなおしてみて、失敗だったと判断するようなことになっても、やはり後悔することはない、と私には思われます。これに反して、良心に反してあることをなしたのならば、のちになってから、思ったよりもうまくいったと認めても、むしろ後悔すべきでありましょう。なぜなら、われわれが責任をもつべきはただわれわれの思考に対してのみであり、人間の本性は、すべてを知るようにはできておらず、また多くの時間をかけて考慮したあげくの判断と同じくらい正しい判断を、即座にくだせるようになってもいないからであります。

さらに、自己を過大に評価させる虚栄心は、ただ弱い卑しい心にのみ属する悪徳ではありますが、だからといって最も強いけだかい精神はみずからを軽んじなければならぬのだとはいえません。むしろ自分の欠陥とともに自分の長所をも認めて、自己自身を正しく判断せねばなりません。そして礼節のうえから、自分の長所を吹聴《ふいちょう》することは許されないとしても、それを心のうちに感じていることは少しもさしつかえがないのであります。

最後に、実生活のさまざまなできごとにおいて、どれかを選ばなければならないことになるもろもろの善の、すべてを完全に認識しうるような、無限な知識をひとはもたないにしても、この前の手紙で列挙しました認識のごとき、より必要な事がらについての平凡な知識をもつだけで、ひとは満足すべきだと思われます。

そして、かの手紙の中ですでに私は、殿下が提起されました問題、すなわち、すべてを自己中心にはからう人々は、他人のために心を悩ます人々よりも正しいかどうかという問題について、私の意見を述べてあります。すなわち、われわれがわれわれ自身のことのみしか考えない場合は、われわれは特に自分にかかわりのある善のみしか享受できませんが、これに反して、われわれ自身を何か他のものの部分とみる場合は、そのものに共通に属する善にも与《あずか》り、しかもそのために、われわれに固有な善のいずれかを奪われるということはないのであります。しかし、悪についてはそうではありません。と申しますのは「哲学」によれば、悪はなんら実在的なるものでなく、たんに欠如にすぎないのだからです。したがって、友だちの身に起こったある悪のために、われわれが悲しむ場合、そのために、われわれはこの悪の本質である欠如に、みずからも与るのではありません。そういう場合に、どんな悲しみ、どんな苦痛をわれわれがもつにしても、その悲しみや苦痛は、よき行為、特に、自分自身との関係を離れた、他人に対する純粋な愛から、すなわち慈悲《シャリテ》とよばれるキリスト教的徳から生まれるところの行為、につねにともなう内的な満足ほどには、大でありえないのです。それで人は、涙を流し多くの苦痛を感じながらも、笑って屈託なくしている場合よりも、いっそう多くの快楽をもつことができるのであります。

そして、至福の本質をなす心の快楽が、陽気な気分や身体の安楽と不可分離のものではないことは、悲劇——それはわれわれの中に悲しみを喚起すればするほど、われわれに快いものとなります——や、狩りや球技やその他類似の遊戯のごとき、身体の運動——それはきわめて骨が折れるにしてもやはり快いものであり、それどころか疲労や苦痛がその快を増すことがしばしば見受けられます――や、の例によって、たやすく証明できるのであります。このようにして、これらの運動において心が受けとる満足の原因は、心が合一している身体の、力強さまたは熟練、または他のなんらかの完全性を、そういう運動が心に注意させるということにあります。しかし、劇場で演ぜられるなんらかの憐《あわ》れむべき悲しい事件の動きを見て、涙を流すときにおぼえる満足は、心が、悩める人々に同情することにより有徳な行為をなしたように感ずる、ということから、主として生ずるのであります。そして一般に、心は、みずからが情念の支配を失わぬかぎり、自分のうちに、どのような情念でも、情念が動くのを感ずることを、快く思うものであります。

しかし私は、これら情念を定義できるように、それらをもっとこまかく吟味せねばなりません。そしてこのことは、だれかほかの人に手紙を書いている場合よりも、この手紙では、よりたやすくできるでありましょう。といいますのは、殿下には、動物の本性について以前に私が下書きいたしました論文を読む労をおとりくださっているのですから、動物の脳においてさまざまな印象がいかにして形成されるかについての私の考えを、すでにご承知だからであります。すなわち、それらの印象のあるものは、もろもろの感覚器官を動かす外的対象によってつくられ、他のものは、あるいは身体の内的な状態により、あるいは記憶のうちに残った以前の印象の痕跡《こんせき》により、あるいは心臓から発する精気の動揺により、あるいはまた、人間においては、心の能動的作用によって、つくられます。人間における心の作用は、脳の中に存する印象を変える力をいくらかもち、逆にこれら印象は、心の中に、その意志には依存せぬ考えをひき起こす力をもっております。以上に述べたところから、このように脳の中に存する印象のみによって、意志の協力なしに〔したがって、心から発するいかなる作用（能動）もなしに〕、心の中に惹起《じゃっき》されるあらゆる考えを、一般的に、情念《パッション》（受動）の名でよぶことができます。なぜなら、能動《アクション》ならぬすべてのものは受動《パッション》（情念）であるからです。しかしながら、通常は、この名を、精気のある特殊な動揺によって起こされた考えのみをさすに用います。なぜなら、外的対象あるいはまた身体の内的状態から生ずる受動、たとえば色や音や香りや飢えや渇きや痛みその他同様なものの知覚は、感覚《サンチマン》とよばれ、しかもその一方は外的感覚、他方は内的感覚とよばれるものだからです。そしてまた、以前の印象が記憶の中にとどめた痕跡や精気の通常の動揺にのみ依存する受動は、幻想であり、これは夢の中に現われることもあり、また目ざめている場合でも、心がみずから何かをなそうとせず、脳の中に見いだされる印象をただぼんやりとたどる場合にも現われます。しかし、心がみずからの意志をもって、たんに悟性的でなく同時に想像的でもある考えに、自己を向ける場合、この考えは脳の中に新たな印象をつくりだしますが、これは心における受動ではなくて能動であり、本来「想像」とよばれるものであります。最後に、精気の通常の流れが、悲しいまたは陽気な考え、または他の同様の考えを、いつもひき起こすような場合、そういう精気の流れは受動《パッション》に属させられず、そのような考えを内に生じた人の、生まれつきまたは気質に属するものとされます。それで、「この人は生まれつき陰気だ」とか、「こちらは陽気な気質の人だ」とかいわれることになるわけです。このようにして、残るものは、精気のある特殊な動揺から生じ、その効果が心自身の内にあると感ぜられるところの考え、のみとなりますが、これこそ本来の意味で、情念とよばれるものなのです。

さて、われわれがこれらの考えをもつ場合、それらはほとんどいつも、右に区別しました原因の多くに同時に依存するものなのではありますが、しかし、その主要な原因、またはその際特にわれわれが注目している原因に従って、名づけられております。その結果、多くの人は痛みの感覚を悲しみの情念と混同し、くすぐったさの感覚を喜びの情念と混同して、これを逸楽または快楽などともよび、渇きや飢えの感覚を、飲み食いの欲望――これは情念です――と混同します。なぜなら、通常、痛みを生む原因は、悲しみをひき起こすに必要なしかたで精気を動揺させ、何かくすぐったさを感ぜしめる原因は、喜びをひき起こすに要するようなしかたで精気を動揺させるからであり、その他も同様であります。

またひとは、ある情念に向かう傾向または習慣を、情念そのものと混同することがありますが、これはたやすく区別できます。といいますのは、たとえば、ある町で敵がその町を包囲しようとしているという噂《うわさ》がたった場合、住民たちが、彼らにふりかかろうとする不幸についてなす最初の判断は、彼らの心の能動《アクシヨン》であって、受動《パツシヨン》(情念)ではありません。そして、この判断は多くの人々において同様なものとして現われるのですが、人々はそれによって等しい程度に動かされるのでなく、恐怖への習慣または傾向の多少に応じて、ある人はより多く、他はより少なく、動かされます。そして彼らの心が感動を受ける——これが情念(動受)にほかなりません——前に、心はまずこの判断をくだし、または判断せずとも少なくとも危険を心に思い、そしてその像を脳の中に刻印せねばなりません〔これは想像といわれるところのもう一つの能動によってなされます〕。そしてさらに、その同じ想像のはたらきによって、心は、脳から神経を通じて筋肉にいたる精気の方向を変えて、特に心臓の入口をせばめる役をしている神経の中にはいらせねばなりません。それが血液の循環を遅らせることになります。その結果、身体全体が青くなり、冷たくなり、震えます。そして、心臓から脳にくる新たな精気は、心の中に恐れの情念をひき起こすところの像を、脳中に形成することにのみ協力するよりほかないようなしかたで、動かされます。そしてこれらすべてのことは、互いに相接して起こるので、ただ一つのはたらきにすぎないかのように見えるのであります。そして同様にして、他のすべての情念においても、心臓から発する精気のある特殊な動揺が起こるわけであります。

以上が、一週間前、殿下にお手紙で申しあげようと考えていたことでありました。そして私の計画は、あらゆる情念についての立ち入った説明を、つけ加えることでありました。しかし、情念のすべてを枚挙するに困難を感じましたため、手紙を託せずに飛脚を出発させなければなりませんでした。そして、そうしているうちに、殿下が私にお書きくださったお手紙を拝受して、お答えすべき新たな問題をもつことに相なりましたから、右の情念の吟味は別の機会まで延期し、ここでは次のことを申しあげたいと存じます。すなわち、神が存在することならびに神が人間の自由意志に依存せぬすべての事実の第一の不変の原因であることを、証明するあらゆる理由は、同様にして、神がまた人間の自由意志に依存するすべての事実の原因でもあるということを、証明するものである、と私には思われます。なぜならば、神が存在することを証明しうるには、神をこのうえなく完全な存在者と考えねばならないのであり、しかも全体的には神に由来しないような、なんらかの事がらが、世界に起こりうるとしますならば、神はこのうえなく完全ではなくなるであろうからであります。神がよってもってわれわれを超自然的な至福に高めるところの、恩寵《おんちょう》とはなんであるかを、われわれに教えるのは、ただ信仰のみであるというのはそのとおりです。けれども一人の人間の精神の中に、ほんのちょっとした思想でも現われうるのは、ひとえに、神がそのことを欲し、かつ永遠の昔から欲したがゆえである、ということを認識するには、哲学だけで十分なのであります。そして学院（スコラ哲学）においてなされる、普遍的原因と特殊的原因との区別は、この場合、適用できません。なぜなら、たとえば太陽が、あらゆる花の普遍的原因でありながら、だからといってチューリップがバラと異なることの原因（特殊的原因）ではない、といわれる理由は、花の生産が、太陽という普遍的原因に従属していないある他の原因にもまた依存しているからであります。しかるに、神がすべてのものの普遍的原因であるのは、同時にすべてのものの全体的原因であるというしかたにおいてなのであって、したがって、神の意志なしには、いかなることも起こりえないのであります。

精神の不死と、この世を去ったのちに精神がもちうるであろう浄福についての認識は、この世の生に倦怠《けんたい》をおぼえる人々に、もし彼らが来世でそれらすべての浄福を享受することが確かにできるのならば、この世を去る理由を与えることができるであろう、というのは真実であります。しかし、いかなる理由も、それらを彼らに保証しません。そしてこの世の生が悪《あ》しきものであることを信じさせようとするのは、ヘゲシアス[1]の誤れる哲学のみであり、この人の書物は、多くの人がそれを読んだのちに自殺したため、プトレマイオス王によって禁止されました。これとまったく反対に、真の哲学の教えるところは、最も悲しいできごとや最もつらい苦悩のうちにあっても、もし理性を用いる術《すべ》を心得ているなら、ひとはつねに満足しうる、ということであります。

宇宙の延長ということについて申せば、それを考えることによって、われわれが神について有する観念から、特殊的摂理を引き離して考えるようにどうしてなるのか、私にはわかりません。といいますのは、神と、有限な諸力とは、まったく別だからであります。有限な諸力のほうは、使い果たされるということがあるのですから、それらの力が多くの大きな結果を生むために用いられたのを見て、その力がさらにその他の小さな結果にまでおよぶことはもうおそらくあるまい、と判断するのは正しいのです。しかし、われわれは神の作品が大きいと考えれば考えるほど、いよいよ神の力の無限なることを認めるようになり、そしてこの無限性がわれわれによく知られれば知られるほど、われわれは、その無限な神の力が人間の最も特殊な行為のすべてにまでおよぶことを、いよいよ確信させられるのであります。

私はまた、殿下が神学の基礎であるといわれました神の特殊摂理というものを、われわれの自由意志に依存する行為に際して、神の決意のうちに起こるなんらかの変化であると殿下がお考えになっている、とは信じません。なぜならば、神学もこのような変化を容認しておらぬからであります。そして、神学が神に祈ることをわれわれに命ずる場合、それは、われわれの必要とするものがなんであるかを神に教えるためではなく、また神に乞《こ》うて神の摂理によって永遠の昔から確立されている秩序の中の何ものかを変えてもらおうと努めるためでもありません。これらはいずれもとがめらるべきことです。反対に、それはただ、われわれの祈りによって獲得されるのを神が永遠の昔から欲した事がらを、われわれが獲得するためなのであります。そして私は、この点においてはあらゆる神学者が同意している、自由意志に最も重きをおくアルミニウス派の人々さえ、同意している、と信じます。

われわれが、理性の命令に従うとき、どの程度にまで公共の利害に関心を寄せるべきかを、正確にはかることが困難であることは、私も認めます。しかしまたそれは、きわめて正確であることを要する事がらでもありません。自己の良心を満足させるだけで十分なのであって、この点、多分に、みずからの心の傾向にまかせてさしつかえありません。なぜならば、たとえ各人がすべてを自己中心的にはからい、他人に対する慈悲のごときものをもたぬとしても、彼が慎重にことを行なうならば、そして特に、習俗の腐敗していない時代に生きているのならば、彼の力のおよぶすべての事がらにおいて、通常は、やはり他人のためにも尽くしていることになる、というふうなぐあいに、神は、事物の秩序をうちたてているのであり、またすべての人間を互いにそれほど密接な社会関係によって結合しているのだからであります。なおまた、善を自分のために獲得するよりは、他人に善をなすほうがいっそう高い、いっそう光栄あることでありますから、そのほうに向かう傾向をより多くもち、みずからの所有する善を最も軽くみる人は、最も偉大な心の持主であります。みずからを不当に大きく評価するのは、弱い卑しい心の人にすぎず、そういう人は、たった三滴の水でみたすことのできる器のごときものであります。私は、殿下がかかるたぐいの人には属しておられぬことを知っております。そして、そういう卑しい心の持主を、他人のために尽くすように促すには、彼らがそれによって自分のためにもまたいくらかの利益を得るであろうことを示してやるよりほかはないのでありますが、それにひきかえ、殿下に対しましては、もし殿下がご自身を軽視されますならば、殿下が愛せられる人々に対して、長きにわたってお尽くしになることができないであろうことをご注意願い、ご健康に用心なされるようお願いいたさねばなりません。

（1）ギリシアのキュレネ派の哲学者（前三〇〇ころ）。生よりも死を重んじて、自殺をすすめ、「死の説教者」という異名をとった。

デカルトからシャニュへ
（愛についての手紙）

（エグモント、一六四七年二月一日）

ただいまいただいたお心づくしのお手紙には、その御返事を書き終わるまで、心おちつかぬ気持がいたします。ご提出になった問題は、私などより学問のある人々でも、短時間に吟味するにはたいへんに骨が折れるであろうと思われる問題でありますが、私は自分がたとえ長い時間をかけても、それらの問題を完全に解決しえないであろうことをよく心得ておりますので、いま私の心を動かしている熱意が私に書きとらせるところを、すぐに紙に書くほうがよいと存じます。ゆっくり考えたうえで書いても、よりよいものは書けそうにないからであります。

あなたは次の三つのことについて、私の意見を知りたいといわれます。第一、愛とはなんであるか。第二、自然の光（理性）がそれだけで、われわれに神を愛することを教えるか。第三、「愛」の錯乱および誤用と、「憎み」の錯乱および誤用との、どちらがいっそう悪いか。

第一の問いにこたえるのに、私は、純粋に知性的なまたは理性的なものである愛と、情念（受動）であるところの愛とを区別いたします。第一の「知性的な愛」とは、われわれの精神がなんらかの善――現に与えられているものであろうと不在のものであろうと――を知覚し、それをみずからに適合していると判断するとき、精神がみずからの意志によって自己をその善に結合することであり、いいかえれば、精神が自己自身とその善とを合わせて、その善を一部分とし自己を他の部分とするような、一つの全体とみなすことにほかならない、と私には思われます。

次いで、もしその善が現に与えられているものであるならば、すなわち精神がその善を所有しているか、またはそれに所有せられている（その善きものに憑《よ》りうつられている）か、であるならば、つまり精神がその善に、たんにその意志によってのみならず、また実在的に事実的に、精神の思いにかなったしかたで結びついているならば、それが自分にとって善であるという認識にともなうところの、意志の動きは、精神のもつ「喜び」であります。また、その善が現に存在せぬとき、その善を欠いているという認識にともなうところの、意志の動きが、精神のもつ「悲しみ」であります。そして、その善を獲得することが、自分にとって善いであろうという認識にともなうところの、意志の動きは、精神のもつ「欲望」であります。

さて、これら「愛」と「喜び」と「悲しみ」と「欲望」とが、理性的な思考であって情念ではないかぎり、それらの基礎にある意志の動きのすべては、たとえわれわれの精神が身体をもたないとしても、われわれの精神のうちに見いだされうるでありましょう。なぜなら、たとえば精神が自然のうちに、非常に美しい多くのものが知られると気づく場合、その意志は必ず、これらのものの認識を「愛する」ことに向かう、すなわち、その認識がみずからに属すべきものであるとみなすことに向かうでありましょう。そのうえに、みずからはそういう認識を現にもっていると認めるならば、精神はそれを「喜ぶ」でありましょう。そしてもし、自分がその認識をもたないことを見るならば、そのことを「悲しむ」でありましょう。そしてもし、その認識を獲得することが、みずからにとって善いことだと考えるならば、その認識を「欲望する」でありましょう。そして、意志のこれらの動きには、精神がみずからの思考について反省さえするならば、彼にとって不明瞭《ふめいりょう》な点は少しもなく、また完全に認識しえないような点も少しもないのであります。

しかしながら、われわれの精神が身体に結びついている間は、この「理性的」愛は、「感覚的」とよばれうるもう一つの愛を通常ともなっており、この感覚的愛は、私の『哲学の原理』フランス訳四六一ページ（『哲学の原理』第四部一九〇節）であらゆる情念と自然的欲求と感覚とについて簡単に述べたように、神経のある種の運動によって、精神内にひき起こされる混雑した思考にほかならず、こういう混雑した思考が精神を促して、理性的愛という、かのもっと明晰《めいせき》な思考へ向かわせるのであります。「渇き」において、のどの乾きの感覚は、水を飲もうという欲望へ向かわせるところの混雑した思考ですが、この欲望そのものではありません。同様に「愛」においては、われわれは心臓のあたりに何かの熱を感じ、肺臓において血液が非常に多量であることを感じ、その結果、腕を広げて何かをいだこうとさえする。そして、このことは精神を促して、現われでる対象を進んでみずからに結合しようとさせる。けれども精神がかの熱を感ずる思考は、その対象に精神を結合する思考とは別のものであります。のみならず、ときとしては、上述の愛の感覚がわれわれのうちにあるのに、われわれの意志は何ものを愛することにも向かわない場合があります。それは、愛するに値すると考えられる対象に、われわれが出会わないためであります。また反対に、われわれが大いに価値ある善を知り、意志によってその善にみずからを結びつけるが、しかし、だからといって情念をもつということはないという場合もあります。この場合は、身体のほうがその傾向を示さぬからであります。

けれども普通は、この二種の愛はいっしょに見いだされます。というのは、両者の間には、次のような結びつきがあるからです。すなわち、精神が、一つの対象を、自分がもつに値すると判断するとき、このことはただちに心臓をして愛の情念を起こすところの運動に向かわせるということ、および逆に、心臓が何かほかの原因によって同様な傾向をもつにいたるとき、このことは精神をして、別のときには欠点だけしか見ないような対象の中に、愛すべき性質を想像させるということであります。そして、心臓のある運動が、このようにある種の思考――この思考と、かの運動との間には何も相似性はないにもかかわらず――に自然的に結ばれている、ということは、驚くべきことではありません。なぜなら、われわれの精神が一つの物体（身体）に合一されえたような性質のものである以上、精神はまた次のような特質をもつからであります。すなわち、精神のいちいちの思考が、身体のなんらかの運動またはその他の状態と連合して、その結果、同じ状態が身体のうちにふたたび現われると、それは精神を促して同じ考えをもたせるようにし、逆にまた同じ考えがふたたび現われると、その考えは身体が同じ状態を受け入れるようにはからう、というようになっているということ。たとえば、一つの国語を学ぶ場合に、人は、ある語の文字または発音などといった物質的事物を、その語の意味をなす考えと結びつけるのであります。そこで、同じ語をのちにふたたび聞くとき、同じ事物を心に思うのであり、また同じ事物を心に思うとき、同じ語を思いだすわけであります。

しかしながら、われわれがこの世の生をはじめたときに、同じようなしかたでわれわれの考えにともなったところの最初の身体の状態は、明らかにのちにその考えにともなうにいたったほかの身体状態よりも、もっと密接にその考えと結合していたはずであります。そして、心臓のまわりに感ぜられる熱の起原や愛にともなう他の身体状態の起原を調べるにあたって、私は次のように考えます。第一に、われわれの精神が身体に結びつけられた最初の瞬間にすでに、おそらく精神は「喜び」を感じ、そしてすぐにひきつづいて「愛」を感じ、次におそらくまた「憎み」や「悲しみ」をも感じたであろう、ということであり、第二に、そのとき（母胎の中で生をうけたとき）精神のうちに情念（受動）をひき起こしたのと同じ身体の状態が、のちにもそれらの考えに当然ともなった、ということであります。

ところで、精神の最初の情念が「喜び」であったと私が判断する理由は、精神が身体のうちに宿されたとき、身体は善い状態にあったとしか考えられないからであり、そして、身体がそのように善い状態にあるときには、身体はわれわれに当然「喜び」を与えるからであります。また「愛」が次いで生じたと私がいいますのは、われわれの身体をつくる物質は河の水のようにたえず流れていて、一つの物質のあとには他の物質がまたつづいて現われざるをえないゆえに、身体が善い状態にあるときは、たぶん同時に身体の間近に、身体の養分となるにははなはだ適したなんらかの物質があったはずであり、そこで精神は、この新たな物質にみずからの意志によって結びつくことにより、その物質に対して「愛」を感じたであろうからであります。同様にして、またのちに、この養分が欠けるようなことが起こったとき、精神は「悲しみ」を感じたのであり、また身体の栄養には適しないようなほかの養分が、かわりに現われたときには、その養分に対しては「憎み」を感じたのであります。

以上の四つの情念が、最初にわれわれのうちに現われたものであり、われわれが母胎をでる以前に感じたのは、この四つの情念だけであると私は考えます。また私は、それらの情念が、当時はきわめて混乱した感覚または思考でしかなかったと考えます。なぜなら、精神は物質にひきつけられていて、物質からさまざまな印象を受けとるよりほかのことに、まだ向かいえなかったからであります。そして何年かのちに精神は、身体の善い状態と適切な栄養とにのみ依存する喜びや愛とはちがった喜びや愛をもちはじめたにしても、それにもかかわらず、その喜びや愛の知的な（感覚的でない）成分は、依然として精神が身体の状態や栄養についていだいた最初の感覚にともなわれており、さらにはまた、当時身体内にあった自然的運動や機能にともなわれているのであります。それで、愛はわれわれの誕生の前には好もしい栄養物――それは肝臓や心臓や肺臓に豊かに流入して、つねよりも多くの熱をひき起こしたものです――によってのみ起こされましたゆえに、いまでは愛はたいへんにちがった原因から生ずるにもかかわらず、やはりその熱が愛にともなっているのであります。

そして、この手紙が、あまり長くなりすぎるおそれさえなければ、われわれの生のはじめに、これら四つの情念とともにあった他のすべての身体の状態が、いまもなおそれら情念にともなっているということを、詳細にお示しすることができるでありましょう。しかし、私はただ次のことをいうにとどめておきます。すなわち、われわれの幼時の、これら混乱した感覚が、われわれがみずからの愛に値すると判断するところのものに向ける愛の基礎にある理性的思考に、どこまでも結合しているので、愛の本性は、われわれにとって認識しがたくなっている、ということであります。そしてさらにつけ加えて申しますが、「愛」以外の多くの情念、すなわち「喜び」や「悲しみ」や「欲望」や「懸念」や「希望」などが、さまざまなしかたで「愛」に混じて、愛がもともとなんであるかを認めがたくしているのであります。この点は特に「欲望」について著しく認められます。というのは、人々は普通に「欲望」を「愛」であると解し、その結果、二種の愛を区別するにいたっているからであります。すなわち、一つは「善意の愛」amour de bienveillance とよばれるもので、ここでは欲望はあまり目だっていません。もう一つは「欲望の愛」amour de concupiscence とよばれ、これは非常に激しい「欲望」にほかならず、それの基礎にある「愛」そのものは、多くの場合弱いものであります。

しかし、愛という情念に属するすべてを論ずるには、大きな書物を書かねばなりますまい。しかも、愛の本性は、われわれをしてできるかぎり自己を他に伝えさせることであり、ここでも愛は私に自分の確かに知っている以上のことまで申しあげようとする気持を起こさせますが、手紙が長くなって退屈なさるかと思われますので、それは控えておくことにいたします。

そこで私は、あなたの第二の問い、すなわち、自然の光がそれだけで、われわれに神を愛することを教えうるかどうか、われわれはこの自然の光によって神を愛することができるかどうか、という問いにうつることにいたします。

ところで、そのことを疑わしめる二つの強い理由があることに気づきます。第一の理由は、最も普通に注目される神の諸属性が、われわれをはるかにこえたものであって、それら属性がわれわれにとって理解しうるものとはどうしても考えられないゆえに、われわれは神の諸属性に、みずからの意志で合一する（愛する）ことはありえない、とするのであります。第二の理由は、神においては、想像に描きうるものが何一つないことであって、その結果、たとえわれわれが神に対してある知的愛をもつとしても、感覚的愛はまったくもちえぬように思われるということであります。なぜなら、知的愛が、知性から感覚に達するためには、想像を通らねばならないからであります。それゆえに、ある哲学者たちが次のことを確信しているのを私は不思議に思いません。すなわち、神がみずからひくくしてわれわれに似たものとなられた受肉の神秘[1]を教えるところのキリスト教をほかにしては、われわれが神を愛しうる道はないこと。この神秘を認めることなしに、なんらかの神的な存在に対して愛の情念をもったように見える人々は、そう見えるからといって、真の神に対する愛をもったとはいえず、詩人の語るところにあるように、イクシオンが神々の女王をいだくかわりに雲をいだいたの[2]と同様、彼らは自分らが神の名でよんだなんらかの偶像を愛したにすぎぬということ。

しかしながら、私は、われわれがみずからの本性の力のみによって、真に神を愛することができる、ということを少しも疑わないのであります。もっとも私は、この愛が神の恩寵《おんちよう》がなくとも、われわれの功績となりうる、とは主張いたしません。この点をこまかく論ずることは、神学者たちにまかせます。けれども私は、神への愛が、この世の生に関しては、われわれのもちうる最も歓喜にみちた最も有益な情念であり、それのみか最も力強い情念でもありうる、とあえて申します。もっとも、われわれの目の前にはたえず他の対象が現われて心をそらせますから、神への愛が力強いものとなるには、きわめて注意深い省察を必要とはいたしますが。

ところで、私の考えますところ、神の愛に達するためにとるべき道は、神が精神であり、考えるものであることを注視せねばならぬということであります。そして考えるものであるという点において、われわれの心の本性は、神の本性とある類似性をもつわけですから、われわれは、われわれの心が神の至高の知性の流出物であり、「いわば神の息吹きの一小部分[3]」であることを確信するにいたるのであります。のみならず、われわれの認識はだんだんに増して、無限にいたりうるように思われ、かつ神のもつ認識は無限であって、まさにわれわれの認識が目ざす目標の位置にあるゆえに、もしわれわれがこのほかの点をすべて無視するならば、われわれはみずから神々であろうと望むようなだいそれた考えにいたり、したがって（真の）神を愛するのではなく神的存在[4]を愛するという大きな誤りを犯すことになりかねないのであります。けれども、右のこととともに、われわれが次の点にも注意するならば——すなわち、神の能力が無限であって、それにより神はかくも多くのものを創造したのであり、われわれはその最小の部分にすぎぬこと、神の摂理は広大であって、そのゆえに神の思考はいっきょに、過去にあったものと現在あるものと未来にあるであろうものと、およそありうるもののすべてを直観すること、神の決定は誤ることがなく、その決定はわれわれの自由をそこなわないけれども、けっして変更できぬものであること、最後に、われわれは小さく被造物のすべては大きいこと、かつその際、被造物が神に依存するしかたに注目し、被造物を神の全能にふさわしく（無限大と）考えるべきであって、世界が有限であると考えようとする人々のように、世界を一つの球のうちにとじこめるなどということをしないこと⑤——これらのことを注意するならば、これらすべてについての省察は、これらのことをよく理解する人を、極度の喜びをもってみたすのであって、そういう人は、神に対して不正かつ忘恩的になってみずから神にとってかわろうなどと望むどころか、まったく反対に、そういう認識に達するという恩寵を神から与えられたというので、もう死んでも悔いはないと考えます。そして、みずからの意志によって自己を全体的に神に合一させ、神への愛を完全なものにし、この世では神の意志が実現せられること以外に何ごとも望まなくなります。このゆえに、そういう人はもはや死も、苦痛も、恥辱も心にかけない。なぜなら、神が決定したこと以外に、自分の身には何ごとも起こりえないということを知っているからであります。そして彼は、この神的決定をはなはだ愛し、それをきわめて正しく必然なものと認め、自分が神の決定に全面的に依存していると知っているので、たとえ神の決定から彼の期待するものが死であるか何かほかの悪であって、かつ仮に——実はありえぬことであるが——神の決定を変えることが彼にできるとしても、彼はそれを変えようとする意志をまったくもたないでありましょう。しかしまた、たとえ彼が悪や苦痛を——摂理に由来するゆえに——拒まないにしても、彼は、この世で享受しうるところの正しい善と快楽とのすべてを拒むことは、なおさらしないでありましょう。なぜなら、これらもまた摂理に由来するものなのだからであります。かくて彼は、これら善と快楽とを喜んで受け入れ、悪に対する懸念を少しももたず、彼の愛は彼に完全な幸福を与えるのであります。

この愛を、精神のうちに起こすところのもろもろの真理を思い浮かべるには、精神は感覚との交渉から、大いに離れなければならぬということは真実であります。したがって、精神はこの愛を想像力に伝えて、情念を生みださせることはないように見えます。しかし、それにもかかわらず私は、精神がその愛を、あるしかたで想像力に伝えるということを疑いません。なぜなら、われわれはわれわれの愛の対象である神のうちにある何ものをも想像することはできぬにしても、われわれの愛そのものを想像に描くことはできます。愛とは、なんらかの対象にわれわれ自身を合一させようと意志することであって、神に関しては、われわれ自身を、神の創造した事物の限りない全体のきわめて小なる部分とみなすことなのであります。なぜなら、愛の対象がさまざまであるに従って、われわれはさまざまなしかたで自己を対象に合一させ、または対象を自己に結びつける、ということができるからであります。そして（このように対象によって愛はさまざまであるにせよ）愛におけるこの合一という点を考えるだけで、心臓のまわりに熱をひき起こし、非常に激しい情念を生ずるに十分なのであります。

さらにわれわれの言語の使用と挨拶《あいさつ》の作法とは、われわれよりもはるかに身分の高い人々に対して、「あなたを愛する」というのを許さず、ただ「尊敬する」とか「あがめる」とか「敬う」

とか「心からお役にたちたいと思っている」とかいうことのみを許しているのは、事実であります。その理由は、ある人の他の人に対する友愛は、それが相互的である場合には、当事者たちをある意味で平等ならしめるからであり、したがって、だれか身分のある人の愛を得ようと思う場合に、その人に「私はあなたを愛する」などといえば、その人は対等に扱われていると感じて、失礼な奴だと思うであろうからであります。しかしながら、哲学者というものは、同一の定義をもつところの多くのものに、ちがった名を与えるという習慣をもたないのであり、愛の定義としては、ある対象にわれわれみずからの意志により、われわれを合一させるところの情念、という定義が一つあるだけで、その対象がわれわれと対等のものであるか、より大きいものであるか、より小さいものであるかを区別しないのでありますから、もし哲学者のことばを語るのならば、「われわれは神を愛しうる」と、当然いうべきであると思います。

そして私があなたに、あなたがいまその宮廷におられる偉大な女王を、内心において愛しておられぬかどうかおたずねするとすれば、あなたは女王をただ「尊敬」「感嘆」するだけだとこたえられてもむだであって、私としてはやはりあなたが非常に強い愛情をもいだいておられるのだと判断いたします。といいますのは、女王のことを語られるときには、あなたの筆はいかにもすらすらと運ばれているからであります。もちろん私は、あなたが真実をいわれる方であることを承知しており、また女王のことを他からも聞いておりますゆえ、あなたのいわれることを私はすべて信じてはおりますけれども、しかしやはり、もしあなたが熱意をもっておられぬなら、あのように女王のことをお書きになれるはずはないと信じ、またそういう大きな光の近くにいながら、そこから熱を受けておられぬはずはないと信じます。

さて、われわれが、われわれよりも高い対象に対してもつ愛は、他のものに対してもつ愛よりも小さいなどということはないどころか、私の信ずるところでは、それはその本性上、いっそう完全であり、愛する対象の利害をいっそう熱心にとりあげさせるものであります。というのは、愛の本性は、人々をして愛する対象と自己とを一つの全体と見、自己はその一部にすぎぬと見させることにあり、いつもは自分自身に向けていた心づかいを、この全体の保存に移させ、自分個人のためにはその心づかいの一部分だけをとっておかせるだけなのであります。そして、この自分のためにとっておく心づかいの部分は、それを、自分がその愛を向けている全体の大きな部分であると信ずるか、小さな部分であると信ずるかに従って、大きくも小さくもなりえます。そこで、ひとが自分よりも価値が低いと考える対象と意志によって結びついている場合、たとえば花や鳥や建物などを愛する場合、この愛の達しうる最高点も、その真実な用い方に従えば、それらのものの保存のためにわれわれの生命をなんらかの危険にさらさせることはありえません。なぜならば、そういうものは、それがわれわれ自身といっしょになってつくる全体の、よりすぐれた部分ではないからです。それはわれわれの爪《つめ》や毛髪が、われわれの身体のすぐれた部分ではないようなものです。毛髪の保存のために全身を危険にさらすなどということは、狂気のさたでありましょう。しかしながら、二人の人間が互いに愛し合うときは、徳としての愛は、各人が友を自己以上に重んずべしと命じます。それゆえ二人の友愛は、互いに他をかばって、「この私がやったのだ、その剣は私に向けよ」⑥と進んでいえるのでなくては、完全ではないのであります。同様にして、一私人が、その君主またはその国に、進んで自己を結びつけるとき、その人の愛が完全であるならば、彼自身を、みずからが君主や国と合してつくる全体の、きわめて小さな部分とのみみなして、君主や国のためには、確実な死におもむくことも恐るべきではないのであります。それは腕から少量の血をとることを、身体の残りの部分の健康のためには意に介すべきではないのと同じであります。そして、こういう愛の例は、国のためにまたみずからの愛する君主のために、喜んで命を捨てるところの低い身分の人々のうちにさえ、つねに認められます。したがって、神に対するわれわれの愛が、当然、比較を絶して最高最完全のものであるべきことは明らかであります。

こういう形而上学的《けいじじょう》な省察が、あなたの精神にあまりに大きな労を課するという懸念を私はいだいておりません。あなたの精神がこれらすべてを、きわめてよく理解しうることを、私は知っているからであります。しかし、実を申しますと、こういう考察は私の精神のほうを疲れさせ、いろいろな感覚的対象が眼前にあるために、こういう考察に私は長くとどまれないのであります。

それで、私は第三の問いにうつることにいたします。すなわち、「愛の錯乱と憎みの錯乱とのうちいずれがより悪いか」という問いであります。けれども私には、前の二つの問いよりもこの問いのほうがこたえにくいと感じます。それは、あなたがこの問いにおいてご意向を明らかに述べておられず、この問題は、別々に吟味すべきだと思われるいくつかのちがった意味に解せられるからであります。一つの情念が他の情念よりも悪いというとき、その理由は、(一)その情念がわれわれを徳から遠ざからせるためであるか、(二)あるいはその情念が、むしろわれわれの満足に反するためであるか、(三)あるいは最後に、その情念が人をひどい乱行におよばせ、その人自身よりもむしろ他の人々のほうに害をおよぼさせるためであるか、であります。

第一の点については、私は、はっきりどちらとも申せません。まず、愛と憎みとの定義を顧慮するときには、愛するに値せぬ対象に対してわれわれのもつ愛は、われわれが当然、愛すべき対象に対してわれわれのもつ憎みよりも、われわれに有害でありうる、と私は判断いたします。なぜなら、悪いものに結びつけられ、いわばそのものに化することは、善いものからわざと離れてあることよりも、いっそう危険だからであります。次に、しかしながら、これらの情念から生まれる傾向とか習慣とかを念頭におくとなると、私の意見は変わります。というのは、愛は、いかにふしだらであっても、いつも善を対象としていることを考えると、悪をしか対象としない憎みほどに、われわれの行状をそこなうことはあるまいと思われるからです。事実、経験によって知られるとおり、最も善良な人々でもだれかを憎まざるをえなくなると、次第に意地悪くなるものであります。というのは、たとえ彼らの憎みが正しいものであっても、彼らは敵から受ける悪と、また敵にこうむらせたいと思う悪とを、たびたび心に思うので、その結果、しだいに悪意を身につけてしまうからであります。これに反して、愛に専心する人々は、たとえその愛がだらしない軽薄なものであっても、ほかの考えに精神を用いていた場合よりも、やはりいっそうりっぱな有徳な人間となることが多いのであります。

第二の点については、私はなんの困難をも認めません。すなわち、憎みはつねに悲しみとふきげんをともなっています。そしてある人々が、他人に悪をなすことからどのような快を得るにせよ、そういう人々の楽しみというものは、悪魔どもの喜びに似ていると私は信じます。われわれの宗教によれば、悪魔どもは、地獄で人間を苦しめることによって、たえず神に復讐《ふくしゅう》していると思いこんではいるが、やはりどこまでも呪《のろ》われているのであります。これに反して愛は、いかに乱れたものであっても、快を与えます。そして、詩人たちはその詩において、たびたび愛について苦情をいうのですが、しかし私は、もし人々が愛のうちに苦《にが》さよりも楽しさをより多く見いだすのでなかったら、もともと愛することなどしないはずだと思います。そして、愛のせいにせられるあらゆる苦悩は、「愛」にともなう他の情念、すなわち向こう見ずな「欲望」と理由のない「希望」とから生ずるのだと思います。

しかしながら、第三に、この二つの情念のいずれがわれわれをしてより大きな乱行にいたらしめるか、そしてほかの人々に、より大きな害をなしうるか、と問うならば、私は愛のほうだとこたえねばならぬと思います。その理由は、愛のほうがその本性上、憎みよりもいっそう大きな力と勢いとをもつからであり、かつとるにたらぬものへ愛情をもつ多くの場合、もっと価値をもつほかのものへの憎みよりも、くらべものにならぬほど大きな悪を生むからであります。

まず憎みは、愛よりも勢いが弱いことを、両者の起原を吟味することによって示すことにいたします。さきほど申しましたように、われわれの最初の愛の感情は、われわれの心臓がそれに適した養分を豊かに受けとることから生じたのであり、反対にわれわれの最初の憎みの感情は、心臓にはいってきた有害な養分によってひき起こされたのであり、そのためいまでも同じ運動が同じ情念にともなっているのであるとすると、ここで明白なことは、われわれが愛する場合に、われわれの静脈の最も純粋な血液のすべてが、心臓に豊かに流入し、そのため多くの動物精気を脳に送ることになり、われわれにいっそう大きな力と勢いと勇気とを与えます。しかも他方、われわれが憎みをもつとき、胆汁の苦みと脾臓《ひぞう》の酸味とが血液に混じり、その結果、脳にはいる精気は量も少なく質もちがうことになり、われわれは弱く冷たく臆病《おくびょう》な状態にとどまることになります。そして経験は私のいうところを証拠だてております。すなわち、ヘルクレスやロラン(7)のような人々、一般に常人よりも勇気のある人々は、他の人々よりも熱烈な「愛」をもっており、反対に弱くて臆病な人々は「憎み」に傾きやすいのであります。また「怒り」は確かに人を大胆にするものですが、しかし「怒り」は人が自己自身に対してもつ「愛」からその活力を得ているのであって「憎み」からではありません。愛がいつも怒りの基礎となっており、憎みのほうは怒りにともなうにすぎません。また「絶望」も勇気に大きな力を発揮させ、「恐れ」は、はなはだ残酷な行為をさせますが、しかし「絶望」も「恐れ」も「憎み」とはちがったものなのであります。

さて、残るところは、とるにたりない対象に向けられる愛が、度はずれになると、もっと価値ある他の対象に対する憎みよりも、大きな悪を生じうるということを示すことだけであります。私が、そのことの理由とするのは、憎みから生ずる悪が、ただ憎まれている対象におよぶにすぎぬのに対して、度はずれになった愛は、それ自身の対象のほかのすべてのものを容赦なく襲うのであり、この愛がその狂った乱行の好餌《こうじ》として滅ぼし破壊しようと構えている他のすべてのものに比すると、その愛の対象は、通常きわめて小さなものにすぎないということであります。われわれが何かを愛するとき、そのことによって、それに反対のすべてのものを憎むのだから、憎みこそ、愛のせいにせられる諸悪の最近原因である、という人があるかもしれませんが、しかしやはり、愛が、そのようにして起こる悪の第一原因なのであり、ただ一つの対象に対する愛は、そのようにして多くの他の対象への憎みを生ぜしめうるのであるから、そういう悪の責任を負うべきはつねに、憎みよりもむしろ愛であります。さらにそのうえに、愛の犯す最大の悪は、そんなふうに愛が憎みを介してひき起こす悪ではありません。最もおもな、かつ最も危険な悪は、ただ自分の対象を喜ばせるために、または自分自身の快を得るために、愛がなし、またはなすことを許す悪なのであります。私はテオフィル⑧の奇抜な句を思いだすのですが、ここでの例としてあげうると思います。彼は愛の狂乱にとりつかれた一人物に、こういわせています。

ああ、かの美しいパリスはなんとみごとな獲物を手にしたことか。
おのれの胸の火をしずめるために
トロイの大火を燃えあがらせたとは
なんともあっぱれな恋ではないか。

これによって明らかなことは、災いが愛の値を高めるという理由で、最も大きな、また最もいまわしい災いが、ときとしては錯乱に陥った愛の——前にも使った語ですが——「好餌」となり、そういう愛をより快いものにするために用いられることがある、ということであります。さて、このことについて、私の考えがお考えと一致するかどうかは存じませんが、あなたが私に多くのご好意をお約束くださいましたように、私もまた大きな熱意をもってあなたにお尽くししようとする者であるという点では、確かに私の考えはお考えに一致すると申しあげます。

（1）「受肉（Incarnation）の神秘」は、普通、「ご托身《たくしん》の玄義」と訳され、神が人間の形をとってイエス・キリストとして現われた（つまりイエスは神である）という、超理性的な教えの意。

（2）ギリシア神話で、イクシオンが神々の王ゼウスの妻ヘラを恋したが、それを知ったゼウスは、雲をヘラの形にしてイクシオンにいだかせた、という話をひいている。

（3）ホラティウス『風刺詩集』第二巻第二章からの引用。

（4）「神」（Dieu）といわず「神的存在」（Divinité）といっているのは、キリスト教の神でない異教の神々をさしているが、さらにキリスト教思想の内部でも、三位一体の「神」の根底に「神的存在」（「神性」）を考え、人間精神と「神性」との直接的合一を目ざす「神秘主義」の異端があった。ここでのデカルトの言は、そういう神秘主義に対する批判と読むこともできる。

（5）アリストテレスおよびスコラ哲学者のように世界を有限な球体と考えるのでなく、世界空間を無限と考えるほうが、神の全能を正しく認めることになるという主張である。「世界の無限性」のこの考えは、十五世紀のニコラウス・クザーヌスに現われたが（デカルトもクザーヌスのことを一度あげている）、コペルニクスもケプラーもガリレイもあらわに主張せず、ブルーノが力説して火刑に処せられた考えである。しかしデカルトは、それを当然のこととして述べているのである。

（6）ヴェルギリウス『アエネイス』九巻四二七行の引用。

（7）ヘルクレスはギリシア神話の英雄。ロランは中世武勲詩『ロランの歌』に歌われた騎士。

（8）テオフィル・ド・ヴィオ（一五九〇〜一六二六）はフランスのリベルタンの詩人。大胆な詩を書いてたびたび投獄された。一六二〇年代にもてはやされ、若いデカルトもおもしろがって読んだのであろう。

年譜

一五九六年　文禄五年・慶長元年
三月三十一日、トゥーレーヌ州ラ・エーに生まれる。父のジョアシャン・デカルトはブルターニュの高等法院評定官、母はジャンヌ・ブロシャール。哲学者ルネ・デカルトはその第三子である。家は代々ポアトゥ州に領地をもつ小貴族であり、富裕な市民からでたいわゆる「法官貴族」に属する。父方の祖父は医を業とし、母方には法官や商家があり、いずれも当時の社会を政治的にも文化的にも支えていた階級に属する家柄である。この年、ブルボン家アンリ四世治世七年にあたる。

一五九七年　慶長二年　一歳
五月十三日、誕生後およそ十三ヵ月にしてデカルトは母を失う。母からは空咳《からせき》と青い顔色とを受けつぎ、二十歳すぎまでもちつづけた。医者はみなデカルトの夭死《ようし》を宣した。母の死後、デカルトは母方の祖母と乳母《うば》に育てられる。この乳母はデカルトよりも生きながらえたが、彼はこの乳母を徳とし、彼の生涯を通じて年金を与え面倒をみたのみならず、のち、遠くスウェーデンに病み、みずからの死をさとると、自分の相続人たちに、なお在世していたこの乳母のことをたのんで逝《い》ったという。

一六〇〇年　慶長五年　四歳
この年イギリスが、つづいて一六〇二年にオランダ、一六〇四年にフランスが東インド会社を設立。日本では関ヶ原の合戦《かっせん》があり、江戸時代をむかえ、やがて一六三九年から鎖国する。イタリア・ルネサンス最後の形而上《けいじじょう》学者ジョルダーノ・ブルーノが、宇宙も神の展開として無限であると説き、そのために七年間の査問の末、異端として焚刑《ふんけい》に処せられた。イギリスのウィリアム・ギルバートが『磁石論』を著わし、ケプラーがティコ・ブラーエの招きに応じてプラーハに移ったのもこの年である。なお、ティコ・ブラーエは翌一六〇一年に没した。

一六〇六年　慶長十一年　十歳

ラフレーシ学院に入学。これはジェズイット教団がアンリ四世から邸を与えられて創設した学院である。一六〇六年以来、デカルト家の親族であるシャルル神父が学院長になっており、デカルトは虚弱を理由に学寮できわめてゆるやかな扱いを受ける恩恵に浴した。コルネーユ生まれる。

一六一〇年　慶長十五年　十四歳

ガリレイが前年に発明した天体望遠鏡を用いて木星の衛星を発見。ナントの勅令を公布し（一五九八年）、制限つきではあるが新教徒に信仰の自由を認めたアンリ四世が、カトリックの狂信徒に暗殺される。アンリ四世の心臓は、遺命により六月、ラフレーシ学院に葬られた。ルイ十三世即位。

一六一四年　慶長十九年　十八歳

ラフレーシ学院を卒業。おそらく、つづいてポアチエ大学に入学し、法学と医学を学ぶ。

一六一六年　元和二年　二十歳

秋、ポアチエ大学で法学士の学位を受ける。一六一四年から一七年末まで、彼について知られていることはあまりない。気ままな生活を送り、社交界に出入りし、当時のスポーツであった武術・馬術をやり、しごくありきたりの生活を送っていたらしい。

一六一八年　元和四年　二十二歳

オランダに行き、ナッサウ公マウリッツの軍にはいり、十一月ブレダに滞在。このとき、のちのドルトレヒト大学長イサク・ベークマンと相知り、数学的自然学の研究をはじめる。デカルトはベークマンから自然研究に数学を用いるしかたを教えられた。このとき物体の自由落下の法則を求めている。十二月、デカルトは『音楽要論』を草してベークマンに贈った。約十年ののち、ベークマンがデカルトの功績をもすべて自分のものとしようとするにおよんで仲たがいが起こるが、のちにふたたび和解する。

一六一九年　元和五年　二十三歳

前年、ボヘミアに戦争（ボヘミアの新教徒が、ファルツ選帝侯フリードリッヒ五世をボヘミア王に擁立し、ドイツ皇帝のカトリック政策に対して反乱を起こしたもので、これが三十年戦争の発端となった）が起こったと聞き、四月、オランダを出発、デンマークをへてドイツに行く。フランクフルト・アム・マインで、ドイツ皇帝フェルディナント二世の戴冠《たいかん》式を見た（式典は七月二十日から九月九日にわたって行なわれた）。次いで旧教軍バイエルン公マクシミリアンの旗下にはいり、十月、ウルム市に近い村に滞在。そして「十一月十日、霊感にみたされて、驚くべき学問の基礎を見いだした」。このとき三つの夢を見、もろもろの学問の方法的統一を感知し、かつ、みずからひとりでその全体をきわめうるとの自信を得た。

一六二〇年　元和六年　二十四歳

三月、軍籍を脱してまた旅にでて、北ドイツをまわっていったんオランダにもどった。はっきりしないが、プラーハ近郊の戦いに加わったかもしれない。この戦いで、新教徒の柱とたのむファルツ選帝侯フリードリッヒ五世が王位を失った。フリードリッヒ選帝侯はエリザベト王女の父である。一六二〇年から一六二一年にかけてはあまりはっきりしない。おもに旅行をしていた。ベーコンの『ノヴム・オルガヌム』が出版された。

一六二二年　元和八年　二十六歳

二月、フランスに帰り、この年の冬はパリにいる。この間、財産を整理した。生活の平静と物質上の独立とを獲得するためである。彼は軍隊にあるときでさえ、俸給や賃金を受けとったことは一度もなかった。

一六二三年　元和九年　二十七歳

三月、イタリア旅行にでる。ヴェネツィア、ローマなどに滞在し、二年間をイタリアですごす。ガリレイには会っていない。この年、ブレーズ・パスカル生まれる。翌一六二四年、ゲーリンクス生まれる。

一六二五年　寛永二年　二十九歳

フランスに帰り、七月にはパリにいる。これより三年間、パリで研究生活をつづける。神父メルセンヌ、数学者ミドルジ、モランなどと交わる。このころ、光学の研究に熱心であって、光の屈折について「正弦の法則」を見いだした。これは時期的にはスネルのほうが早く発見しており、「スネルの法則」ともいわれる。また、この期の終わりごろ、オラトリ修道会の創立者で枢機官のピエル・ド・ベリュルに知られ、哲学の改造の企てについて激励された。同会の神父ジビューフとも親しくなる。

一六二八年　寛永五年　三十二歳

おそらくこの年の前半に、みずからの方法についての論文『精神指導の規則』*Regulae ad directionem ingenii* を書いている。これは未完の断片としてのちに遺稿中に見いだされ、一六五一年はじめて公にされた。秋、オランダに転住する。みずからの哲学を体系的にまとめあげる時間を得るため、人々との交わりを離れて、オランダの町に隠れ住もうとしたのである。こののち二十一年間（一六四九年秋まで）、デカルトはオランダに住む。その間、居所を次々とかえた。フラネーケル（一六二九年）、アムステルダム（一六三〇年）、デヴェンテル（一六三二年）、アムステルダム（一六三三年）、ユトレヒト（一六三五年）、レイデン（一六三六年）、サントポルト（一六三七年）、レイデン（一六四〇年）、エンデゲスト（一六四一年）、エグモント（一六四四年）などである。

一六二九年　寛永六年　三十三歳
オランダにおちついて、はじめの九ヵ月、形而上学を考え、短い論文にまとめた（約十年後にでる『省察』の初稿である）。しかし、この年ローマで観察された幻日についての報告を読み、この年の末から自然学の体系を考えはじめる。これは一六三三年までつづけられ、『世界論』*Le Monde* という論文にまとめられた。

一六三二年　寛永九年　三十六歳
さきに一六三〇年、スウェーデン王グスタフ・アドルフは、フランスの援助を得てドイツに侵入するが、この年、ヴァレンシュタインの指揮する皇帝軍（旧教側）と戦って戦死した。グスタフ・アドルフはのちのクリスチナ女王の父である。この時期に、デカルトはウィリアム・ハーヴェイの『動物の心臓と血液に関する解剖学的研究』（一六二八年刊）を読んだらしい。またこの年、バルーフ・デ・スピノザ、ジョン・ロック生まれる。

一六三三年　寛永十年　三十七歳
六月、ローマ宗教裁判所で、ガリレイはその地動説のゆえに有罪と判決される。十一月、デカルトはガリレイの裁判のことをきき、『世界論』の出版をやめることにほぼ決めた。

一六三四年　寛永十一年　三十八歳
デカルトは『世界論』の出版をやめる決心をかためる。結局、これはデカルト死後の一六六四年にはじめて出版された。

一六三五年　寛永十二年　三十九歳

オランダの婦人ヘレナとの間に娘フランシーヌ生まれる。

一六三六年　寛永十三年　四十歳

オレンジ公の秘書コンスタンチン・ホイヘンスと親交があったが、その依頼によって力学の短論文を草した。なおこの人の第二子クリスチアンがのちの大物理学者であり、デカルトはすでにこの人の天才を見抜いていたといわれる。この年『方法序説』完成。

一六三七年　寛永十四年　四十一歳

『方法序説および三試論（屈折光学・気象学・幾何学）』*Discours de la Méthode; La Dioptrique, Les Météores et La Géométrie* を出版。パリのメルセンヌをめぐる学者たちから批判を受ける。自然学についてロベルヴァル、エチエンヌ・パスカル（父パスカル）、ピエル・プチと論争。数学においては接線の問題についてフェルマと論争する。

一六三八年　寛永十五年　四十二歳

十月、メルセンヌあてにガリレイの力学の本の批判を書いている。この年の秋、デザルグやボーヌと友情を回復したばかりでなく、新しい弟子をユトレヒトに得る。すなわち、デカルトの学説の信奉者レネリの死後、ユトレヒト大学の医学教授として教壇に立ったレギウス（またはル・ロワ）である。この年、マルブランシュ生まれる。

一六四〇年　寛永十七年　四十四歳

九月、娘フランシーヌが死ぬ。デカルトは、わが生の最大の悲しみであるとなげいたという。真の哲学は、人間の自然の情を少しもそこなうものでなく、涙や悲しみは女性だけに属するものではなかった。次いで十月、父を失う。この年の末、ルイ十三世の宮廷に召されたが、デカルトは孤独を選んだ。前年末からこの年春にかけて、形而上学の論文をまとめ、『省察』の本文を書きあげた。出版に先だち、あらかじめ諸家の批評を得てそれに答弁を書き、これらを付録としてそえようと計画し、まずルーヴァン大学の神学者カテルスの評を得て、それにこたえたのち、パリのメルセンヌに稿本を送った。冬から翌年にかけて、メルセンヌをめぐる学者たち、当時パリにいた英国のホッブス、のちのポール・ロワイヤルの指導者アントワヌ・アルノー、ガッサンディその他の評に次々にこたえた。

一六四一年　寛永十八年　四十五歳

この年、デカルトはエンデゲストにあったが、八月、『省察』*Meditationes de prima philosophia* をパリで出版（ラテン語）。フランス語訳はデカルト自身によってふたたび目を通され、改訂を受けて一六四七年にパリで出版された。

一六四二年　寛永十九年　四十六歳

ユトレヒト大学長でカルヴィン派の神学者であるヴォエティウスは、数年来デカルトに争いをいどんでいたが、一六四一年末、デカルトに無神論との非難をあびせ、一六四二年三月十七日、ついにデカルト哲学を有害とし、その講義を禁止した。次いで八月、ヴォエティウスは弟子の名でパンフレットをだし、デカルトを無神論者として攻撃した。デカルトは『ヴォエティウスに与える公開状』を書く。この年、『省察』にジェズイットのブールダン神父による第七論駁《ろんばく》とそれに対する答弁を付加し、アムステルダムにて出版。ちなみに『省察』の表題が最終的に決まったのはこのときである。この年、ガリレイが没した。また政治家ではリシュリューが没している。イギリスでピューリタン革命はじまる。

一六四三年　寛永二十年　四十七歳

五月、ファルツの王女エリザベトと文通をはじめる。これはデカルトの死までつづく。九月、ユトレヒト市会で欠席裁判によりデカルトは有罪とされ、状勢は険悪となる。デカルトは、フランス国民としてオランダの裁判に服しえずとこたえ、友人やフランス大使を通じてオレンジ公を動かし、判決の執行を阻止する。ルイ十三世没（治世三十三年）。五歳のルイ十四世が即位し、マザランが宰相となる。ニュートン生まれる。

一六四四年　寛永二十一年・正保元年　四十八歳

五月、フランスに旅行し、十一月、オランダへもどる。その間、七月、アムステルダムにて『哲学の原理』***Principia philosophiae***（ラテン語）を出版する。これに王女エリザベトへの献辞がつけられた。仏訳はデカルト自身による修正のためおくれて一六四七年にでるが、それには訳者である神父ピコへの手紙の形で書いた重要な序文がそえられている。この年の末、動物、植物、鉱物について完全な知識を得るためのいくつかの実験を行なったらしい。真空についての論争にも加わっている。

一六四五年　正保二年　四十九歳

ユトレヒト市会との争いがつづき、市会は今後デカルトの哲学についての論議をいっさい禁止することを宣言して、事件を葬る策にでた。この年の冬から一六四六年にかけて、デカルトはエリザベト王女の求めに応ずるため『情念論』を計画する。翌年、ライプニッツが生まれる。

一六四七年　正保四年　五十一歳

四月、レイデン大学教授レヴィウスおよびトリグランディウスは、デカルト哲学を不敬虔《けいけん》なペラギウス主義であると非難する。デカルトは、ふたたびオレンジ公を動かして相手を制した。しかし、八月にいたって、レイデン大学もどんな意味においてもデカルトについて語るのを禁じた。六月、二度目のフランス旅行をし、十一月、オランダへもどる。その間、パリにてパスカルをおとずれる。この九月二十三、四の両日にわたる会合は、肝胆相照らすというものではなかったが、デカルトは病弱なパスカルに、療養方針を忠告したり、有名な真空の実験をすすめたりしたといわれている。ちなみにパスカルの『真空に関する新実験』は、この年の十月に出版され、気圧に関する実験はパスカルに依頼されたパスカルの義兄ペリエによって一六四八年九月にピュイ・ド・ドーム山で行なわれた。また、この六月から十一月にかけてのフランス旅行中、不和であったガッサンディおよびホッブスと和解した。十二月、弟子のユトレヒト大学教授レギウスとの違和が顕著となる。レギウスは、デカルト哲学のためにヴォエティウスとたたかい、「デカルト哲学の殉教者」といわれた者である。しかし、すでに一六四一年、人間論に関して、レギウスの考えはデカルトと相違しており、その後さらに、哲学的には唯物論に傾き、精神は物質の一様態であると認めるにいたり、ただ宗教的啓示によってのみ精神の独立性を認めうると説き、しかもこれをデカルト哲学の当然の帰結であると述べた。デカルトはもちろんこれに反発し、レギウスが著書(『自然学原理』一六四六年)のみならず無署名の宣伝文を発表したりしたのに対して、応酬するところがあった。

一六四八年　正保五年・慶安元年　五十二歳

五月、三度目のそして最後のフランス旅行をする。フランス宮廷はデカルトの仕事を賞する年金を約束していたが、八月、パリにフロンドの乱が起こり、約束は実行されず、デカルトは急いでオランダにもどった。このときパリで、病床にあった旧友メルセンヌを見舞っている。メルセンヌはそののちほどなく、九月に死んだ。メルセンヌはデカルトより八歳年上であり、ラフレーシで互いに知り合った。デカルトの青春時代、パリ滞在中はひとしお緊密な関係にあり、デカルトがオランダへでてからも、パリにおけるデカルトの代理人ともいうべき役割を果たした。メルセンヌあての手紙はデカルトの書簡のうちで最も多数を占めている。十月、ウェストファリア条約が締結され、三十年戦争は終わった。この間、デカルトは『人間論』*Traité de l'homme* を書きあげている。これはデカルトの死後、一六六四年に出版された。なお、この年、レイデン大学は空席となっていた講座に、デカルト主義者のハイダヌスらを任命している。

一六四九年　慶安二年　　　　　　　　　　　　　　　　五十三歳

この年のはじめから二月にかけて、スウェーデン女王クリスチナから招きの親書を三度受けとり、四月にはスウェーデンの海軍提督が軍艦をもって迎えにきた。デカルトは驚いて猶予を請うたが、彼の友人、スウェーデン公使シャニュにすすめられて、九月、自分の運命についての何かの予感に導かれ、まるで別世界へ旅行するかのように身のまわりをすっかり片づけて、スウェーデンのストックホルムに向かって出発した。十月に到着し、シャニュ邸に寄寓《きぐう》する。十一月、『情念論』*Passions de l'âme* を出版した。十二月、「ウェストファリアの和議」を記念する祝典が催され、デカルトは求められて舞踏劇のための詩『平和の誕生』を書く（これは久しく失われていたが一九二〇年に見いだされた）。また、このころ女王に求められて、ストックホルムに設立さるべきアカデミーの規約案をつくった。この年一月、英国ではピューリタン革命のため、英国王チャールズ一世は断頭台にたおれた。チャールズ一世は、エリザベト王女の叔父にあたる。

一六五〇年　慶安三年　　　　　　　　　　　　　　　　五十四歳

一月より週二、三回、午前五時に女王のために進講をはじめる。冬の早朝の出仕は、デカルトには大変な苦痛であったが、よき宮廷人として堪えねばならないと考えた。大使シャニュが心配して、女王に時間を変えさせようとしているうちに、シャニュは肺炎にかかった。大使館に寄寓していたデカルトは、それを見舞ううち、二月一日、自分も同じ病にかかる。シャニュは助かったが、デカルトは死ぬ。ときに二月十一日の早朝であった（ルイ十四世治世七年）。

デカルトの遺体をめぐって、女王と大使が争った。女王はいたくデカルトの死を悲しみ、盛大な葬儀を営みりっぱな墓をたてて埋葬しようとしたが、シャニュは、豪奢《ごうしゃ》は故人の遺志に反するところであると応じてあとへひかなかった。結局、女王がゆずり、質素ながら品位のある私的な葬儀のうちに、いったんスウェーデンに、しかしスウェーデン人としてではなく葬られた（のち、一六六六年にシャニュの後継者の大使が、デカルトの遺骸《いがい》を本国に送還する企てに手をつける）。この間に、デカルトの遺稿の目録がつくられ、相続人の同意を得たうえで、遺稿は相続から除かれてシャニュにゆだねられ、彼からクレルスリエに預けられた。クレルスリエは、これを三巻にまとめ順次（一六五七年、一六五九年、一六七七年）公刊した。

読書案内

神野慧一郎

デカルトについての立ち入った理解は、桑木厳翼『デカルト』（明治三十七、一九〇四年）からではないかと思う。これは解説と『方法序説』『省察』の訳とを含む。大正八（一九一九）年には、出隆訳『デカルト方法・省察・原理』が出た。研究書の最初のすぐれたものは、朝永三十郎『デカルト』（大正十四、一九二五年）であり、同じ著者はまた『省察』の解説を書いた（昭和十一、一九三六年、大思想文庫9）。（以上については〈世界の名著〉27『デカルト』解説の付記による）

以下には、昭和以後のものを掲げる。ただし網羅的であることを意図した文献目録ではない。

石井忠厚『哲学者の誕生　デカルト初期思想の研究』　東海大学出版会、一九九二年

伊藤勝彦『デカルト』　清水書院、一九六七年

同『デカルトの人間像』　勁草書房、一九七〇年

井上庄七・森田良紀編『デカルト方法叙説入門』　有斐閣新書、一九七九年

今村茂『デカルトに学ぶ』　中川書店、一九八九年

奥村敏『反デカルト的省察』　理想社、一九八七年

沢潟久敬『デカルト』（アテネ文庫）　弘文堂、一九五〇年

河野勝彦『デカルトと近代理性』　文理閣、一九八六年

桂寿一『デカルト哲学研究』近藤書店、一九四四年
同『デカルト哲学とその発展』東京大学出版会、一九六六年
小林道夫『デカルト哲学の体系　自然学・形而上学・道徳論』勁草書房、一九九五年
同『デカルトの自然哲学』岩波書店、一九九六年
同『デカルト哲学とその射程』弘文堂、二〇〇〇年
近藤洋逸『デカルトの自然像』岩波書店、一九五九年
佐々木力『近代学問理念の誕生』岩波書店、一九九二年
田中仁彦『デカルトの旅／デカルトの夢　「方法序説」を読む』岩波書店、一九八九年
谷川多佳子『デカルト研究　理性の限界と周縁』岩波書店、一九九五年
デカルト研究会編『現代デカルト論集』全三冊（フランス編、英米編、日本編）勁草書房、一九九六年
所雄章『デカルト』全二冊、勁草書房、一九七一、七六年（新装版一九九六年）
同『デカルト』（「人類の知的遺産32」所収）講談社、一九八一年
ド・サスィ（Samuel S. De Sacy）*Descartes par lui-même*, 1956. 三宅徳嘉・小松元訳『デカルト』人文書院、一九六一年
野田又夫『野田又夫著作集Ｉ』（デカルト研究）白水社、一九八一年
同『デカルト』弘文堂書房、一九三七年（上記『野田又夫著作集Ｉ』所収）
同『デカルトとその時代』弘文堂、一九五〇年（上記『野田又夫著作集Ｉ』所収）
同『デカルト　近世的思惟の出発点』有斐閣、一九五〇年
同『デカルト』岩波新書、一九六六年（上記『野田又夫著作集Ｉ』所収）

同「デカルトの生涯と思想」（〈世界の名著〉27『デカルト』解説）中央公論社、一九七八年
野田又夫監修、湯川佳一郎・小林道夫編『デカルト読本』法政大学出版局、一九九八年
バイエ（Adrien Baillet）*La vie de Monsieur Descartes*, réduites en abrégé, 1692. 井上義雄・井上庄七訳『デカルト伝』（縮約版の翻訳）講談社、一九七九年
村上勝三『デカルト形而上学の成立』勁草書房、一九九〇年
森有正「デカルト研究」筑摩書房、一九七九年（『森有正全集9』所収）
山田弘明『デカルト『省察』の研究』創文社、一九九四年
ロディス-レヴィス（Geneviève Rodis-Lewis）*Descartes et le rationalisme*, P.U.F., 1966. 福居純訳『デカルトと合理主義』（クセジュ文庫）白水社、一九六七年
同 *L'œuvre de Descartes*, Vrin, 1971. 小林道夫・川添信介訳『デカルトの著作と体系』紀伊國屋書店、一九九〇年

デカルト関係の研究書・論文は極めて多数あり、ここに挙げたものは私の手元にあるものを中心に選んだだけに過ぎない。詳しい資料に興味のある方は、次のものによられるのがよい。デカルトの研究書の一覧の他に、著作の主要邦訳文献や論文などの詳しい紹介がある。

「デカルト文献一覧」『思想』八六九号（一九九六年十一月号、岩波書店）所収。

前掲『現代デカルト論集』全三冊中の日本編

ナ　行

ハ　行

タ 行

サ　行

事項・人名索引

デカルトの思想理解のうえで手引きとなる主要な事項・用語・人名を本書所収の各著作から選び、共通索引を構成した。

中公
クラシックス
W21

省察《せいさつ》 情念論《じょうねんろん》
デカルト

2002年6月10日初版
2024年12月25日10版

訳 者 井上庄七
森 啓
野田又夫

発行者 安部順一

印 刷 TOPPANクロレ
製 本 TOPPANクロレ

発行所 中央公論新社
〒100-8152
東京都千代田区大手町 1-7-1
電話 販売 03-5299-1730
編集 03-5299-1740
URL https://www.chuko.co.jp/

訳者紹介

井上庄七（いのうえ・しょうしち）
1924年（大正13年）大阪府生まれ。
京都帝国大学文学部哲学科卒。西洋哲学史専攻。著書に『近世哲学史論集』ほか。1987年（昭和62年）死去。

森 啓（もり・あきら）
1935年（昭和10年）福岡県生まれ。
京都大学大学院博士課程（哲学専攻）単位修得。茨城大学名誉教授。論文に「デカルト哲学における情念の問題」ほか。訳書にスピノザ『知性改善論』ほか。

野田又夫（のだ・またお）
1910年（明治43年）大阪府生まれ。
京都帝国大学文学部哲学科卒。京都大学・甲南女子大学名誉教授。著書に『野田又夫著作集』（全5巻）ほか。
2004年（平成16年）4月死去。

©2002 Shoshichi INOUE / Akira MORI / Matao NODA
Published by CHUOKORON-SHINSHA, INC.
Printed in Japan ISBN978-4-12-160033-2 C1210

定価はカバーに表示してあります。
落丁本・乱丁本はお手数ですが小社販売部宛お送りください。
送料小社負担にてお取替えいたします。

●本書の無断複製（コピー）は著作権上での例外を除き禁じられています。また、代行業者等に依頼してスキャンやデジタル化を行うことは、たとえ個人や家庭内の利用を目的とする場合でも著作権法違反です。

■「終焉」からの始まり
――『中公クラシックス』刊行にあたって

二十一世紀は、いくつかのめざましい「終焉」とともに始まった。工業化が国家の最大の標語であった時代が終わり、イデオロギーの対立が人びとの考えかたを枠づけていた世紀が去った。歴史の「進歩」を謳歌し、「近代」を人類史のなかで特権的な地位に置いてきた思想風潮が、過去のものとなった。

人びとの思考は百年の呪縛から解放されたが、そのあとに得たものは必ずしも自由ではなかった。固定観念の崩壊のあとには価値観の動揺が広がり、ものごとの意味を考えようとする気力に衰えがめだつ。おりから社会は爆発的な情報の氾濫に洗われ、人びとは視野を拡散させ、その日暮らしの狂騒に追われている。株価から醜聞の報道まで、刺戟的だが移ろいやすい「情報」に埋没している。応接に疲れた現代人はそれらを脈絡づけ、体系化をめざす「知識」の作業を怠りがちになろうとしている。

だが皮肉なことに、ものごとの意味づけと新しい価値観の構築が、今ほど強く人類に迫られている時代も稀だといえる。自由と平等の関係、愛と家族の姿、教育や職業の理想、科学技術のひき起こす倫理の問題など、文明の森羅万象が歴史的な考えなおしを要求している。今をどう生きるかを知るために、あらためて問題を脈絡づけ、思考の透視図を手づくりにすることが焦眉の急なのである。

ふり返ればすべての古典は混迷の時代に、それぞれの時代の価値観の考えなおしとして創造された。それは現代人に思索の模範を授けるだけでなく、かつて同様の混迷に苦しみ、それに耐えた強靭な心の先例として勇気を与えるだろう。そして幸い進歩思想の傲慢さを捨てた現代人は、すべての古典に寛く開かれた感受性を用意しているはずなのである。

（二〇〇一年四月）